基于语料库的商务汉语
文体特征研究

王　芳◎著

中国商务出版社

·北京·

图书在版编目（CIP）数据

基于语料库的商务汉语文体特征研究 / 王芳著. --
北京：中国商务出版社，2023.12
ISBN 978-7-5103-4937-9

Ⅰ.①基… Ⅱ.①王… Ⅲ.①商务—汉语—文体论—
研究 Ⅳ.①F7

中国国家版本馆 CIP 数据核字（2023）第 232410 号

基于语料库的商务汉语文体特征研究

王 芳◎著

出版发行：中国商务出版社有限公司
地 址：北京市东城区安定门外大街东后巷 28 号 邮 编：100710
网 址：http://www.cctpress.com
联系电话：010—64515150（发行部） 010—64212247（总编室）
010—64515164（事业部） 010—64248236（印制部）
责任编辑：云 天
排 版：北京天逸合文化有限公司
印 刷：宝蕾元仁浩（天津）印刷有限公司
开 本：787 毫米×1092 毫米 1/16
印 张：17.25 字 数：259 千字
版 次：2023 年 12 月第 1 版 印 次：2023 年 12 月第 1 次印刷
书 号：ISBN 978-7-5103-4937-9
定 价：79.00 元

前　言

　　本书是在我的博士学位论文基础上修订而成的。在我踏入北京大学求学的第一天，便与商务汉语结下了不解之缘。当时北京大学对外汉语教育学院承担了研发"商务汉语考试"的项目，我的导师李晓琪教授是项目负责人。李老师为了拓展我们的研究视野，允许我们在课余时间跟着项目团队的老师学习，并让我负责收集资料和整理考试数据等工作，因此，我非常荣幸地参与了商务汉语考试研发的全过程，并掌握了商务汉语考试的第一手资料。

　　经过了两年沉浸式的学习，当进行博士论文选题时，我便选择了商务汉语作为我的研究方向。从开题到论文的基本完成，历时两年多。最初计划宏伟，打算将现有的商务汉语文体的各个层面研究成果进行全面了解和总结，在此基础上对词法、句法、语义、语用、篇章衔接乃至认知特征均作一番全面而深入的探讨，并提出自己的见解，获取有可靠依据的结论。然而，随着研究的展开，语言事实和数据不断增加，发现眼前已是一片理论和方法的汪洋大海。只取一瓢，甚或只取一滴，已足够研究数年，甚至耗费一生之精力了。于是，在论文写作过程中只能缩小研究范围，将精力集中在能够通过语料库进行归纳和统计的几个商务汉语的文体特征上。具体来说，就是了解商务汉语的高频词汇分布情况、代表性核心词的搭配特征、特殊句式的分布规律和篇章结构的衔接特点。仅在这几个方面，也只能在有限的范围内针对有限的几个问题展开讨论。不过，本书力求在研究方法上尽可能科学，在分析和讨论问题时能提出自己的意见和看法，并且将研究中采用的具体方法、使用的基本语料等明明白白标出，以期待能对同样的问题展开重复与扩展性研究，对已完成的工作进行检验和核查。

在编写过程中，我梳理了目前国内商务汉语研究的概况，界定了商务汉语研究的范围，并以此为基础创建了对外商务汉语语料库和真实商务汉语语料库。其中，对外商务汉语语料库由商务汉语教材文本和商务汉语考试文本两部分组成，共55万字；真实商务汉语语料库是由真实的商务交际中所产生的商务汉语文本生成的语料库，共60万字，主要包括文书、商务资讯、商务知识等。同时，对语料库进行了初步加工，进行了分词处理和词性标注，制作了对外商务汉语核心词和真实商务汉语词频表以及商务核心词词表。研究中主要借鉴国外商务英语的研究方法，并结合汉语自身的特点，形成了一套对商务汉语进行系统分析的思路和方法。还分别从词汇词频特征、词汇搭配特征、虚词特征、句长、特殊句式和语篇等角度对商务汉语的文体特征展开探讨，在语料库统计的基础上，对比国家语委现代汉语通用平衡语料库，初步得出了商务汉语不同于普通汉语的在词汇、语法和语篇等层面上的部分文体特征。

相较于博士论文的成稿，此次修订，我重新梳理了研究综述，增加了近几年商务汉语研究领域的新成果；更新了语料库，增加了新的语料；用新的语料对博士论文中提到的问题展开了研究，检验了之前的研究结论。但是囿于个人的理论水平、视野及能力，难免存在不全面、不成熟之处，希望各位师友同行批评指正。

王　芳

2021 年 10 月

目　录

第一章　绪　论

在汉语国际推广全球遍地开花的同时，汉语学习者的个性需求也日益凸显，学习者会因自己身处环境、职业需求、兴趣爱好及未来个人发展目标而对于汉语学习内容、所要达成的技能会有不同的要求。我国的汉语教学界也更加注重汉语学习者的细分需求，开始对专门用途汉语进行研究与实践，开设了旅游汉语、中医汉语、商务汉语等专业课程，尤其是商务汉语由于其实际价值，成为最早被研究的专门用途汉语。随着中国经济的发展，对外开放的进一步扩大，不同国家的商务往来日益频繁，商务汉语势必向更高远的方向发展，国外的一些华人社区也有商务汉语的需求。

自古以来，商务活动不仅是一种经济交往，也是一种语言文化的交流。比如商务英语不仅成为中外贸易双方业务洽谈的媒介，也让一直以来都对吸收外来语持谨慎态度的汉语吸收了不少新鲜词汇。据考察，绝大多数的汉语外来语都是从商务英语中引入的（朱务诚，2003）。同时，随着"一带一路"倡议合作目标的实现，需要多区域、多国家开展多领域、多层次的深度合作。"一带一路"倡议的深入实施，使得共建国家、地区之间往来日趋频繁，不同领域的合作更加紧密，而这些合作的开展需掌握共建国家、地区相关领域的专门人才参与，并且必须语言铺路、语言人才先行。商务汉语作为一种专门用途汉语的实用价值和潜在价值正在提升，世界各国对商务汉语的需求日益增加。因此，我们也必须对汉语言文化格外地关注，特别是已成为学习热点的商务汉语。目前，作为全球接受外资的大国，中国在经济领域日益显示出自身的优势。外国人如果从事对华商务工作，就应熟悉中国市场、了解中国文化并提高自己的技能，其中一个关键就是语言。各国公司纷纷进驻中国，外来管理人员日渐增多，还有不少来中国学习汉语，立志学成后从事跨国商贸工作的留学生。这些外国学习者的学习动机明确，学习热情高涨，人数也在逐年增加。会汉语已成为应聘大多数职位的先决条件，这不仅有助于打破文化障碍，也会给公司节省不必要的翻译费用。可以说，在全球化语境中，商务汉语热已经悄然形成。这些学习者清楚地看到了中国经济发展的良好前景，希望以汉语为工具从事商贸活动和经济交流。据统计，40%的留学生来中国就是为了学习商务汉语（万谊娜，2004）。与此同时，中国政府正在采取各种措施，积极进行汉语国际推广。许多高校和相关机构也纷纷开展了商务汉语的教学研究工作，并取得了一定的成果。商务汉语课程作为对外汉语教学的一个重要部分，已在国内许多教学单位开设，一些商务汉语教材也相继面世。商务汉语教学日益成为对外汉语教学的一项重要内容和热点。

　　但同时，来华汉语学习者对于商务汉语的需求愈加强烈且多样化，使我们的供应面临着方方面面的巨大挑战，尽管商务汉语教学正在飞速发展，但有关商务汉语教学的一些基本问题并没有得到很好的解决，教学界对什么是商务汉语、商务汉语教什么、怎么教等存在着不同的认识和看法。此外教学中也面临重重问题，例如：在教学内容方面，国内现有的对外汉语教学内容往往偏于单调，选材狭窄，甚或陈旧，对于汉语知识的解释有一种烦琐艰深的"学院派"倾向，专业化、针对性和实用性不强，难以切合来华汉语学习者对于应用型汉语，尤其是商务汉语大量需求的实际；在教材方面，在目前国内商务汉语教材编写不尽如人意的情况（教材单一、数量不足）下，如何挑选高质、有效的商务汉语教材也是急需解决的问题之一；在师资方面，商务汉语课程的特点是信息量大、注重实效性、重视语言交际技能的培养，就对对外汉语教师提出了很高的要求，大量的财、政、经、贸、商方面的内容要求对外汉语教师具备更多的跨学科知识；在教学方法方面，商务汉语课程的特点使语言（外语）教学中常用的功能教学法、交际教学法及任务型教学法面临着不同性质教学内容的挑战；在教学手段方面，对于商务汉语这样一门单位时间内信息容量巨大的课程而言，传统的教学手段缺乏多样性，难以满足课程要求，多媒体方面的硬件设施有待增加及改善。综上可知，目前国内对外汉语教学界对于商务汉语的供应严重不足。面对重重困难与挑战，我们只有对商务汉语本身及教学做好充分研究，才能吸引更多的外来人员，满足他们的需求，并进一步推进汉语和中国文化在全球范围内的传播。

首先，商务汉语作为一种语言现象，属于语言学的研究范畴，也是应用语言学研究的重要分支。商务汉语作为一个有明显特征的文体，在现代社会和经济生活中产生了重大作用和影响。其发展历史和变迁，内在结构与规律，特别是在词法、句法、语用和语义等方面表现出来的语言学特征，值得认真探讨、深入研究。如果说文学曾是 20 世纪文体学的研究重点，那么，在全球化时代影响越来越大的商务语言（包括商务英语、商务汉语、商务日语等），必将是 21 世纪语言学的重点研究对象。商务语言与社会实践——特别是与经济活动联系密切的，其中的语言应用规律值得深入探讨，而更需挖掘的是其蕴含的语言活动所依赖的人的认知心理规律。作为与其他文体区别甚大的应用型文体，其语言构成的内在规律、活力形成的驱动因素对生产力——经济活动在语言中的直接反映，亦即作为一种动态发展的活动，均需予以认真剖析和总结，去获取新的理论解释。与此同时，商务语言作为人类社会商务活动和心理活动的外化形式，也为研究其中的发展变化和客观规律提供了事实依据。因此，将商务汉语以及广泛意义上的商务语言作为研究对象，认真分析和探讨这种语言的本质以及与之相关的人类语言产生和运用的基本规律，无疑将成为现代语言研究的重要构成部分，并为应用语言学，亦为广义的语言学的发展作出贡献。

此外，商务汉语又是语言教学的一个重要的分支。国外早期的 ESP 研究中，商务英语无疑是最重要的组成部分。随着社会的发展，商务汉语教学研究，特别是相关教学资料的收集和教材的编撰已越来越受重视。

但是，我们认识到，商务汉语（包括其他商务语言）始终只是语言应用的一个分支，是由特定语域决定的一种特殊语言体裁，是丰富多彩的语言活动的一个侧面，无法成为一个架构完整、内涵缜密的独立的理论学科。就如

基于语料库的商务汉语文体特征研究

鲁迅、老舍等人的作品可以作为文学研究的独立对象，也可以从这种研究中挖掘出文学创作和文学体裁的意义重大的理论观点和方法，但鲁迅研究、老舍研究始终只是文学研究的一个分支，是文学理论体系的一个组成部分，而决不会形成独立的鲁迅研究理论或老舍研究理论。因为文学研究只有建立在统一的或广泛接受的理论基础之上，才有可能对不同作家和作品进行讨论和分析。因此，商务汉语只能是现代语言理论研究的对象，是语言研究的一个不可或缺的部分。几十年来的商务语言（包括商务汉语、商务英语等）发展史也证明了这一点，从出版的相关书籍、发表的相关文章来看，涉及商务汉语（英语）理论的十分罕见。这并非相关的研究人员无力从事理论研究，而是由于商务语言的性质决定了其理论地位和归属——商务语言理论无法独立存在。

全球化的语境，使得那些外来学习者对商务汉语情有独钟。那么商务汉语到底要教什么、怎么教呢？目前，仍有不少人认为商务汉语就是"汉语""商务"，觉得只要在日常会话中加进跟商业贸易有关的词汇就可以了。其实，这样的理解是偏颇的。商务汉语教学作为一门专业汉语课有其自身的特点。

（1）商务汉语的教学目的与普通汉语不同。商务汉语是将汉语运用于商务场合，既具有商务活动的专业特点，又是汉语听、说、读、写能力的具体运用，其教学目标在于培养学习者完成以意义交流为目的的任务与活动的能力。

（2）商务汉语的教学内容也与普通汉语不同。商务汉语是以汉语为媒介所进行的商务活动。其内容由一个个具体的商务任务构成，如办公室事务、购买和销售、产品的广告、商务考察、会议安排等。这与一般基础汉语相比，教学重点明显不同。商务汉语教学既不会拘囿在语言规则之中，也不会过多地涉及汉语语音、语法范畴的问题，而是要求学习者具备一定的汉语基础，在教学中尽可能地安排那些贴近商务实际的教学内容。除了学习一般词汇，还应该增加与中国的经济、法律、金融、管理、贸易等相关的商务工作术语。

（3）商务汉语是在普通汉语基础上向商务专业技能和商务汉语文化的进一步拓展。它是对跨文化经济交际能力的培养。可以说，商务汉语能力包括经济交际能力和跨文化交际能力两个方面。商务汉语在教学中十分注重实践能力的培养，训练学习者处理实际商务任务所应具备的能力。教会学习者在商务活动中选择使用准确恰当的词语和句子，运用一定的言语策略进行得体的交际。

（4）商务专业技能的学习除了以书本为基础，还应该辅之以一定的教学实践。比如在学到如何安排会议、洽谈业务等内容时，除了在课堂上借助课本模拟操练，还可以到贸易公司，或是学校相关的行政部门参观、实习，给学习者适当的机会看、听、练。只有这样，才能不断将学到的词汇、句型内化为学习者自身的语言技巧。

（5）商务汉语教学重视跨文化内容的导入。语言学家认为，学习者在运用商务汉语的过程中，既有处于基础地位的语言知识障碍和专业知识障碍，又有处于高层地位的文化障碍。在交际过程中，前者能影响人们的信息传递，而后者将直接影响交际者的心理（钱敏汝，1997）。因此，在教学中需要安排带有中国背景、中国文化、中国商务惯例，与中国风俗习惯有关的商务知识。让学习者懂得语言必须遵循文化的规范，在商务活动的特殊语境中，必须摆脱母语习惯的干扰。

以上几点谈到的是商务汉语教学作为一门专业汉语课有其自身的特点。商务汉语研究应该从哪些方面或角度展开，研究的目标是什么，研究的具体方法和手段有哪些，特别是哪些语言科学理论可以作为商务汉语研究的基础，并为这类研究提供严谨的科学指导，是从事商务汉语研究者首先要思考的问题。本书从这些最基本的理论探讨开始，逐步理顺对商务汉语进行系统研究的思路。

一、商务汉语的内涵

首先我们需明确本书的研究对象——商务汉语。目前，商务汉语教学虽然发展迅速，但对其名称、概念界定、学科定位都还没有一个统一的观点。仅就其名称来说，大家使用过的就有"外贸汉语""经贸汉语""商业汉语""商贸汉语""商用汉语""商务汉语""国际商务汉语"等，目前大家倾向于用"商务汉语"来指称。而对于其内涵，各位学者更是众说纷纭、莫衷一是。下面将围绕商务汉语介绍几个相关概念，并对其内涵和外延进行论述。

1. 商业和商务

商业，是随着商品交换而发展起来的，是社会生产力发展到一定历史阶段的产物。初时，商业只是指专门从事商品交换的营利性活动，但随着商品经济的发展，商业的外延逐渐扩大，人们用它来泛指一切以赢利为目的，通过市场进行的经济活动。

黎运汉的《商务语言教程》在借鉴前人观点的基础上，进行了完善，他认为"商业是以买卖为手段促进商品流通的经济行业，而商品既包括有形物品，也包括无形服务和无形商品"。季蓉（2007）进一步对这个界定进行了解释，她认为无形商品包含信息、技术之类，无形服务是指酒店服务、旅游服务、电信服务等一切在消费中享受到的服务。

商务是什么呢？黎运汉（2005）认为"商务即商业事务，是指商业经济活动上的一切事务，例如商务交际、商品营销、酒店服务、旅游服务、商业广告、商业谈判、商业宣传、招牌和商标命名等都是商业活动，在诸如此类的一切商业活动中的所有事务都属商务范畴"。

从这个意义上说，"商务"这个概念的外延非常广泛，又可以细分为银行、物流、广告、营销等不同的下级领域，与医疗、科技、法律等共同构成了社会生活这一上级领域。

2. 商务英语和商务汉语

与商务汉语一样，对商务英语的界定目前也存在很多争议，同时，有经贸英语、商务英语、商务用途英语、国际商务英语等多种不同的叫法。这一方面说明目前的研究还有待深入；另一方面也说明商务英语的外延广阔、内涵丰富。

商务英语起源于专门用途英语，是一种教学模式。20世纪60年代，随着美国在第二次世界大战后世界经济中的领导地位日渐凸显，英语也成为世界各国交往中普遍使用的交流工具。人们学习英语的目的向着多样化发展，逐渐与职业、就业等多种需求联系起来。针对当时英语教学目标不明确等问题，学界进行了一场英语教学改革运动，这就是专门用途英语教学，它是一种以学习者的需求为导向进行教学设计的教学模式，而不是一种特殊的语言。商务英语和科技英语、社科英语一样都是专门用途英语，最初是作为一种教学概念而存在的，后来随着语言研究和教学研究的深入，商务英语的内涵也经历了一定的变化。

张佐成在《商务英语的理论与实践研究》(2008) 一书中列举了国内外专家学者有关商务英语的 14 种界定，并对其进行了分类：一是把商务英语看作专门用途英语的一种；二是把商务英语看作英语的一个社会功能变体；三是把商务英语看作一个学科或专业。在此基础上，张佐成 (2008) 综合了这三个视角的认识，对商务英语作出以下定义：

"国际商务作为社会经济活动，其活动参与人采用/化用商务惯例和程序，选择使用英语的词汇语法资源以及视觉、听觉符号资源，通过书面、口头及/或多种模态实现其交际目的。商务英语就是以这个策略性交际系统为内容的教学活动。"

商务汉语教学的兴起及发展历程和商务英语类似，只是由于其市场需求的特殊性，名称和界定更为复杂。有关其界定的论述主要有以下几个方面。

(1) 朱黎航 (2003)："商务汉语是商务专业用语与交际汉语紧密结合的专用汉语。商务汉语是专门用于商务活动的汉语。"这一界定主要着眼于语言的使用领域，认为商务汉语是专用汉语的一种，同时也突出了交际性这一特点。

(2) 袁建民 (2004)："商务汉语，一般是指为从事与中国进行经商、投资、置业等经济交往的外国人士和外国留学生设置的专业汉语。商务汉语涉及的商务内容是目前在华或将来在华从事商务活动的外国人士应该了解的知识，其语言亦来自相关的经济生活，呈现商务活动的语体特点。无论是学历教育还是非学历教育，商务汉语教学都作为第二语言教学的一部分，它是以汉语作为技能训练手段、以商务知识作为讲授内容的专业汉语教学。"这一界定不仅把商务汉语看作一种教学模式，沿袭了专门用途语言的理念，也指出了语言教学的主要内容和教学方法。

（3）万谊娜（2004）："商务汉语是特殊用途汉语的一种，是专门用于商务场合的特定工作与交际语言，它是一种交际能力的体现形式，既具有商务活动的专业性，又与基础性对外汉语的使用密切相关。"这里指明了商务汉语的使用领域和功能（商务场合的工作语言），特别是强调了商务语言的交际功能，但仍然将它放在了语言教学的范畴之内。

（4）张黎（2007）：商务汉语是"为从事跨语言商务交际活动及相关活动的人员在商务工作和日常生活中所使用的汉语"。这一定义开始从语言学角度进行界定，着眼于语言使用者和使用场合。从中我们可以看出：①语言使用者是从事跨文化经济交际的商务人士；②语言具有较强的交际性；③商务汉语内涵丰富，既包括专业知识也包括日常语言技能。

（5）廖陈林（2007）：商务汉语是"商务人士在工作中需要使用的汉语"。这一界定与上一论述观察角度相同，但只将商务汉语限定为工作用语，这也是商务汉语教学界对"小商务"和"大商务"之争的一个体现。

所谓小商务，"等同于经贸汉语或者国际贸易的商务汉语概念，不完全进入商务人士的日常生活交际是教学目标"，类似专业商务汉语；而大商务则是指"涵盖与商务人士有关的日常生活交际内容的商务汉语教学，它与普通汉语教学有重合。"这里虽然是从教学角度进行阐释的，但也说明了目前有关商务汉语外延所指是不明确的（需要注意的是，商务汉语教学领域中的"大小商务"之争的焦点并不在于商务领域是只限于国际贸易还是包含金融、投资、审计、企业管理、汽车、石油等多个子领域在内的大范畴，而在于是否要将商务人士的日常生活交际纳入其中，这和是否要将商务汉语课程开设在初级阶段的争论在实质上是一样的）。

（6）戴珊（2007）："我们认为商务汉语是一种专门汉语，它类似于化学、医学、物理等的专用语，是专门用于商务活动的用语，但相对于其他专用汉语而言，商务汉语的专用程度又是比较低的。"从交际领域的角度指出，商务汉语是专门用于商务活动的用语。

（7）杨东升（2009）："商务汉语不是商务加汉语，也不是汉语商务，而是一门专门的汉语"，它"具有一定的专业性""具有一般汉语所没有的很多特点，是一般汉语教学所无可替代的"。这一界定把商务汉语看作专用语的一种，但仍然认为它是一个教学概念。

（8）崔妙莹（2011）："'商务汉语'是专用汉语，拥有特定的词语，进行有文化差异的商务交流任务时使用。"这一定义对商务汉语的定位、特点和使用领域都进行了界定，但同时存在两个问题：一是指出商务汉语具有特定的词语，但忽略了商务汉语的其他语言特点；二是指出用于有文化差异的商务交流任务，只关注了国际商务活动却忽视了国内的商务活动。

目前大家对商务汉语的关注主要源于教学需要，多是为了研究教学活动和教学行为而对商务汉语进行界定的，综合上面各种论述，我们可以看出，有关商务汉语的论述大概可分成专门用途语言角度［如（2）、（3）、（7）明确地把商务汉语归于教学范畴之下］和领域语言学角度［如（1）、（4）、（5）、（6）］。同时也可看出，人们对商务汉语概念存在一定程度的误读［如（8）］。

但这里我们需要提及的一点是"商务汉语"这一概念的内涵并不仅限于汉语教学，而是一个语言学概念。

我们将专家学者对"商务英语"和"商务汉语"的界定进行比较后发现，大家对它们是教学和语言学实质的认识基本一致，它们既是一种教学模式，也是一种社会变体，而且均日益完善。只不过商务汉语起步较晚，还没有发展为一个成熟的学科。

3. 商务语言

"商务语言"的概念提出较晚，在专门用途语言教学的影响下，商务英语、商务汉语甚至商务日语等都开始发展起来。学者们在理论上对此进行了升华，提出了"商务语言"的概念。有关论述主要如下。

曹炜等认为商务语言也称商用语言，"指的是在商务活动中所发生的语言行为以及由这种语言行为所产生的语言现象"，而至于其包含的对象，曹炜等并没有做出具体描述，只是列举性地进行了说明，认为商务语言"主要包含广告语言、商标语言、商店名称语言、商品叫卖语言、商品说明书语言、商业调查报告等。"

黎运汉（2005）认为"商务语言也称商业语言或商用语言，它是商业主体在商业实务中为实现商业目的而运用的语言"，是"商业主体为特定商业目的的语言表达和对商业客体的话语的领会"，是"商务人员在商业事务领域中运用语言表达自身组织的思想、目的的言语现象和领会商业客体的话语文章的言语现象"。他认为商务语言的范畴十分广泛，并从不同角度详细分析了商务语言的所指对象。首先，从体式上可以分为口头语体和书卷语体（即书面语体）。商务口头语体是适用于口头交际的言语形式，包括双向的会话（如商务场合的发言、演讲、致辞等）；商务书卷语体是适用于书面交际的言语形式，诸如商业调查问卷、商业调查报告、商业工作总结、商业经济合同、广告、商用文书、商品说明书、服务守则、标语口号、商业楹联、商标和店名、名片、传真、信函、电报、谈判文书、翻译文献等都属于商务书卷语体。但无论是口头语体还是书面语体，使用的都是全民语言（即民族语言，可以是共同语，也可是方言），同时也可借助其他辅助交际工具，如口头交际可借助一些体态语，书面交际可借助商标、图表等表达手段。其次，从商务活动的范围来看，涉及物资采购、产品销售、广告宣传、商务洽谈、企业管理、市场调查、产品说明、商标命名乃至记者招待会、庆典宴请等纷繁芜杂的交际性、管理性和事务性活动，在这些活动中所使用的语言都属于商务语言的范畴。再次，从商务人员上来看，从业人员也可依据不同职位、不同职务分成不同群体，他们使用的语言也都属于商务语言。最后，商务主体经常聆听、解读的消费公众说写的口头、书面语言以及大众传播媒介（报纸、网络、广播、电视等）所传播的商务信息也都属于商务语言。

季蓉（2007）在此基础上进行了归纳，她认为"商务语域"是指"商务活动各环节所使用的语言，既包括买方与卖方在商务交际中产生的语言，也包括商务管理部门在实施商业管理时所产生的语言，还包括新闻媒体及专业人士对商业信息的披露及对商业活动的评论"。根据这一界定，她在"现代汉语商务语料库"中收集了三个方面的书面语料。第一部分是"商务法规和商务行政公文"，语料主要产生于商务管理部门对商务活动实施管理的过程中。第二部分"商务文书"，主要包括企业、公司等商务活动主体在进行商务交流中所产生的文书，又细分为若干小类，例如"决策类"，包括市场调查与预测、商务活动策划方案等；"管理类"包括销售管理文书。

4. 专用语和普通语

专用语是指只能在特定领域和特定行业中使用的语言形式，例如哲学用语、医学用语、建筑用语、商务用语等，都属于专用语的范畴。而"普通语是作为专用语完全对立的概念出现的，即非专用语就是普通语。对于普通语的定义，大多数语言学家的看法是基本一致的，都认为是一个语言社会的所有成员以同样方式掌握的、用于相互交际的语言材料和手段的总和"（梁镛、钱敏汝，1991）。

依据这一界定，我们可以说普通语是总括语，和人类社会生活相对应，而各类专用语是普通语的子系统，和人类社会生活的一级分类（如政治、经济、教育、文化、社会等）相对应。

商务汉语也是一种专用语，专门用于商务活动中，与普通语相比，它有自己的专业用语。在这一点上，商务汉语与科技汉语相似。但商务汉语与科技汉语又有很大的区别，这主要体现在商务汉语具有极强的交际性上。商务汉语虽然也是专用汉语的一类，拥有大量的商务专业用语，但相较于电气、化学、医学、物理等科技类的专用汉语，它的专业程度是较低的。这是由商务汉语的性质决定的。商务汉语是专门用于商务活动的汉语，商务活动是以语言为媒介的交际行为，因此商务汉语的主要目的是交际，是一种商务专业用语与交际汉语紧密结合的专用汉语。它的使用范围主要是流通、消费领域，参与交际的人员主要是生产部门的代表和贸易部门的代表。这是一种主要运用于实践层面的专用语，和主要运用于理论学术研究及技术应用层面的专用语（例如电气、化学、医学、物理等专用语）相比，在抽象程度、外在语言形式、使用范围、参与交际人员上都有很大差别。由于它的抽象程度低，因此，相比其他专用汉语，它与普通汉语（尤其是普通交际汉语）的关系更密切，界限更模糊，甚至有相当大的交叉重叠部分。尤其是商务汉语口语，它需要根据商务情景来展开话题，除了商务洽谈这样的中心话题，还包括了一些类似于迎来送往、宴请招待的场面，而这些都与人们的日常生活息息相关。

因此，在商务汉语中体现的是商务专业用语和普通交际汉语的一种紧密结合。

莱比锡大学 L. Hoffmann 教授（1985）从篇章语言学的角度对专门用语进行了研究，他采用"抽象等级""外在语言形式""使用范围""参与交际者"四条标准对专门用语进行了纵向分层，将专门用语分成五个层次，分别标以A、B、C、D、E，并按照上述标准给每个层次赋予不同的特征。李柏令（2008）根据这五个层次提出：商务汉语大致相当于其低端的 D、E 两层，即：抽象等级低、外在语言形式表现为自然语言，仅带少部分专业术语。这也从另一角度表明了商务汉语是所有专用汉语中专业性最弱，并与通用汉语关系最密切的语言。商务汉语与通用汉语关系密切，而商务汉语又可分为初级、中级、高级三个等级。每一个阶段的商务汉语与通用汉语的关系是怎样的呢？李柏令（2008）在《从商务汉语的本质看零起点商务汉语教学》一文中指出：商务汉语内部具有较为丰富的层次性，这个层次性不但包含高级与中级之间的层次，还包括中级与初级之间的层次。而商务汉语与通用汉语在几乎所有层次水平上都有不同程度的相似和重叠。不同的是低级阶段的重叠现象比较明显，随着层次逐渐提高，商务汉语与通用汉语的重叠逐渐减少，其专业性逐步彰显。二者的重叠关系如图 1-1 所示。

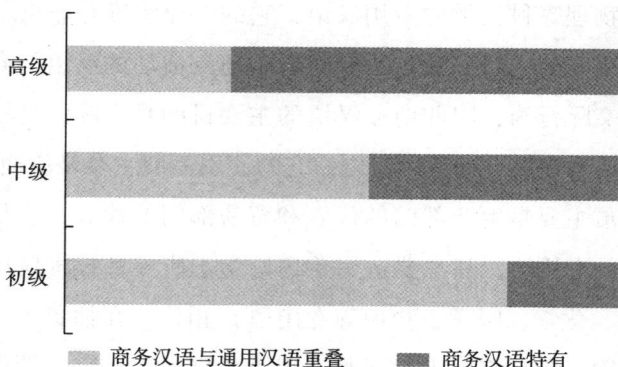

图 1-1　商务汉语与通用汉语的关系

浅色部分表示商务汉语与通用汉语的重叠部分，深色部分表示商务汉语特有的词汇、专业术语、词语搭配、句式特征、语篇特征等，具有专业性。从图 1-1 中可以看出：初级阶段商务汉语与通用汉语重叠程度最高，其次是中级阶段，高级阶段商务汉语与通用汉语重叠程度最低。由此可见，商务汉语与通用汉语的异同关系是一个不断变化的动态过程。中级阶级商务汉语与通用汉语的重叠程度适中，比初级阶级重叠得少但比高级阶级重叠得多。而就各个级别的专业性而言，初级阶段专业性最弱，随着向高级发展，专业性逐步增强。

商务汉语是以汉语知识为基础，以传授商务知识为目的，重在培养学生用汉语进行商务交际能力的专业领域汉语。商务汉语虽然有自己的特点，但仍遵循一般汉语的规则。只是与其他专业领域的汉语相比，它的通用性更为明显，与通用汉语的关系更为密切。这必然导致它与通用汉语有部分重叠，而由于商务汉语内部具有较为丰富的层次性，因此各个层级的商务汉语与通用汉语重叠的程度不同。初级阶段的商务汉语与通用汉语重叠程度高，随着层级的递增，重叠部分逐步减少，商务汉语的专业性会逐步增强。商务汉语的教学内涵要求我们从事教学时不仅能让学生全面地掌握汉语基础知识，而且能充分地了解商务知识和足够的中国商务文化，使其能在实际的商务活动中得体地运用汉语进行交际。

5. 商务汉语教学

人们对商务汉语的关注源于商务汉语教学的蓬勃发展，但这里需要明确区分几个概念。首先，"商务汉语"和"商务汉语教学"是两个不同的概念，前者是在商务领域使用的一种专用语，其本质是语言，后者指的是一种教学活动，属于教育学范畴，专家学者对二者的关注和研究几乎同步。其次，"外贸汉语""经贸汉语""商贸汉语""商用汉语""商务汉语"等名称的使用反映了商务汉语概念内涵和外延的不断扩大，从最初的国际贸易活动中的语言使用，国内商业领域的语言使用到整个社会经济领域的语言使用，我们的教学内容和研究对象随着社会经济的发展、"商务"内涵的扩大，在指称这一现象时所使用的名称不同其实也反映了大家对其认识的不断发展。最后，目前人们使用的"对外商务汉语"和"国际商务汉语"指的是一回事，前者着眼于学习者的身份特征，后者的表述略有歧义，既可指教学对象的国际化，又可指教学内容的范围。值得一提的是，随着商务汉语教学的不断发展，目前的"商务汉语教学"根据教学对象的不同可以分为外国学习者和本国学习者，这两种教学活动因学习者不同而略有不同，所以，我们也要对比进行区分。

我们这里说的"商务汉语教学"或者更确切地说是"作为第二语言教学的商务汉语教学"指的是"对外国人的商务汉语教学"，它的教学内容是商务汉语，它的教学对象是外国学习者。它是对外汉语教学的一个特殊分支，是一种第二语言教学或外语教学，属于语言教学的范畴，其根本任务是使学习者具备运用汉语进行商务实践的能力，是一个专门的、应用的、综合的学科方向。

总的来说，商务汉语是一个边界极为模糊的概念，这与商务领域的不明确性有关。目前，人们对商务汉语以及商务汉语教学的认识仍然存在一些争议。本章主要对现有的概念进行梳理，并在此基础上试图对商务汉语的相关术语进行界定。

总之，通过以上对商务汉语的各种界定的分析，我们明确了商务汉语的内涵，即商务汉语既是一种专门用途汉语，也是语言的一种社会功能性变体。它专门用于商务活动中，其词汇、语法、语篇等方面均有着其自身特征。本书中的商务汉语是指"大商务"，它既包括商务活动中的工作语言，也包括与商务人士有关的日常生活交际内容。

二、商务汉语的外延

由以上分析可知，凡是在商务活动中的工作语言或与商务人士有关的日常生活交际内容即商务汉语。商务汉语既包括商务团体内部交流，又包括商业团体和其他团体之间的交流。正是在这一点上，商务汉语与其他专门用途语言存在重大的区别。"其他专门用途语言主要是用于某一特定团体内部，并不用于与外部交流。但商务语言则由于社会的原因而成为一种广泛使用的特殊用途语言（体）"（揭薇、章韬，2006）。

明确了商务汉语的定义，也就划定了商务汉语的基本范畴。但是，对于商务汉语具体包括哪些内容？它的外延是什么？如何对这些内容进行科学的分类？目前还没有一个可供我们直接使用的方案。我们的研究从考察商务活动的种类入手。商务活动在当代社会几乎无所不在，而且形式多种多样，进一步细分的话，则又可以分为无数语域和类型。

首先介绍现有的关于商务活动的分类方法。

1. 举例式分类

黎运汉（2005）在《商务语言教程》中提到，"商务即商业事务，是指商业经济活动上的一切事务，例如商务交际、商品营销、酒店服务、旅游服务、商业广告、商业谈判、商业宣传、招牌和商标命名等都是商业活动，在诸如此类的一切商业活动中的所有事务都属商务范畴"。用举例的方式说明了商务活动的范围，但是毕竟只是列举，只是对商务活动进行了概念的界定，所举例子既没有涵盖所有的商务活动，也没有对商务活动进行分类。

2. 生活—业务两分法

从《商务汉语考试大纲》（2006）的"商务汉语考试交际功能项目表"①中，我们可以提炼出商务汉语考试研发者对商务活动所进行的分类。笔者考察发现，此表对商务活动进行了较为完整与清晰的分类。此表首先将商务活动中的交际功能项目分为生活和业务两大类，其中生活类指的是与商务有关的日常生活及社会交往活动，每一大类中包括若干小类，每一小类中又列举了若干交际任务。

生活类包括：签证（咨询、说明；办手续）、饮食（点菜、订餐；宴请及"餐桌文化"）、住宿（订房间、商务中心服务项目；租房、购房；物业管理及服务）、出行（问路、指路、看地图、理解公共场所的标示；咨询、求助；订票；乘火车、飞机、轮船、出租车、公共汽车；费用报销）、购物（问价；交款方式及办理优惠卡；商品的保修及售后服务）、社交（约见、拜访；庆典、聚会；邀请及致谢；道贺及祝愿；道歉及拒绝）、文化（礼节、习俗；商业道德）。

业务类包括：招聘（招聘启事、面试）、应聘（自我介绍、简历）、待遇

---

① 详见附录一。

（工资、奖金；休假）、评估（评估及考核、述职、辞职）、会见（欢迎；介绍；寒暄、赞美；了解情况）、联系（电话应答；传达内部指示；会议及日程安排；留言；电子邮件、便条、商业信函、传真；报告；邮寄、特快专递及速递）、考察（参观；了解公司情况、历史、现状、前景；了解产品、产品前景分析及市场调查；会展；地域经济、文化）、谈判（产品介绍；代理；包销；价格；佣金；折扣；支付方式；询盘、报盘、还盘……）、签约（……）、营销（……）、海关（……）、商检（……）、争议（……）、工商税务（……）、银行（……）、投资（……）及其他商务知识等。

可以说以上分类比较全面详尽地从生活和业务两方面对商务活动进行了归纳，对命题和教材编写都有一定的指导意义。但是，仔细分析我们可以发现，此表中列举的商务汉语交际功能项目还有很多值得推敲和改进的地方。

（1）对"文化""商务知识"与"交际任务""功能"的界定较为模糊。例如：生活类中的"餐桌文化""礼节"，业务类中的"地域经济、文化""金融政策""其他"等项目都属于文化或商务知识，被定性为交际任务或功能不妥当，它们也不属于商务活动，我们可以单列一类——"商务知识和文化"。

（2）有一些不合理之处。比如，生活类中的"签证"与"出行"完全可以并为一类，将"签证"单列没有必要。业务类也出现了分类标准不统一的现象。有的属于商务活动，如招聘、应聘、评估、会见、联系、考察、谈判、签约、营销；有的则属于谈论的话题，如待遇、争议；还有的属于商务领域，如海关、商检、工商税务、银行、投资，而业务类中列举的其他均为商务知识介绍。

（3）虽然将商务活动分为生活和业务两大类，但是两大类内部的小类划分过细，不利于本书中对商务汉语语料的搜集和统计。

3. 语言技能分类法

《商务英语教学》教科书中有关于"商务技能"的清单，我们将其内容整理出来，详见表1-1。

表 1-1　商务技能清单

说	正式介绍 非正式介绍 说明/展示一项工作 描述/解释	
互动	参观一个公司/接待参观者 带领参观/参观访问 款待/接受款待 参与讨论及非正式会议 参加正式会议 主持会议 采访 谈判 打电话	
听	听报告/演讲/讲话 听说明 听解释 听培训	
读	文件 电报 信函和传真 便函 专业性杂志 短篇报告 长篇报告 合同和法律条文 技术规范和操作手册	技能 细节 快速阅读主要信息 浏览重点信息
写	电报 信函和传真 便函 专业性报告和文章 为他人编辑信函或报告	

　　这是从语言的听、说、读、写、互动五方面技能入手来进行分类的，是单纯从语言的维度对商务活动加以划分的方法。

　　刘懋琼（2007）提出商务英语应该是以语言为载体，结合商务专业知识交际技能和跨文化交际认知技能的三位一体的交际技能。详见表1-2。

表1-2　商务英语交际技能

	礼节交际技能	如欢迎、问候、介绍、道歉、寒暄、祝贺等
英语语言交际技能	生活交际技能	如购物、问路、订票、打车、就医
	商务信息交流技能	体现的是基本的询问和陈述的语言能力，如介绍公司、说明产品、询价、报价、征询意见、陈述意见等
	协商、洽谈技能	基础性分析、论证和说服的语言能力，如讨价还价、指定与修改计划、讨论合作方式、事务评价、问题分析、解决纠纷等
商务专业知识交际技能		商务知识包括商务概念，经济问题，部门与行业，资本市场，技术与商业动态，商业法规，人力资源管理，商务组织，市场营销，生产制造管理，有效的商务沟通、技能和方式，商务行为规范，金融市场，高端技术通信方式以及商务沟通中的跨文化意识与交流等最新的国际商务信息和当今商务热点
跨文化交际认知技能		在中外经济交流与合作背景下的跨文化交际能力，包括本国与国外某一国家的经济与管理知识，商务礼俗与惯例，以及其他相关的社会、文化背景知识

在这三类技能中，语言交际技能主要包括各类在商务交际场合中的语言活动，而商务专业知识交际技能和跨文化交际认知技能则基本等同于商务专业知识和商务文化知识。同时，刘懋琼还认为，英语语言交际技能按照交际功能分为四种类型，也是由低到高的四个层次，第一种在语言水平上要求最低，第四种最高。这种分类方法对本书划分商务活动的种类有很大的启发。

4. 本书中的商务活动分类

如上所述，商务活动所涉及的种类太多，如何选取和归类也是一门大学问。在分类原则上，坚持语言、功能、文化相结合的原则，既能体现商务汉语是具有听、说、读、写不同技能的语言，也要兼顾常见的功能项目，同时还要突出商务文化、商务知识在商务活动中的重要性。

通过分析现有的商务汉语教材和商务汉语考试文本，参照以上三种分类方式的优缺点，本书将商务汉语分为四类：（1）商务口语，指的是商务活动主体在进行商务交流中所产生的话语，包括商务人士在会议上的演讲、致辞以及产品推介、方案介绍等言语行为中的个人陈述式的话语，也包括商务人士之间的会话，如日常的工作沟通，还有商务人士和消费公众之间的会话，如银行、保险公司提供的业务咨询等；（2）商务文书，指的是商务活动主体进行商务交流中所产生的书面语言，既包括规章条文，如政府的法律条文、行业规范以及企业的规章制度等，也包括商务人士之间的书面信息往来，如业务报告、商务信函、合同协议等，还包括面向公众的文字，如产品说明书、保修卡甚至商标、招牌等；（3）新闻媒体及专业人士对商业活动的评论，包括口头或书面评论，本书称为商务资讯，如各类报刊上的财经新闻，以及媒体或个人对经济事件所做的口头或书面评论，如对话访谈等；（4）在中外经济交流与合作背景下进行商务活动时所需的商务知识和文化，文书统称为商务知识。具体见表1-3。

表1-3　商务活动分类及对应的商务汉语分类

商务活动	商务汉语
商务活动主体在进行商务交流中所产生的语言 （包括话语和书面语言）	商务汉语口语
	商务汉语文书
新闻媒体及专业人士对商业活动的评论	（报道与陈述性语言）商务汉语资讯
在中外经济交流与合作背景下进行商务活动时 所需的商务知识和文化	（介绍与说明性语言）商务知识

总之，通过上述分析，我们明确了本书的研究对象——商务汉语的内涵和外延，即商务汉语的内涵指商务汉语是一种专门用途汉语，也是语言的一种功能性变体。它专门用于商务活动中，其词汇、语法、语篇等方面均有着自身特征。本书中的商务汉语是指"大商务"汉语，它既包括商务活动中的工作语言，也包括与商务人士有关的日常生活交际内容的商务汉语。

商务汉语的外延，即商务汉语包括商务口语、商务文书、商务资讯、商务知识。

第二章　商务汉语研究综述

对商务汉语的研究始于 20 世纪八九十年代，当时的研究大多集中于商务文书的写作和商务谈判的语言艺术，真正运用语言学理论和方法研究商务汉语的成果相对较少，陈章太（1985）《叫卖语言初探》、曹志耘（1992）《广告语言艺术》、陈榴（1996）《文字商标的语言特征》、于根元（1998）《广告语言教程》、吴继光（1998）《关于商业用语的几个问题》等对商务领域的汉语特征进行了分析，没有涉及对外商务汉语教学；张黎（1992）《外贸口语的特点与教学》、刘丽瑛（1998）《外贸口语中的委婉表达》、刘乃华（1998）《商贸汉语中洽谈语言的特性及其教学》则将本体研究和教学实践结合起来对商务汉语进行了研究。

进入 21 世纪以来，随着商务汉语教学的蓬勃发展，不少学者也将目光转向了商务汉语，成果不断涌现。通过对 CNKI 中"商务汉语"的检索分析，共搜集到 2001—2020 年关于商务汉语的期刊论文共计 203 篇。其中对商务汉语的研究主要分为语言技能（翻译、表达、写作、阅读、听力、口译等）、语言知识（词汇、语法、语用、语言特点、语言模糊性、文体、语篇、语义、语音等）、语言教学（学科专业、教学、教师、教材、测试等）、语言其他方面（文化、修辞等）。

从研究内容上可分为商务汉语/ESP、广告、品牌、商标、函电、旅游、经贸、合同、标识语、公示语、法律、谈判、商务交际、公司名、地名等。

从论文的数量来看，关于商务汉语教学的期刊论文也呈增长的趋势。尤其是 2013 年"一带一路"倡议提出后，吸引了更多的学者开始研究商务汉语。

一、商务汉语研究的成果

经过分类统计，我们发现国内商务汉语的研究成果主要集中在以下几个方面。

（一）语言知识的研究角度

在所有的商务语言研究类别中，商务语言特征是学者最早关注和研究的对象之一。正是商务语言特殊的语言特征带动了商务语言教学、商务语言学科建设以及其他研究类别的发展。

对商务语言特征的研究主要采用文体学、语用学等语言学理论。研究的主要成果包括商务语言的词汇、句法、篇章结构特点，商务语言的语用功能（如语言得体、语用失误），人际交往，商务语言模糊性特征以及商务语言简明化等。

国外商务英语的研究主要是运用商务英语语料库，探讨商务英语词汇、语义联系、修辞手法、功能、语用等各方面的特征。其中最有代表性的是 Pedro A. Fuertes-Olivera 的 *A Corpus-based View of Lexical Gender in Written Business English*（《基于语料库的商务英语书面语中的词汇性别观》）和 Mike Nelson 的 *Semantic Associations in Business English：A Corpus-based Analysis*（《商务英语中的语义联系：基于语料库的分析》）。前者系统讨论了商务英语书面语（尤其是商务信函）中性别词汇的应用，比如 Ms、Mrs、Mr 等。后者通过对拥有 100 万词汇量的商务英语（包括口语和书面语）语料库的分析来检测商务英语环境下词语间的语义联系，这篇论文阐释了不同词语是如何在商务英语情境下在词义韵律层面相互作用的。他侧重分析词汇之间的语义联系或语义韵律学，不仅指明在商务英语环境下词汇之间存在语义联系，并指出这些词汇经常与一些有着近义语义的词汇群搭配使用，有着专属于商务英语情境而且区别于一般英语情境下的语义联系。

翁凤翔（2011）指出，"研究商务英语语言不仅仅是研究语言本身，不是简单地区别商务英语与普通英语的差异，而是从一个更广的维度进行研究，从而更好地揭示商务语言文化层面的内涵。"商务英语语言本体研究具有十分重要的意义，因为商务英语学生仍然是语言学习者。借助各种科学方法和学科理论来研究商务英语语言可以拓宽商务英语教师的教学视野、提高教学质量。

对于商务汉语的语言知识研究，主要集中在以下几个领域。

1. 关于商务汉语词汇的研究

商务汉语词汇是商务汉语的一大特色，甚至有学者认为"商务汉语教材跟通用汉语教材的最大区别就在于词汇选取的不同"（周小兵、干红梅，2008）。目前学者们多是针对某一子领域的词汇进行专门研究，如高亮（2005）《商务合同经营用语与词汇的规范化》对商务合同经营用语与词汇的特点进行了分析，并提出了语言规范要求；曾玉洁（2005）《价格标示与价格词语研究》在大量实例调查的基础上，通过对价格标示的实例进行分析和总结，揭示出价格词语的基本构成和组合规律，并分析了价格词语在言语交际中的应用特点；姜璘（2009）《商品市场行情资讯语言特征研究》采用实际语料样本和词频统计分析相结合的方法对与商务活动密切相关的商品市场行情资讯进行了研究，揭示了其在词语、句子方面的使用情况和语篇的特征等。对商务汉语词汇进行全面分析主要是通过建设语料库的方式，如季蓉（2007）《现代汉语商务语料库的建设及其词汇计量研究》、戴珊（2007）《基于 DCC 三年经济日报语料的面向国际大企业商务领域词语统计方法研究》等，他们分别在两个商务汉语词汇语料库的基础上对词语进行了提取，形成了相应的词表。而目前比较成熟的商务汉语词汇表有三个：一是由北京大学组织研究的《商务汉语考试大纲》中的《商务汉语常用词语表》，分表一（1034 个词语）和表二（1422 个词语），共 2456 个词语；二是 2006 年由对外经济贸易大学设计出的《经贸汉语词语表》（共收录词语 4143 个）和《经贸汉语词汇等级大纲》（共分为了三个等级，其中一级词汇 849 个，二级词汇 1231 个，三级词汇 2063 个）；三是北京语言大学沈庶英主编的面向本科学历教育制定的

《经贸汉语本科教学词汇大纲》，该大纲共收录初级词语 2016 个、中级词语 2598 个、高级词语 3513 个，共 8127 个词语。

2. 从语用学角度对商务汉语进行分析

一是对具体言语行为和具体商务用语的语用原则和会话含义进行分析。如罗燕玲（2005）《汉语商务谈判中否定策略的语用分析》运用语用学的合作原则、礼貌原则和面子论原则等，对汉语商务谈判中的否定策略进行了分析；杨慧娟（2010）《浅析汉语商业广告语中的语用现象》从言语行为理论、关联理论和会话含义 3 个角度，对汉语商务广告语进行了简要的分析；张黎（2007）《现场促销言语行为的社会交际功能》在大量真实语料的基础上分析了现场促销员的言语行为的社会交际功能及其语言表现形式，指出这一言语行为在进行商品推销的同时还承担着五种社会交际功能；杨筱霞（2008）《商务人士英语中介语之请求言语行为研究——基于真实语料的调查分析》针对北美组、汉语组和语际组三组被试调查了商务人士请求策略的差异以及请求言语行为方式特征。

二是商务话语的概念隐喻研究。如任彦（2009）《财经话语中的概念隐喻研究》；张美伦、张清（2010）《汉语电子商务语篇中的概念隐喻》等。另外，还有针对商务场景中的言语行为的中英语用策略的对比分析，如卢晔华（2007）《商务组织沟通中汉英拒绝策略对比研究》依据拒绝言语行为理论及礼貌理论，参照 Beebe 等人所采用的"语篇补全测试"（DCT）方法设计了文件，对商务组织沟通中英汉"拒绝"言语语用策略进行了对比研究；还有王晓楠（2007）《中美商务谈判中恭维语及恭维应答的比较分析》、马婕（2008）《中美商务谈判的语用策略研究》等。

3. 从语域和语篇角度进行分析

宫国华（2010）《国际商务信函的语域分析》利用语域理论对具体的商务问题进行了分析；黄国文（2001）《语篇分析的理论与实践——广告语篇研究》、张黎（2006）《〈国民经济和社会发展统计公报〉的语篇分析》、李瑞娥（2009）《短信广告的语篇分析》等则从篇章结构的角度对商务语篇进行了分析。

4. 从话语分析方面对商务汉语进行研究

这方面的研究比较多。比如张黎（2007）《商业汉语口语研究——现场促销语言调查与分析》从现场促销语言的词汇及语音特征、句法结构分析、会话分析、现场促销各主要环节的语言特征的角度对现场促销语言进行了系统的研究。丛永清（2008）《企业介绍的话语分析》指出了企业介绍语言的整体特征和使用规律，并综合运用现有的理论和方法，从词汇、语法、语段、话语和社会交际功能等各个层面系统地描写与分析了企业介绍语言；王玉芝（2008）《企业内部商务会议案例的话语分析》对企业内部商务会议的特点进行了个案研究，同时还考察了语料中统计性特征突出的话语成分，分析出了企业内部商务会议这种特定情景中的口语交际行为的特点。另外，还有一些研究是以商务汉语教材中的对话、课文等为分析语料，对其中出现的各类言语行为和话语现象进行了分析，如单曦（2008）《商务汉语教材中的谈判会话分析》、马青雅（2008）《商务汉语教材中间接拒绝语言现象中的考察与分析》等。

5. 从文体学角度展开的研究

商务汉语属于语言使用范畴，其内容有很强的针对性。无论是商务汉语信函的写作、经济合同、商务文书的草拟、商业单证的填制、产品说明书的翻译、贸易谈判中的争论，还是经济案例的申诉、仲裁与判决等都属于应用文体的范畴。各类应用文尽管有其自身的特点，但仍有共同的文体风格。观察近几年对于商务汉语特征研究的趋势，单纯地分析某种商务文本的语言特点已经跟不上研究的步伐，使用语料库对商务文本中的某些语言现象进行研究将是商务汉语语言特征研究的发展趋势。有必要针对商务汉语文体进行量化研究，在统计的基础上展开理论分析，能够更全面、更科学地了解和把握商务汉语的研究动向。

如王良洪（2009）《汉语商务信函的文体分析及其写作》运用文体学理论研究了汉语商务信函，发现其在词汇、句法和篇章层面具有的典型的、常用的特征，并提出了写作技巧的四大原则；张婧（2009）《过程体裁法在汉语商务信函写作教学中的应用》则着重介绍了过程体裁法的应用。

6. 对商务语言进行全面的研究

曹炜等人（2005）的《商标语言——商务语言研究丛书》从语言本体特征（如语音、词汇、语法等）、语用特点、修辞特点、文化体现、文体格式等多个角度对商标语言、商品说明书语言、叫卖语言、商业调查报告语言进行了深入研究；黎运汉在《商务语言教程》一书中也从修辞学、语体学、风格学的角度对酒店服务语言、旅游服务语言、总经理语言、商务谈判语言、广告语言以及商务文体的特点和规律进行了分析和总结。

（二）商务汉语教学研究的角度

最早的商务汉语教学可以追溯到 14 世纪，我国的对外汉语教学是与对外经济文化交流相伴而生的。元朝末年的《老乞大》是我国最早的商务汉语教材，记录了几个高丽人与中国商人结伴去北京做买卖的过程，展示了当时商人的生活与思想。这本教材"以他们去北京做生意和在北京的生活经历为线索，分成 106 小节，即 106 篇话题课文。每一篇课文仅仅围绕一个中心交际话题展开，从中我们也随一个个段落感受到高丽商人的旅途见闻、客店食宿、谈论物价、洽谈生意、买卖契约、采买物品、选购典籍等商务场景"（张美兰，2011）。这种新颖的编排方式和以口语对话为内容的大胆尝试开创了商务汉语乃至通用汉语教材的先河。

1. 需求分析的角度

从广义角度来说，教学活动指的是整个的教学设计、教学管理和教学实施，从狭义角度来说指的是具体的课堂教学，它所包含的内容非常丰富，我们一般研究的领域包括课程定位、教材分析、教学方法的比较以及测试分析，而涉及商务汉语教学，又要引入一个特殊的研究领域，即需求分析。

目前商务汉语教学界在需求分析方面的研究较多，理论介绍方面如张黎（2006）《商务汉语教学需求分析》，陈芳、郭鹏（2008）《商务汉语教学需求分析的内涵和框架》等，实际应用方面如廖陈林（2007）《在华商务人士汉语使用情况的个案调查》、孙静（2010）《以需求分析为导向的商务汉语教材主题研究》、崔妙莹（2011）《基于商务汉语改革的商务汉语需求调查分析》、张黎（2012）《汉语在国际商务领域使用状况调查与分析》等。

2. 课程定位、教学原则

课程定位是对商务汉语教学的课程总体定位，对不同阶段的教学原则的研究和谈论。例如，刘丽瑛（1999）《经贸汉语教学初探》提出经贸汉语课程的定性和定位、主体需求、内容编排及基本原则；万谊娜（2004）《对外商务汉语与基础性对外汉语的教学比较》则在两种类型的教学对比中，指出商务汉语在课程设置、教学主客体、教学原则和方法上要有针对性；Meiru Liu（2004）的《国际商务硕士班功能实用型汉语课程的设置和设计》阐述了交际教学法如何应用于国际商务硕士班的功能实用型汉语课程的设计及教学实践中，是教学理论在实际操作层面的应用。

3. 教学方法

从理论上说，适用于通用汉语教学的教学方法也适用于商务汉语教学。但这并不意味着商务汉语教学沿用通用汉语教学的方法即可。在商务汉语领域，对于教学方法的探讨主要集中在任务型、案例式、体验式和交际策略等四种教学方法上。

任务型教学法是研究者们普遍关注的一种方法。系统介绍并通过实例展示任务型教学法的文章有两篇：顾伟列、方颖（2009）的《商务汉语任务型语言教学法初探》。这两篇文章都介绍了任务型教学法的历史、理论基础、任务的界定、一般流程，并辅以教学实例。对于任务的界定，学者们的看法也不相同。陈青海（2012）认为，现在几乎"没有一门商务汉语课的教学不含有任务的成分"，任务型教学法效果的好坏，最关键的因素是任务从提出到执行再到总结，是否做到"以学生为主体"和"以学生为中心"，如果学生只是被动地执行老师规定的任务，学习效果是不会好的。关道雄、费飞（2010）探讨了商务汉语课程教学中的任务类型及设计原则。与前面两篇文章不同，关道雄的文章聚焦于如何设计供商务汉语课程语言操练以及话题活动使用的任务，而不是基于任务型教学法的整体课程教学设计。明确这一点非常重要，因为很多老师在讨论任务型教学法的时候常常混淆课程设计和活动设计两者的区别。关道雄在文中对于活动任务的界定和分类做了总结，提出了三类任务形式：语言技能型任务、交际型任务、预演型真实任务，并且分别给出了实例进行说明。在另一篇文章中，关道雄（2012）还进一步讨论了如何利用这三类任务形式在商务汉语教学中设计不同的翻译任务。通过文中实例不难发现，这些有明确而具体的目标的翻译练习，不但真实度高，而且充满趣味性和挑战性。这两篇文章的贡献在于给语言课老师提供了设计任务的锚点及思路，对于那些面对任务型教学法感到无从下手的老师来说，参考价值非常高。案例式教学法被引入外语教学课堂，进而，很快成为另一种颇受关注的教学方法。Yuan（2006）认为，对于语言水平较高的学习者来说，案例本身就是学习的重点，语言仅起到了介绍内容的作用；而对于语言水平较低的学习者来说，语言才是学习的重点，案例只是学习语言的媒介。据此，Yuan 提出应该为语言学习者编写适用的案例教材，即 language-centered case。需要指出的是，Yuan 并没有将案例式作为一种"教学法"来介绍，而是将其作为一种素材呈现出来。这一点，也得到了其他一些学者（陈青海，2012）的认同。体验式教学法近几年得到了越来越多的关注。李欣欣（2016）介绍了体验式教学法的来源、理念、步骤，并记录了在某大学中应用体验式教学法的过程。据李欣欣介绍，这是一种"让学生实际操作的训练"，可以"借由活动来促进参与者的各项能力"，比如通过模拟法庭进行法律通识教育。李欣欣的研究对象是初级商务华语班的 16 位学生。课程前半学期采用"听说教学法"，后半学期为实验期，采用"任务型教学法"，并加入"体验式教学法"的内容，如将学生带到超市进行"购买"交易，使其获得议价体验。李欣欣指出，在进入体验环节之前，老师帮助学生进行语言准备是非常必要的。体验式教学法强调的是商务汉语教学的"实践性"，这在沈庶英（2014）的文章中有较全面的论述。沈庶英提出，商务汉语实践教学分为课堂实践、校园实践、社会实践三种，参与方包括学生、学校、老师和实践单位，第一次将实践单位明确置于商务汉语教学范畴内。此外，沈庶英也针对三种不同的实践方式分别提供了教学思路。

交际策略法由张黎（2011）提出，其特点是以交际策略为纲安排语言教学内容，以实际策略为出发点组织、实施课堂教学训练学生在特定的交际功能中选择与组织语言项目，力求充分、得体地进行表达。张黎指出，交际策略属于"高层次的和综合的语言能力，是语用和交际层面上的能力"，所以此方法更适合高年级的口语教学，特别是商务汉语这种专门用途语言教学。交际策略法分为输入和输出两个阶段，在输入阶段，老师要对文本进行全面细致的话语分析，包括分析交际的目标、意念、角色、语体以及话语结构。在输出阶段，老师引导学生按照话语分析的提示，模仿样本语料进行交际和表达练习。可以看出，这种方法的特色在于教学内容，即对交际策略的归纳和有针对性的训练。至于练习的方式，似乎并无特殊的要求。张黎在文中也承认，"在某些环节上它可以跟其他教学方法如听说法、交际法或任务法等相结合进行"。

4. 教材编写

目前对商务汉语教材特点和编写原则的研究成果较多，如辛平（2007）《面向商务汉语教材的商务领域词语等级参数研究》通过分析现有的几部教材，结合语料统计数据，确定商务汉语教材中商务领域词语的范围，构建了商务领域词语等级参数模型，对商务汉语教材的编写起到了指导作用。此类研究还有周小兵、干红梅（2008）《商务汉语教材选词考察与商务词汇大纲编写》、芦薇（2009）《商务汉语教材内容评估及编排探讨》、赵燕华（2010）《初级商务汉语教材交际功能统计及分析》、胡梓华（2011）《中级商务汉语教材词汇分析研究》、黄清（2012）《评〈初级商务汉语精读〉的商务特点》、姜国权（2016）《大数据时代商务汉语教材出版的困境与策略》、夏江义（2017）《"一带一路"需求下的国际汉语教材编写理念分析——以哈萨克斯坦为例》，以及李瑞瑶、吴坚（2018）《"一带一路"视阈下国际汉语教材：需求、问题与建设》，周鹏（2018）《零起点商务汉语教材编写浅析》等。

李育娟（2011）认为现有的商务汉语教材"多以编写者虚拟情景为主题设计课程内容，鲜见从华语学习者的需求角度来设计"。关道雄（2006）对美国加州大学圣芭芭拉分校学生所做的问卷显示，虽然"提高用中文进行商务交际的能力"是学生的首选，但亚裔学生同时对"获得中国经济发展信息"

感兴趣，而非华裔学生则更期待"了解商务活动中的中国文化"。调查对象更为广泛的是张黎（2012），他对来自 26 个国家的 232 位受访者进行了调查，受访者均为曾学过汉语的在职人士。张黎指出，口语是学习者最想提高的技能，应该将"与同事交流和内部管理的交际技能"作为商务汉语教学的重点内容，商务汉语教学的主战场应该转向在职商务人员。总的来看，商务汉语教材的研究在这 20 年里取得了扎实的成果。

5. 商务汉语考试

测试评估历来是汉语教学研究的薄弱环节，商务汉语教学也不例外。在我们收集到的文献中，仅有四篇文章跟测试直接相关，而且都是关于商务汉语考试（BCT）的研究。

杨宏（2009）在肯定 BCT 若干优点的前提下，提出该考试需要"加强对考生在与商务有关的广泛的职业场合、日常生活、社会交往中的汉语语用能力，尤其是会话含义、交际策略方面的考查"。换言之，要考查学生是否能够根据语境推断出说话人的真实目的、是否能够推导出对话中所隐藏的真实意义。杨宏进一步指出，听力部分的短对话很适合用来考查以上能力，老师在日常教学中应相应地增加对此类能力的训练和考查。

刘超英（2010）《商务汉语考试（BCT）机考测试结果检验》一文将商务汉语考试机考的结果与纸笔考试的结果进行了比较，结果显示，商务汉语纸笔考试和机考的考试结果总体上比较接近，输入汉字与手写汉字的样本在剖析考生的书面表达能力上都能提供足够的信息，因此对两种媒介的考试进行统一的分数解释是可行的。

鹿士义的两篇研究（2011a，2011b）考察了商务汉语考试（BCT）跟《欧洲语言共同参考框架》（CEFR）的关系。为了便于与其他语言考试相互参照，鹿士义（2011a）对比了 BCT 与 CEFR 之间的等级对应关系。该研究由 15 位专家根据所提供的语言水平描述细则，分别对 BCT 考试的听、读和说、写进行标准打分。经过一系列复杂的统计和数据转换，得出 BCT 考试 1—5 级与 CEFR 六级标准的对应关系。鹿士义认为该对应关系说明 BCT 具备良好的"跨度考试"的特点。鹿士义（2011b）还考察了 BCT 的阅读部分在多大程度上覆盖了 CEFR 的范围和水平，通过 11 位 BCT 专职开发人员及汉语教师依据 CEFR "交际行为量表" 和 "交际能力量表" 对 BCT 阅读题目做出评价，进而建立起 BCT 跟 CEFR 在内容上的关联。结果显示，CEFR 的两个量表在 BCT 阅读题目中均得到了充分体现，显示出较好的对应关系。鹿士义也指出，"汉字的非拼音化性质决定了汉语在衡量书面能力时不能完全依照《欧洲语言共同参考框架》的标准，而应建立符合自身特点的等级标准和条件"。

以上研究结果让我们对 BCT 的效度和区分度更有信心。不过，BCT 对于很多商务汉语学习者来说，还非常陌生，这在一定程度上会影响 BCT 应有的导向作用。有关测试评估研究是目前商务汉语研究中最为薄弱的。今后如果有更多测试评估专业背景的教师参与这一方面的工作，将大大提高商务汉语研究的水准。

二、商务汉语研究的不足

相较商务英语的专著研究，无论是在数量上还是在研究主题上，国内商务汉语专著研究都显得较为薄弱。商务汉语教学从一开始就受到了专门用途英语教学理论的影响，因而有关商务汉语教材的编写和教学中存在的问题，完全可以借鉴发展相对成熟的商务英语教学所取得的成果。

笔者对当当网、卓越网和京东网相关信息进行了统计发现，截至 2022 年 1 月，以商务英语为主题的各类书籍达上万种，大部分为教材和教学辅导用书，关于商务英语的研究专著所占比例比较小。但是与商务汉语的研究专著比起来，无论是在研究数量上还是在研究主题上，都要丰富得多。通过梳理商务英语的著作，有助于我们宏观了解对商务英语研究的趋势与特点，同时，其研究的问题也值得从事商务汉语研究的学者关注、思考和借鉴。图 2-1 和表 2-1 分别是关于商务英语和商务汉语的具有代表性的研究专著。

表 2-1　商务汉语专著统计

书名	作者	出版时间	出版社
《商务语言教程》	黎运汉	2005	暨南大学出版社

书名	作者	出版时间	出版社
《商业汉语口语研究——现场促销语言调查与分析》	张黎	2007	中国传媒大学出版社
《经贸汉语课程研究》	张黎	2007	商务印书馆
《2011 国际商务汉语年度报告》	对外经济贸易大学国际商务汉语教学与资源开发基地（北京）	2011	高等教育出版社
《商务汉语词汇研究》	吴海燕	2014	中国书籍出版社
《商务汉语分类分级常用词常用句研究》	刘华	2021	外语教学与研究出版社
《商务汉语教学理论研究与方法创新》	沈庶英	2013	北京语言大学出版社

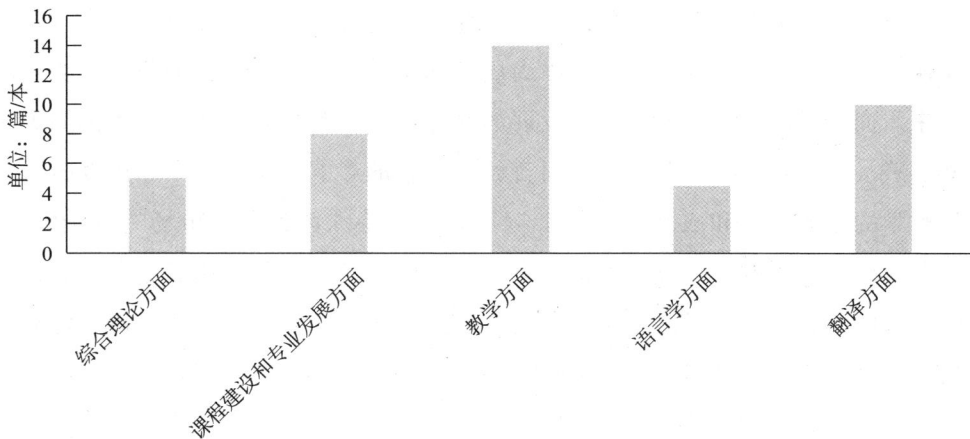

图 2-1　商务英语专著统计数量

　　虽然目前商务汉语的研究尚属于探索阶段，但已经逐步从总体宏观上的研究细化到商务汉语教学本身上来。关于商务汉语的研究还零零散散地分布在期刊文章中，全面而系统的专著研究并不多，只有黎运汉的《商务语言教程》，这是第一部在中国大陆出版的较为全面系统地研究商务语言的著作。黎运汉从修辞学、语体学、风格学的角度研究了商务语言，其研究范围既包括商务人员在商业活动中所运用的口语也包括书面语。揭示了一定的商务语用规律和原则、商务语言的基本特点以及商务语言的内涵和商务语言学的定位及研究范围。《商务语言教程》虽然也指出了许多有关商务语言学的理论问题，诸如商务语言的界定、商务语言学的研究范围及任务等，但是这些理论均没有涉及对外汉语教学，无法应用到对外商务汉语教学中来。

　　而商务汉语教学研究在教材和教法探讨方面得到的关注最多，取得的成果也较为丰富。教材研究者借助大规模数据库对词汇的分级、复现、搭配等关键问题进行了探索，为教材编写提供了更合理、可靠的依据。教法研究者对任务型、案例式等若干教学法在商务汉语教学中的实践问题进行了多方面的讨论。今后我们应该结合教学理念研究，进一步对具体的课堂教学技巧和练习设计技巧做更深入的探讨，使其能够有效地应用于商务汉语教学实践中。商务汉语教学研究在早期曾就课程属性和定位等基本问题有过较为激烈的讨论，未来借助更细致的需求分析和更合理的研究方法可以将这些讨论推向深层次。测试评估在商务汉语研究中尚属于起步阶段，需要更多的研究者参与进来。商务汉语教学是中国经济发展的必然产物，其教学的各个要素的研究和实践，都受到了国外专门用途语言教学思想的影响，也借鉴了国内商务英语教学的相关经验和成果。但由于学习对象的特殊性和需求市场的复杂性，商务汉语教学也做了相应调整，具有了自己的特色。目前有关商务汉语教学的各方面的研究成果层出不穷，但也应看到其研究的局限性，我们应在已有研究的基础上进一步深化商务汉语教学的理论和教学分析。

第三章　本研究的理论基础及研究方法

　　通过对商务汉语研究的梳理，我们发现，虽然商务汉语的研究成果还不是很多，但是从现有的研究视角和研究成果可得知，商务汉语是一个专门的（有其专门的研究对象、研究目的、研究内容）、综合的（涉及语言学科、商务学科以及教育学科等多种学科理论）、应用的（其根本任务是将理论应用到教学实践中去，更好地指导教学、提高教学效率）研究方向。本章将着重介绍进行商务汉语研究时可借鉴的理论以及本书的主要研究方法。

一、专门用途语言理论

　　Hutchinson 和 Waters 认为专门用途英语（ESP）的发展可以分为五个阶段：语域分析阶段、修辞和语篇分析阶段、目标情景分析阶段、技巧和策略分析阶段及以学习为中心的阶段。商务汉语的研究也基本沿袭了 ESP 的这些研究模式，但因商务汉语教学产生之时，ESP 理论已经较为成熟，所以，各个角度的研究成果基本上是同时出现的，呈现出百花齐放的景象。

　　第一阶段是产生于 20 世纪 60 年代的语域理论，是系统功能语言学的重要理论之一。该学派认为，语言系统是整个社会文化意义系统的一个重要组成部分，它由许多子系统构成，子系统又表现为一组可供选择的项目，任何一个项目都表达一定的意义。人们在进行言语交际时的编码就是对语言项目或者说是意义项目作出的选择，而同时，意义成分的选择又受到三方面的制约：语场，指语言活动涉及的范围；语式，指语言活动的媒介或渠道；语旨，指语言互动参与者之间的角色关系及发话人想要向说话人实施的意图。三者的组合即语域。语域能决定语言环境和语言意义，也就是说，不同交际场景中的意义内涵是由其特定的语法、词汇和格式反映出来的。该学派认为，不同语体是由不同的语域对语言成分使用的约束与限制造成的。因此，在这一阶段，人们对 ESP 的理解和研究主要集中在探讨不同语域中特殊的语法与词汇特征，并将研究结果应用于教材编写。这一理论对教学的意义就在于我们可以对具体商务语域进行分析，找出其语言特征和使用规律。

20 世纪 70 年代，ESP 将研究的重点转向语篇的组织模式和语言表现手段分析。"语篇分析强调如何将句子组成一定的篇章来表达意思，因此研究的重点是确认课文中句子间的组织模式，总结出标志这些模式的语言学方法并以此作为编写教材的大纲。"这一研究思路直接催生出篇章语言学的相关研究。

20 世纪 70 年代末的需求分析是专门用途英语的特征，也是奠基石之一（张佐成，2008）。ESP 的需求分析最初主要是目标情景分析，旨在调查分析目标情景中的交际状况和学生应达到的水平，从而确立学生的交际需要及其实现方式，如将来语言使用的场合、目的、方式和语言技能、功能、结构以及交际类型（如口语/书面语、正式/非正式）等（韩金龙，2003）。简言之，目标需求分析就是要对语言使用的目标情景以及学习者在这些目标情景中需要做的事进行分析，并以此为依据设计课程、编写大纲和教材等。

技巧和策略阶段的开始源于研究者对语言使用过程的推断。研究者认为，所有语言在使用过程中，都需要经历推理和解释，因此，人们使用构词法和上下文可以猜测词义，从其布局和排列形式可以大致确定文章的种类等。这些在我们的对外汉语教学中都有反映，如对阅读和听力的训练。

随着建构主义学习理论的发展，专门用途语言的教学也开始转向以学生为中心，通过研究学生对语言的习得过程，使教学过程最大限度地符合学生的学习过程，从而实现高效交际的目的。这就是以学习为中心的阶段的主要研究内容。

在 ESP 50 多年的发展历程中，前两个阶段注重的是研究语言的表层结构，后三个阶段则逐步从探讨语言现象向深入研究语言习得与应用的思维过程与方式转移，以期真正把握 ESP 这一特殊语言现象的认知规律。研究者始终将其视作一种语言研究对象，目的是获得更为有效的教学手段。也就是说，ESP 并不是一个独立的学科，而是应用语言学中教学法研究的一个分支。

社会语言学家 Strevens（1977）给 ESP 下的定义为：广义地说，ESP 的目的和内容，主要或全部不是由普通教育的标准来确定的（如英语作为一门常规学校课程那样），而是由学习者对英语的功能和实际应用的需求所决定的。他把 ESP 和一般用途英语（EGP）看作一对相对立的概念，前者有着明确的教学目的、教学内容和交际需求，后者则仅仅把英语作为一门独立的语言课程来教，并且对其共性和差异做了详尽的分析，提出四个根本特征和两个可变性特征。四个根本特征为：（1）ESP 课程设置必须精准满足学习者的特定需求；（2）ESP 在课程内容上与特定的学科专业、职业以及实践活动相联系；（3）在句法、词汇、语义等层面上，以适合与特定专业、职业及与之相关活动的语言运用和话语分析为中心；（4）ESP 与 EGP 形成鲜明对照。两个可变性特征为：（1）ESP 教学在语言技能的习得上有局限性，如根据需求，可仅限于对某一语言技能的培养；（2）可按照任何预定的教学法组织教学，即在教学上有较大的灵活性。

商务汉语是商务环境中应用的汉语，它是专门用途语言的一种表现形式，因为它具有专门用途语言研究领域共同的要素，如需求分析、大纲制定、课程设计和教材建设。如同其他专门用途语言，商务汉语是一种特别的语体，强调的是在特定环境下的特殊交际，但又有别于其他的专门用途语言，它通常是某个特别工作或行业相关的特定内容与一般有效沟通能力相关内容的结合。

二、文体学理论

在不同类型的语境，某些言语特征反复出现，形成具有复现性的系列特征，这些特征和一些通用性的语言成分结合在一起，就形成了语体（文体）[①]。语境

---

　① 由于本书对商务语体（文体）的研究重点不是对比口语和书面语的差别，因此，我们不强调"语体"和"文体"的区别。本书中所使用的的"语体"和"文体"两个概念所指相同。

是决定语言运用差异性的主要因素。但是，与一般修辞学上强调语言运用适应语境不同的是，修辞学比较关注每一次言语交际的具体语境，而文体学关注的是类型化的语境，关注在什么类型的语境中，语言运用有哪些普遍的特征。

（一）文体的基本概念

文体与文体学似乎已经是接触过语言学的人耳熟能详的术语。但是，在语言学界，更准确地说，在文体学界，究竟什么是文体，什么是文体学，至今尚未取得一致的认识。文体，亦有人称作语体（如程雨民，1985；王德春、陈端端，2000），在文学批评中又称为风格，的确很难对其进行确切的定义。《西方文体学辞典》（胡壮麟、刘世生，2004）对这一术语的应用领域及含义作了介绍。

（1）简单说来，风格指书面或口头的表达方式。我们可以说有人用"华美的风格"写作，或用"滑稽的风格"讲话。有的人认为，风格还具有鉴赏的含义，如"高雅的"风格或"低俗的"风格。

（2）上述（1）中包含的一层明显的意思是，在不同的情景下有不同的风格，而相同的情景下由于参加者的不同亦可能产生不同风格。所以，文体、风格可以看作语言使用中的变体，包括文学的和非文学的变体。语域这一术语通常用来指具有共同语言特征的系统变体，尤指非文学情景下的变体，如广告语言、法律语言等。

文体风格不仅因情景不同而变化，而且因传播媒介和正式程度的不同而有区别，亦称为文体变换。文学语言中的文体可以随体裁或时期的变化而变化。因此，文体的确定是以其所属范围和所处语境为背景的。

根据这种解释，我们可将商务汉语看作商务文体，它是一种变体，而其下的广告语言、金融语言和经贸语言等则分属不同语域，是商务文体变体内的变体。

（3）文体、风格具有其本身的特色，本质上是一些典型语言特征的总和；这些特征来自不同的语域、体裁和时代。文体风格经常根据这些特征来界定。

文体特征基本属于语言特征。不过，这些语言特征具有区别性意义，对作品构成和主题表达起到十分重要的作用。就作品而言，文体风格是指作家写作特征的综合，即作家的"语言习惯"，又称为个人语言（idiolect）或个人风格。

（4）显然，任何一位作家都是从属于一定历史时期的语料库中汲取语言材料的，而形成每位作家的独特风格的原因，则是作家对语言个项所做的不同选择，以及这些个项在作品中的分布排列模式。根据选择理论来定义文体，是 20 世纪后期流行的做法。而语言性质特征的选择，在一定程度上由体裁、形式和主题等因素决定。

然而，文体选择对意义变化的影响到底有多大，一直是长期争论的问题，如从同义词库中所做的选择对内涵意义有多大影响就无法做出明确的判断。

（5）20 世纪 60 年代常见的一种文体研究方法是按照常规与变异理论将一组特征与另一组特征相比较。需要指出的是，即使发现对常规文体的偏离，也是正常的。此外，还必须将任何语篇或语言片段与特定的体裁或特定的历史时期以及总体语言的共核加以比较。这样，不同的语篇就会呈现出不同的主导特征或前景化特征。

探索和了解不同文体在不同语域中的主导特征和前景化（即明显的）特征，所要做的，正是将各语篇与特定体裁和特定历史时期的语言共核加以比较。只有比较，而且是系统地、重点明确地进行具体和量化比较，才能真正认识商务文体各类语体的基本特征，从而进行准确的描述。

（二）语境与文体

很多文体学家十分关注语境对文体的作用和影响，因而被称为语境文体学派（胡壮麟，2000）。如里法特尔（Rifaterre，M.，1959、1966、1978）更强调语言语境的作用，认为构成文体的是文体学上的显著单位，因为它和语篇语境中其他单位形成对照。Rifaterre 还区别了微观语境和宏观语境，微观语境是指单个具有文体特征的词项或结构，宏观语境指语篇中所有的单位和结构。他同时还提出了对照语境的概念。

与 Rifaterre 不同的是，文体学家恩克维斯特（Enkvist，N. E.，1964、1973、1985）斯宾塞（Spencer，J. W.，1964）和格利格里（Gregory，M. J.，1964、1965、1967）不仅注意到语言语境的作用，还注意到了对情景语境的分析。他们将文体看成与情景特征相关的语言变体。因此，除文学体裁外，更多的语体进入了文体学研究的范畴。

那么，怎样去分析和判断语境特征呢？胡壮麟（2000）曾作了如下总结："发现上述文体学上显著的语境特征有两种方法。一种是从公认的文体学上显著的语言形式出发，记录它所出现的语境，然后识别所有这些语境共有的特征；另一种是从某语境开始，记录它们所出现的语言形式。用后一种方法得到的语言形式还要和其他情景下的语言形式对比，不然无法知道哪些形式具有语境特征。从实际情况来看，这两种方法是互补的。前一种方法使我们能看到一些文体标记（如礼貌语言或代词的称呼形式）在语境中的使用范围。后一种方法对我们研究文学文体和探讨语言中主要文体范畴时如何着手有启示。"

对文体学的语境进行分类有多种不同方法，其中最具有代表性的有 Enkvist，N. E.，Spencer，J. W. 和 Gregory，M. J. (1964)，Crystal，D. 和 Davy，D. (1969) 的语境划分。Enkvist，N. E.，等（1964）将语境划分为语篇内语境和语篇外语境。

（1）语篇内语境

①语言框架

- 语音语境：音质、音速等；
- 音系语境；
- 语素语境；
- 句法语境，包括句子长度和复杂程度；
- 词汇语境；
- 标点符号、大写等。

②篇章结构

- 段落的起始/中间/结尾；

- 语篇与相近的语篇部分的关系；
- 节奏、文学形式、印刷格式。

（2）语篇外语境

- 时期；
- 语篇类型；
- 说话人/作者；
- 受话人/读者；
- 说话人/作者与受话人/读者之间的关系：性别、年龄、熟悉程度、受教育程度、阶层和地位、权势、常识等；
- 情景和环境；
- 姿势和形体动作；
- 方言和语言。

上述分类比较全面，在实际运用中可灵活掌握，仅对其中相关部分进行分析，从而得出文体文本的主要语境特征。Spencer，J. W. 和 Gregory M. J.（1964）运用功能语法的理论模式，将语篇要素分为语场、语旨和语式。Crystal，D. 和 Davy，D.（1969）在《英语语体研究》（*Inverstigating English Style*）一书中认为能成为文体区别特征的情景因素包括以下几方面。

（1）个体性、方言、时间

（2）话语

　　①媒介：简单或复杂（言语或书写，或两者结合）；

　　②参与：简单或复杂（独白，对话）；

　　③活动范围、地位、方式、单一性。

其中个体性是指个人的说话或书写习惯。话语包括言语和书面语。方式用于对语言常规格式的选择。此外，他们还提出分析文本特征时，针对每个语篇或语段还需要了解下列问题：

（1）语段的特定使用者是谁（个体性）；

（2）语段使用者的地域特征（地区方言）；

（3）语段使用者的社会阶层（阶级方言）；

（4）语段使用者的年龄和语言时代特征（时间方言）；

（5）语段使用者是说话还是书写（媒介）；

（6）语段使用者的终极目的或作为目的的手段；

（7）语段的参与者有几人（话语参与）；

（8）该语段是独立存在的还是更大话语语篇中的一部分；

（9）语段使用者的职业；

（10）语段使用者与接受者之间的社会关系；

（11）语段使用者传达信息的意图（方式）；

（12）该语段是否什么都没告诉读者（共核）。

（三）语言要素的文体分化

语言三要素语音、词汇、语法都可以从文体手段的角度去观察，亦即任何一个完整的语音、词汇、语法单位对文体类型来说，都存在适应与不适应的问题。只不过语言单位的文体色彩程度有所不同，有的单位文体色彩很强烈，有的更中性一些，可以适用于多种文体。

1. 语音的文体分化

语音是语言符号的物质外壳。除了作为信息载体的功能，语音还因音质差别，从而产生不同的音响效果，成为创造形式美的一种手段；语音具有引发联想的功能，形成声音表象，使人产生不同的感受。不同的文体，对语音形式是会有所选择的，这种选择性就是语音现象的文体分化。语音的文体分化现象如下。

（1）押韵、平仄、双声、叠韵、叠音、拟声等语音修辞或语音造词现象多具有艺术文体色彩，其中一些语音现象是装饰性的。装饰性的语音形式一般不适合出现在科学文体和公文事务文体中，科学文体、公文事务文体多选择与其平行的原式。

（2）语流音变产生于口头交际，个别语流音变现象能在书写上反映，也有一些能转化为语言结构成分，由言语系统进入语言系统，如合音、某些连读变调对应某些构词类别等。内化了语流音变现象的词汇、语法单位，往往带有一定的口语色彩。第二语言教学中的真实听力材料，其听辨上的难点正是这些具有口头文体色彩的语流音变点。

（3）文白异读也是一种比较典型的文体分化现象。文读具有书卷文体色彩，白读具有口语色彩。如：剥①bō（剥削、生吞活剥），②bāo（剥皮、剥花生）；澄①chéng（澄清、澄湛、江澄似练），②dèng（把水澄清了、澄沙）。例中①为文读，②为白读。

（4）音位变体的产生，多与发音上的"省力"有关，可从前后音素组合上寻找生理原因；某些变体具有文体色彩，在此语境类型中以此变体为常，而另一语境类型，则可用或多用彼变体。一般来说，条件变体是结构性的，某些自由变体则可能存在文体分化。

（5）韵律也具有文体差异性。不同类型的语境对节律、音步和音步组合可能有不同要求。有的平顺即可，有的则追求艺术性组合，出现体现类型化语境需要的韵律模式。

2. 词汇的文体分化

词汇系统中，有些词语通行于社会生活的所有领域，有些则只出现或主要出现于某一领域。具有文体色彩的词语，被称为语体词（袁晖，2005）。文学艺术、科学技术、公共事务、日常生活等社会生活领域，都有大批的语体词存在。如"华灯、莞尔、皎皎"是文学语体词，"肝脏、标高、当且仅当"是科学语体词，"兹因、呈请、专此批复"则多于用于公文事务文体。

词语同义形式有些是文体分化的结果，如月亮/月球、屎尿/排泄物、盐/氯化钠、尺子/量尺，前者是日常生活中使用的词语，后者则用于科学技术领域。有些同义词（近义词）在不同文体中可以互换，但使用频率存在差异。词语在文体中体现文体差异性的使用频率可称为"语体词频"，它也是一种文体分化现象。如频度副词"每每""往往""常常"，语料库统计发现"每每"在文艺文体中出现较多，书面性较强（彭湃、彭爽，2004）。

3. 语法现象的文体分化

语法现象的文体分化的某些手段对某文体有适用不适用、多用少用的差别；从范畴角度来看，不同文体在表达同一范畴时，可能使用有差异的表达形式。以语法单位观察，语素、词、短语、句型进入不同文体时，其语法形式和语法功能也可能存在一定的差异。

（1）语法手段的文体分化。附加、内部屈折、重音、重叠、异根、虚词、语序、语调等语法手段，在不同的文体中，使用频率也会有所不同，这是因为运用这些语法手段所生成的语法形式，在功能上会有一定差别。当然，并非所有的语法手段都有很严格的文体开放性和封闭性，其文体功能作用也是有程度差异的。以重叠为例，重叠有着较为明显的文体适应性上的差异。口语色彩较浓的文体重叠较多，书面语色彩浓的少用或不用重叠。华玉明统计，在《人民文学》18万字的作品中，有重叠777次，43次/万字；《党员必读》不计《党章》和《宪法》，10.24万字的语料重叠37次，3.6次/万字。《党章》和《宪法》4126万字的语料仅有1例重叠，0.23次/万字。文艺文体口语化程度较高，重叠使用率远远高于政论文体，公文事务文体基本上不使用重叠（华玉明，2002）。就词语重叠能力论，基本特点是具有口语色彩的词语容易重叠，书面色彩较浓的一般很难重叠。不同学者对几个重要词类的考察印证了这一结论。对《动词用法词典》中双音节动词的考察表明，不能重叠的有90%以上是带有书面语色彩的，可以重叠的动词90%以上是口语色彩比较明显的。

（2）范畴表达形式的文体分化。吕叔湘（2004）《中国文法要略》概括的范畴有"数量、指称（有定）、指称（无定）、方所、时间、正反/虚实、传信、传疑、行动/感情"等。不同语言或方言表达同一范畴会有不同的形式；同一语言表达同一范畴也常常存在表达形式的文体差异。任胜国深入研究了文艺语体时间范畴的表达特点，得出以下结论。

时间词语具有开放性，其选择一要适应作品的题材、情节或细节；二要看感情色彩。

常用形象化表达代替普通的时间词语。天文地理、自然景观、动物习性、人的活动等都可以是表达手段。如"晚霞挂地/芦花飘飞/鸡叫二遍/快吃早饭的时候"。

常用格式有：修饰性定语+时间词，如"那个惨淡的黄昏"；在那/这+修饰语+时间词，如"在那乌云翻滚、群魔乱舞的日子里"；这/那+是+时间词，如"那是一个和风温煦的春夜"；时间词语独立成句，如"初春；黎明"。

4. 语法功能的文体分化

如果没有明确的文体限定，判断无语境语法单位的语法功能，由于所据材料的差异，很可能产生分歧。这种分歧所显示的正是语法功能在文体中的分化。胡明扬（1993）曾以形容词为例说明问题。形容词的主要语法功能一说作谓语，一说作定语。他认为，这一问题要放到文体中考察。就口语而言，形容词主要作谓语，因为口语句子简短，很少使用修饰语，作定语不是其主要功能。而书面语大量使用修饰语，形容词就广泛用作定语。他以莫彭龄、单青的《三大类实词句法功能的统计分析》的结论为例："形容词用作定语的频率最高，为42.0，次是谓语，频率是24.2。"他们统计分析的语料恰恰主要是书面语，这说明，就书面语而言，作定语是主要语法功能，起码作定语的机会比作谓语要多。可见，同一语法单位进入不同文体时，由于文体因素的制约，其语法功能会出现分化。

5. 短语的文体分化

短语的文体差异性可从短语内部的用词和组合关系、外部的句法地位及句内组合关系等方面观察。如文艺文体和科学文体中的联合短语、状中短语、定中短语，文艺文体与政论文体中的中补短语等，都有不同程度的差异。以状中短语为例：文艺文体状语有后置现象，多层状语没有严格的顺序；科学文体无后置，多层状语一般按条件、时间、处所、语气、肯定、范围、否定、程度、情态、对象的顺序排列。文艺文体多用比况短语、拟声词、形容词重叠式作状语；科学文体多用介词短语、能愿动词，没有重叠式作状语（赫琳，1998）。

6. 句子的文体分化

句子的文体分化，可以从句子的词汇密度、句型句式等方面加以观察。词汇密度与文体的正式程度有关。汉语句型句式的文体分化研究，观察得比较深入的有处置句中的"把"字句和"将"字句、"被"字句、"得"字句、"对"字句、"有"字句、零形回指句、疑问句等。

7. 形式分化的功能解释

一个具体的语言形式，在不同语料中作分布统计，大都会得到不同的数据；语言组合形式也会有所差别。对文体研究来说，只有体现文体功能的数据和差异才有意义。

语音在音素组合层面的差别，口语和书面语的分化，多与口语语音的发音有关，比如语流音变多是语流节制的结果，体现了口语简洁、流畅、自然的特点。具有装饰性的语音差异，如儿化音、押韵、平仄调和与对立等则满足了艺术文体审美功能的需要。

文艺文体词多为双声、叠韵连绵词，多色彩词，多词语的生动形式，复合词多用于修辞造词，这些特点与文学语言的形象、情感功能相关。日常生活领域的词语浅白自然，具有一定的模糊性，而同一事物的科学文体词则内涵精确、单一，构词语素多带有庄重、严谨的色彩。公文事务文体词多古语素、书面语素，大量存在套语、习用短语，这与这类文本用于处理行政及社会事务，要求语言具有行政和法律效用有关，程序化的表达样式符合行政与法律事务讲究办事程序的要求，典雅、庄重、谨严的色彩体现了行政与法律行为的严肃性。

对于重叠的文体分化，华玉明（2002）的解释是：文艺文体需要用具有表情和描绘色彩的词语来增加形象、生动性，重叠式具有表情和描绘色彩的特点，使用频率相对就高。政论文体讲究以理服人，较为严肃，语言准确、严密，这与重叠的表义特点不太相符，因而重叠不会像文艺文体那么多，但由于政论文体有时也要借助语言的形象性使抽象的道理变得浅显明白，因而也会出现一定的重叠。公文事务文体讲究准确、正式、庄重，不宜使用描绘性、情感性、形象性很强的词语，而词语的重叠往往带有随意性、伸缩性和模糊性，格调不相吻合。科技文体专业性强，具有精确性和逻辑性，要求语言严格地忠实于客观事实，不带主观随意性，因而几乎不用重叠。

这种分析体现了形式、意义与文体功能相结合的原则。总之，语言材料的文体分化，一要描写，二要解释。描写应该揭示最重要的形式差异，解释则必须在分析语言形式的表意功能、审美功能基础上，观察其对文体社会功能的实现程度。文体功能丰满的语言形式，是语言材料文体分化的典型现象。形式及其表义特点与文体社会功能互相印证，这在语言材料文体分化研究方面是一条具有方法论意义的基本原则。

（四）文体学理论在商务汉语文体研究中的运用

语言存在于使用之中。语言的使用受系列语境因素的制约，例如时间和空间这些情景因素，语言使用者的性别、年龄、社会阶层、职业等个人社会特征，以及语言使用时正在进行的活动的类型、所处的社会文化等超越个人的社会特征。与这些特征相对应，语言的使用体现出语音、词汇、句法、语篇等特点。这些语言特点构成了语言的各种社会功能变体。对语言使用体现出来的这些特点的研究是文体研究。文体研究是寻找商务汉语共核的理论依据。

商务汉语文体研究，可采用 20 世纪 60 年代在商务英语研究中流行的常规与变异理论将各体裁的文体特征与常规文体的特征进行比较，从而发现商务汉语文体对常规文体的偏离程度，并对这些偏离加以描写，总结出商务汉语文体体裁的主导特征或前景化特征。而这些主导特征是商务汉语文体的个性表现，因而能充分揭示商务汉语文体的特点和风格，对认识和运用商务汉语文体具有指导性意义。在本书中，采用的基本方法为对变异与常规的比较，以及对主导特征或前景化特征的归纳和描述。

文体研究学派和方法众多，主要包括形式文体学、功能文体学、认知文体学、语境文体学，文体量化分析和语料库统计方法等。商务汉语的文体特征研究可以充分借鉴以上文体学研究的成果。

在对商务汉语文体进行句法分析时，可以采用转换生成语法的基本理论和某些操作模式。例如普遍性原则和参数在商务语言中的体现，商务语言所遵循的经济原则，即商务语言是如何以简单的操作方式进行的，其构成的精练简洁有何特点，均可在转换生成语法或最简方案下进行探讨。而商务语言的特征分析，特别是对商务汉语词汇特征的分析和描写，则可采用乔姆斯基

2005 年提出的"针对"与"目标"相互核查的方法。

此外，在商务汉语文体研究中还可以使用文体学研究中的语境分析法、量化统计方法和话语文体学的分析手段。亦即在具体的研究中，根据商务汉语的特点采用最合理、最具解释力的理论方法，而非局限在某一种理论框架内进行。因此，形式文体学、功能文体学、认知文体学、语境文体学、文体量化分析和语料库统计方法等文体研究学派和方法中如果有被证明是科学的、行之有效的理论和分析手段，都应予以采用，以期获得最可靠的分析结果。

在现有的形形色色的语言理论中，作为语体研究基础理论的系统功能语言学理论，因具有广泛的适应性，而成为各类文体研究应用得最多的理论和方法。它从功能的视角解析语言，将形式与功能挂钩，看语言的某项功能是由什么形式实现的，某种形式具有什么样的功能。而这里的"功能"侧重于语言对于人们认识客体、组织社会、构建话语篇章方面的功能。这是为了排除语言的外部因素，从而专注于语言内部，以"关系"为研究对象、"纯语言学"意义上的"句法功能"。

该语法主张从社会的角度而非心理的角度来研究语言，旨在充分揭示语言的社会功能。关于系统功能语言学的"功能"，最主流的论述是韩礼德（Halliday）的语言元功能理论。伦敦学派的代表马林诺夫斯基（Malinowki）报道过太平洋岛屿土著人的语言具有"寒暄""实用"和"巫术"功能。布拉格学派的代表布勒（Buhler）认为语言有"表达""表情""意欲"功能。韩礼德进一步提出语言的三大功能为概念功能、人际功能、语篇功能。

概念功能指的是语言对社会、自然和思维中各种客体的表达，涉及客观上存在的各种实际的人、事物、过程、环境因素等。所涉客体是一个语义系统，它把人在现实世界中的所见所闻、所说所为归纳为 6 个过程，指明各个过程的参与者和环境因素。人际功能是指语言具有表达使用者身份、地位、态度、动机和他对事物的推断和评价的功能；言语者使自己参与到某一语境中，表达自己的态度和推断，并试图影响别人的态度和行为；表达与情景有关的角色关系，如提问者与答问者，告知者与怀疑者关系等。语篇功能是指在语义层次中，把语言成分组织成为语篇的功能；语篇功能体现在主位结构、信息结构和语篇衔接上。

系统功能语言学的功能观，反映了语言是如何把人与客体、人与人、语义与语义联系起来的。它之所以适合于语体研究，就在于这是一种不排除语言外部因素的"社会功用"的功能观，它所揭示的三大功能可以落实在词汇、语法项目上。比如概念功能中的行为过程可以由趋向动词、不及物动词来实现，行为者由指人的名词体现。语境中的时间、空间、方式、处境等功能项目体现为时间名词、处所名词、副词短语、介词短语等。陈述、疑问、祈使语气体现了人际功能，表现在句式上就是陈述、疑问、祈使句。篇章的照应、连接等都可以落实在相应的词汇和语法项目上。在对篇章作词句切分的基础上，可以对每一个词汇和语法项目进行功能标注。根据王德春、陈瑞端（2002）的研究，在汉语中，语言三大功能的 38 个具体功能项目，就可以由66 个词汇和语法项目来实现。不同的语境类型，在实现功能项目的语言手段上会有所差异，这种差异性正是语体存在的物质形式。将语体的本质和语境、功能三者联系起来看，它们之间的关系是：类型化的语境要求运用于其中的语言有着特殊的功能，这些功能通过相应的语言手段来实现。语体研究，首先，要明了该领域属于何种语境类型；其次，要确定在这一类型的语境中，语言运用的主要功用是什么；最后，寻找实现这些功用的语言手段。任何语篇在语言单位的使用上都有差异，只有体现语体功能的差异，才是语体特征，才能区别不同的语体，属于语言材料的语体分化。"类型化语境—语体功能—语体特征"三者是互相制约和互为实现的关系，是语体理论的基石。

当然，韩礼德所揭示的语言三大功能，具有普通语言学性质的高度概括性，以之为考察点，概括的语体类型具有很高的抽象性。从语体研究的实用性出发，需要对语言的功能作进一步研究，提出更适合语体学科的语言功能划分或不同层次的功能观；着眼于社会语言生活的全部归纳出若干项功能，并更为具体地确定某一语境类型中语言运用的特殊功用。

因此，在商务汉语文体研究中，系统功能语法提倡的语言层次描写和功能描写无疑是一种重要的研究理论和方法。在具体操作时，针对商务汉语文体各体裁的特点，可以选择性地进行功能分析和语言层次描写。

总之，现代文体学的发展日益成熟，其研究手段和方法日益完善，为其广泛应用创造了必要的条件。在商务汉语文体研究中，植根于现代语言学的各种文体学理论和方法均可根据具体的情况得到运用。其中形式文体学对语言本质的探讨，功能文体学对语言功能的挖掘，认知文体学对认知和思维作用的考察，社会历史/文化文体学对语言、历史、文化内涵的研究，语境文体学对不同语境中语言意义（含义）形成的机制的剖析，均能将商务语言作为研究对象，从而产生对语言学理论更加充分的理解和支持。因此，不拘一家之言、博采众家之长的商务汉语文体研究，是商务语言研究的必由之路。

三、语料库语言学理论

（一）什么是语料库语言学

语料库语言学作为一种语言研究的方法，历史甚为久远，但是目前仍然没有形成一个公认的定义。下面引述两个见诸书本的定义。

定义 1：以现实生活中人们运用语言的实例为基础进行的语言研究，称为语料库语言学（McEnery & Wilson，1996）。

定义 2：以语料为语言描写的起点，或以语料为验证有关语言假说的方法，称为语料库语言学（Crystal，1991）。

从上述定义可以看出，作为一个学科名称的"语料库语言学"与"语法学"或者"语义学"不同，它不属于语言自身某个侧面的研究，而是一种以语料库为基础的语言研究方法。语料库语言学的研究对象是文本，这些文本是语言描述和论证过程中所需的证据来源。其中，对语言条目在语料库中分布的计量描述，已经逐渐成为语言研究的部分。Leech（1992）曾经指出："语言研究的目的是描述语言的使用，而不是语言的能力。正是对使用中的语言的观察导致了理论的产生，而不是相反。"

（二）为什么要基于语料库语言学研究语言

汉语言学界一直流行着"让材料说话"的观点，特别强调对语言材料的充分占有。传统的语言材料的搜集、整理、加工完全依靠人工，不但费时费力，而且科学性、准确性常被质疑。20 世纪 90 年代国际自然语言处理领域开始转向对大规模真实文本的研究和处理，以此为基础的语料库及其语言研究和知识自动获取受到了学界的极大欢迎，因此也取得了长足的发展。1993 年黄昌宁教授发表的《关于处理大规模真实文本的谈话》，指出国际计算语言学界已经把大规模真实文本的处理确定为未来一个时期的战略目标，这将给语言文字的研究带来巨大的影响。1997 年由吴立德教授主编的《大规模中文文本处理》出版，该书以大规模中文文本为处理对象，系统地介绍了大规模真实中文文本信息计算机处理的理论和方法。冯志伟先生在《中国语料库研究的历史与现状》一文中也指出，语言学的研究必须以语言事实作为根据，只有详尽地、大量地使用资料，才有可能在理论研究中得出比较可靠的结论。

（三）语料库的分类

语料库的分类标准具有多样性，并没有一个统一的标准。确定类型的主要依据是它的研究目的和用途，这一点往往体现在语料采集的原则和方式上。有人曾经把语料库分成四种类型：（1）异质的（Heterogeneous）：没有特定的语料收集原则，广泛收集并原样存储各种语料；（2）同质的（Homogeneous）：只收集同一类内容的语料；（3）系统的（Systematic）：根据预先确定的原则和比例收集语料，使语料具有平衡性和系统性，能够代表某一范围的语言事实；（4）专用的（Specialized）：只收集用于某一特定用途的语料。除此之外，按照语料的语种，语料库也可以分成单语的（Monolingual）、双语的（Bilingual）和多语的（Multilingual）。按照语料的采集单位，语料库又可以分为语篇的、语句的、短语的。双语和多语语料库按照语料的组织形式，还可以分为平行（对齐）语料库和比较语料库，前者的语料构成译文关系，多用于机器翻译、双语词典编撰等应用领域，后者将表述同样内容的不同语言文本收集到一起，多用于语言对比研究。

语料库建设中涉及的主要问题如下。

（1）设计和规划：主要考虑语料库的用途、类型、规模、实现手段、质量保证、可扩展性等。

（2）语料的采集：主要考虑语料获取、数据格式、字符编码、语料分类、文本描述，以及各类语料的比例以保持平衡性等。

（3）语料的加工：包括标注项目（词语单位、词性、句法、语义、语体、篇章结构等）、标记集、标注规范和加工方式。

（4）语料管理系统的建设：包括数据维护（语料录入、校对、存储、修改、删除及语料描述信息项目管理）、语料自动加工（分词、标注、文本分割、合并、标记处理等）、用户功能（查询、检索、统计、打印等）。

（5）语料库的应用：针对语言学理论和应用领域中的各种问题，研究和开发处理语料的算法和软件工具。

我国语料库的建设始于 20 世纪 80 年代，当时主要是对汉语词汇进行统计研究。进入 20 世纪 90 年代以后，语料库方法在自然语言信息处理领域得到了广泛的应用，建立了各种类型的语料库，研究的内容涉及语料库建设中的各种问题。20 世纪 90 年代末到 21 世纪初这几年是语料库开发和应用的发展时期，除了语言信息处理和言语工程领域，语料库方法在语言教学、词典编纂、现代汉语和汉语史研究等方面也得到了越来越多的应用。

使用语料库方法来研究语言的使用是一种必然，因为语言使用千差万别，并非凭研究者个人的语言本能。观察语言差异必须依赖于大量的文本分析，而"以语料库为基础的分析提供了一种手段，能同时处理大量语言数据和保持它的许多语境因素的联系"（Repppen et al.，2002，转引自《基于语料库的英语语言学语体分析》，桂诗春，2009）。

从历史上说，以语料库为基础的语体（文体）研究的时间并不是很长，其中的一个原因是它和语境的关系很密切，而语料库往往剥离了语境，特别是早期的语料库的样本往往是片段的，不甚完整。但是"从语料库文本来推论语境并非完全不可能的"（McEnery、Wilson，1996），近年来以语料库为基础的语篇研究有了很大的发展，2000 年在美国召开的第二届北美语料库语言学和语言教学的大会上，就有不少参加者提交了用语料库方法研究语言变异的文章，后来编辑出版了《使用语料库探索语言变异》（2002）的专辑。2002 年 9 月，CamConf 2002 在意大利 Camerino 大学召开，专门讨论怎样利用语料库检索技术来研究语体，出版了专辑《语料库与语篇》（2004）。以语料库为基础的语体（文体）研究方兴未艾。以 Douglas Biber 为代表的语料库研究者异军突起，以他使用语料库资源所编辑的《朗文英语口语和笔语语法》为基础，对口语和笔语两种语体之间的差别，展开了一系列的研究，提出了多特征/多维度的研究方法，使语料库研究方法翻开了新的一页。Halliday，M. A. K.（2007）从系统功能语法的角度对科技英语语体进行了一系列研究，提出语法隐喻为核心的理论模型，对分析以语料库为基础的语体差别极具指导意义，十分引人注目。

用语料库方法研究语体（文体）不但在理论上有深远的意义，而且在教学上有重大的应用价值。从理论上说，它追求定量和定性方法的统一，语料库研究方法的特点在于它通过大量语料从纵向找寻重复出现的语言形式，以提高语言系统的洞察力，从而为社会实践服务。关于语料库研究语篇的优点，Baker（2006）将其归结为以下几点。

（1）减少研究者的偏颇。Chomsky 提出以本族语使用者的直觉来区别语言的形式与发行，但牵涉到语言的使用，问题并不那么简单。因为语言的使用（也就是语言的变异）和语境紧密相关，而本族语使用者对语言使用的直觉往往是很不可靠的，因为他们把注意力集中在不寻常的事件，而忽略典型的事件。对语言变异和使用的恰当的描述不但要以对自然文本的实证性分析为基础，还要以从很多说话人身上收集到的复式文本为基础。这样的分析必须同时考虑各种语境因素的影响。以语料库为基础的分析提供了一种同时处理大量数据和追踪语料因素的手段，开辟了一条考察语言变异和使用的新路径。

（2）语篇的叠加效应。语篇有一种叠加效应，可以使语料库的方法得以充分发挥。语篇通过使用语言而在社会传播；一个词语、短语或语法结构本身就可以说明一个语篇的存在。但是要证明这个语篇的典型性，则必须有许多支撑的例证。从这些例证的收集中可见语篇的叠加效应，因为这些反复出现的形式说明我们所评估的意义是一个语篇群体共享的。

（3）对抗性和变化中的语篇。在展示反复出现的形式的同时，语料库数据还展示出相反的例证——反证，这在小规模的研究中不容易被发现，甚至还会被误以为是主流。语篇不是静态的，了解语言变化是一种表明语篇在社会中流动性位置的方法。一个在 10 年前被认为是主流的语篇特征，在今天看来，也许就成为对抗性的、不能接受的。

按照 Leech（1997）的研究，语料库在教学上的应用，可体现在两个方面：其一是核心，它是中心和焦点，在教学中作为教学资源从而直接使用语料库；另一个是延伸的边缘，它包括对语料库的一系列间接的应用。还有一些更为边缘的活动则牵涉面向教学而开发的语料库。

语料库在教学中的直接应用：

①关于怎样开展语料库的教学，向学生开设语料库语言学课程；

②关于怎样开发语料库资源的教学，教会学生亲手利用；

③关于怎样在语言和语言学课程的教学中，学会选择性地使用语料库方法来研究问题。

语料库在教学中的间接应用：

①参考资料的出版；

②编写教材；

③语言测试。

面向教学开发语料库：

①专门用途语言的语料库；

②一语和二语发展的语料库；

③双语/多语语料库。

在语言研究中，语料库方法能够提供大量的自然语言材料，有助于研究者根据语言实际得出客观的结论，这种结论同时也是可观测和可验证的。在计算机技术的支持下，语料库方法对语言研究的许多领域产生了越来越多的影响。各种为不同目的而建立的语料库可以应用在词汇、语法、语义、语用、语体研究，社会语言学研究，口语研究，词典编纂，语言教学以及自然语言处理、人工智能、机器翻译、言语识别与合成等领域。我国在语料库的应用上还处于起步阶段，在计算语言学和语言信息处理领域，语料库主要用来为统计语言模型提供语言特征信息和概率数据，在语言研究的其他领域，多使用语料的检索和频率统计结果。

近年来在语料库的支持下，从信息处理的角度研究汉语词汇、语法和语义问题的报告也日渐增多。这些研究包括：根据逐词索引作汉语词义的调查；对词汇搭配进行计量分析；利用量词—名词的搭配数据研究汉语名词分类问题；进行现代汉语句型的统计和研究；做短语自动识别（例如基本名词短语、动宾结构）和自动句法分析的试验；研究在句子里为词语排除歧义的算法；分析和统计汉语词语重叠结构的深层结构类型及产生方式；等等。

对于词汇学、语法学、语言理论、历史语言学等研究来说，语料库的作用目前还局限在通过语料检索和频率统计，帮助人们观察和把握语言事实，分析和研究语言的规律。语料库方法的发展会使这种仅起辅助作用的手段逐步变成必要的应用资源和工具。利用语料库，人们可以把指定的语法现象加以量化，并且检测和验证语言理论、规则或假设。

在应用语言学领域，词典编纂和语言教学同是语料库的最大受益者。其中把语料库用于语言教学的一个例子是上海交通大学的 JDEST 英语语料库，利用这个语料库，通过语料比较、统计、筛选等方法为中国大学英语教学提供通用词汇和技术词汇的应用信息，为确定大学英语教学大纲的词表提供了可靠的量化依据。这个语料库也在英语语言研究中发挥了作用，支持基于语料库的英语语法的频率特征、语料库驱动的词汇搭配等各项研究。

在国外，对专门用途英语（ESP）的研究发现，语料库的应用始于 20 世纪末，但应用范围与数量相当有限，而且研究的目的与结果也不相同。有人试图用语料库证明词汇使用和固定搭配的类型；有人则用于对特定领域的词汇特征进行详细的描述（如 Nelson，M.，2000）。与此同时，不少教学工作者开始运用语料库进行商务英语课程设计与教学（如 Curado，F.，2001）。具体到商务语言，詹姆斯和普切斯（James，G. & Purchase，J.，1996）依据 20 世纪 90 年代初香港科技大学使用的教材中词汇的出现频率和分布情况，总结了大学阶段使用的主要经济和商务词汇。富恩特斯（Fuentes，A. C.，2002）则从教学的角度对商务英语语料库进行了探讨。总的来说，使用语料库对商务英语或商务文体进行研究在国外尚不多见，在国内也很罕见。

（四）商务汉语语料库的建设

本书的研究依赖于现代汉语语料库的支持。以往，技术条件不具备，语言学家只能根据"口耳之学"进行内省式的探索研究，这往往是不够客观准确的。现在有了语料库技术的支持，我们通过对大量语料库数据的统计、分析，可以更容易从中发现具有普遍意义的客观规律。这种现代化的语言研究方法和手段，为我们节省了大量的时间和精力，极大地提高了我们的工作效率，并有效提升了语言研究的科学性，扩展了语言研究的深度和广度。语料库，特别是具有一定规模的语料库，在保证其收集的语料的代表性的基础上能用来进行特定目的的分析研究。与传统的小型样本分析方法相比，通过语料库进行的数据统计不仅准确性更高，也更具有普遍意义。在对商务汉语文体特征的研究中，语料库的使用将提供更广泛的素材、更精确的数据和更具有代表性或普遍意义的结论。

商务汉语文体特征研究可借助语料库方法，在统计与分析语料的基础上，保证对具体的层面获取准确而全面的认识。

利用语料库的方法分析商务汉语文体特征时，如果发现某些特征在商务汉语文体中出现的频率比别的文体高，那就说明它们足以标示商务汉语文体的特点，是商务汉语文体的"行话"的一部分。语料库的方法是用电脑程序进行关键性分析，即把两个语料库加以对照，找出哪些词用得多，哪些用得少，它们的差别是否有显著性意义。在某种程度上说，关键性分析是分析语言特征的基础。

商务汉语语料库是一种专门用途语言的语料库，专门用途语言语料库的共同特点是使用不同的术语。商务汉语语料库和别的语料库（如新闻、法律、生物、医学、化学……）的不同在于它有一套自己的词表（包括它和一些通用性语料库或其他学术性语料库共享的和不共享的词汇），有自己的句式特征和语篇特征，这些值得我们从不同的角度（例如词汇的分布和覆盖面、词汇频率特征、词汇的搭配、句式的分布、语篇的衔接与连贯等）进行观察和比较。

那么，在商务汉语文体研究中，应该选择什么样的语料库，目前已建成的语料库有哪些更适合使用，在进行统计时有哪些具体方法和相应的计算机软件，是首先需要确定的。

1. 对外商务汉语语料库的研制原则

（1）代表性原则：Leech（1991）曾指出："一个语料库具有代表性，是指在该语料库上获得的分析结果可以概括成为这种语言整体或其指定部分的特性。"为了对当下的商务语域进行计量研究，我们需要一个能代表当下商务语域面貌的语料库。

为此，我们应当注意两方面的问题：语料的质量，我们所选取的语料是否真实，是否典型，直接关系到语料库是否具有代表性。我们在建立真实商务汉语语料库时，第一部分商务文书基本来源于实际商务活动，大多在现实商务活动中产生。从商务写作类书籍中收集的范文也应尽量剔除杜撰之作，选取那些从实际商务活动中取得的范本。在同类样本中，我们尽量选择规范、典型、完整的。第二部分商务资讯多来自新闻类、商务类网站，由于这部分材料较易取得，均为真实、新鲜的语料。第三部分为商务知识和文化，其中的商务法规与商务行政公文全部来源于国家立法机关、市场监管局、商务部以及世界贸易组织（WTO），其他的商务文化则来自商务礼仪网站，其真实性与典型性毋庸置疑。

语料的数量，"对于一个无限的总体来说，在其他条件相同的情况下，样本越大则代表性越好"（杨惠中，2002）。本语料库的规模为 115 万字，与国内外其他语料库相比这一规模并不算大。但是，本语料库是一个专门领域语料库，所搜集的语料全部来自商业领域，其绝对规模虽不及一些通用语语料库，但单就商务语域来看，其覆盖率未必低于更大规模的通用语语料库。

黄昌宁（2002）曾指出："即使一个语料库拥有海量的文本收集，如果设计不善，也不一定可以通过它对一种语言做出概括。从这个意义上来说，一个巨型语料库不一定能比一个较小的语料库更好地代表一种语言或它的一个变体。"本语料库在建立之初就有明确的设计，涵盖了商务活动各环节所产生的言语，力求全面反映商务语域面貌。

（2）平衡性原则：在语料库设计之初我们就考虑到了平衡性原则。语料库的第二部分种类最多，特点最鲜明，在商务活动中也扮演更重要的角色，因此所占比例最大，占整个语料库的55%。对于商务语域内部的行业性差别（如纺织品买卖、家电买卖、房产买卖、农产品买卖、工业品买卖），尽量做到平衡兼收。在搜集语料时本研究还注意到了语料本身的地域性差别，一方面尽量覆盖全国各地区，另一方面加大来自商业发达省市的语料比重，例如，来自上海市、江苏省、广东省、浙江省、福建省的语料占所收语料的一半以上，来自西藏、甘肃、青海、新疆等地的语料最少。这样的布局较合理地体现了我国现阶段商业发展的格局，更能真实反映出当下商务语域的实际情况。

2. 现代汉语商务语域计量研究的总体构想

李葆嘉（2003）将人的语言分为三个层级：思维方式差异的语层性、应用领域差异的语域性、文本范式差异的语体性。他指出："尽管言语思维成为现代人的本质，但是精神世界中仍然积淀着早期意识方式的孑遗，言语行为中也同样包含着相应表达方式的层垒。人类思维交际符号演变的连续统积淀在现时言语中并进一步典型化，由此形成言语的层垒包容性或分层性，即语言内部存在确实有别但相互渗透的不同层级。"他将人类语言分为六个语层，由高到低分别为：思辨性语层、艺术性语层、行业性语层、日常性语层、含混性语层、体态性语层。并分析了各个语层的作品形态、主要特征和思维倾向。这是在横向思维上的分级，他认为，言语系统还存在纵向应用功能的分级。这里所指"'语域'是专指社会不同应用领域所造成的'社会方言'，即植根于社会分工的不同专门领域的言语表现。这一语域并非社会语言学意义上的社会方言"。

因此依据不同的社会分工，可以划分出一系列的语域。如可将日常性语层分为家庭交流语域和社会交往语域。将行业性语层分为"经济语域（生产性、流通性、服务性和管理性）、公务语域（政务性、政论性）、法律语域、传媒语域（新闻传媒、出版传媒、影视传媒）、教育语域、竞技语域等"。在语域的基础上，他又进一步提出"语体"的概念。这里所指的"语体""不是通常的泛指性语体或言语的功能变体，而是限定在某一语域基础上所形成的专门性用语、惯用表达式和篇章规范性的文本范式总和，接近于通常所说文体"。简单地讲，"语体就是在某一语域基础上形成的文本范式，其显著特征就是固定体裁"。如经济语域的商务文书、法律语域的法律文书、传媒语域的新闻报道等都属于语体的范畴。基于语层性、语域性和语体性的三级划分，李葆嘉先生进一步提出了分领域言语研究的具体步骤，提出建立日常、商务和法律语料库的构想，并制定了比较详细的技术路线（见图3-1，李葆嘉，2003）。

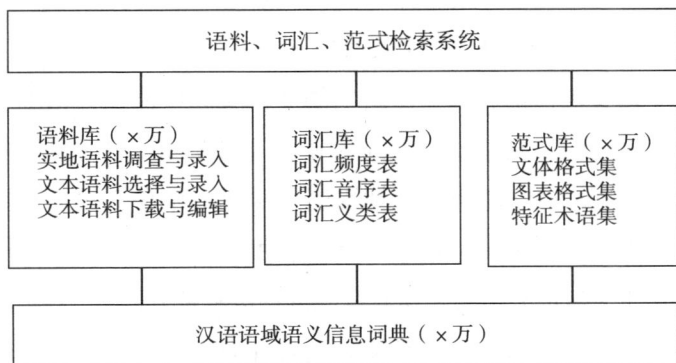

```
┌─────────────────────────────────────────────────┐
│             语料、词汇、范式检索系统                  │
└─────────────────────────────────────────────────┘
┌──────────────┐  ┌──────────────┐  ┌──────────────┐
│ 语料库（×万）  │  │ 词汇库（×万）  │  │ 范式库（×万）  │
│ 实地语料调查与录入│  │ 词汇频度表     │  │ 文体格式集     │
│ 文本语料选择与录入│  │ 词汇音序表     │  │ 图表格式集     │
│ 文本语料下载与编辑│  │ 词汇义类表     │  │ 特征术语集     │
└──────────────┘  └──────────────┘  └──────────────┘
┌─────────────────────────────────────────────────┐
│          汉语语域语义信息词典（×万）                 │
└─────────────────────────────────────────────────┘
```

图3-1 建立语料库的技术路线

李葆嘉先生的这种三级划分，可以说为商务语言的研究提供了一条既有理论价值又具可行性的新思路。

3. 语料库的语料来源

在进行广义或宏观研究时，不仅需要大型语料库，需要有足够数量和质量的样本来进行数据统计和分析，而且需要该语料库的操作与存取系统反应快捷，且能根据要求提供准确的样本、样本片段或综合数据。而建立这样一个语料库，绝非凭研究者一己之力所能完成的。

本书中的研究语料是如何获取的呢？我们知道，根据商务汉语的特点，可以通过面对面的访问、跟踪调查等方式来获得语料。然而，对于个人来说，要对商务人士及其工作环境进行调查，从千差万别的需求中获得商务人员具有代表性和通用性的工作情景常常会无从下手，且费时费力。我们认为，借鉴现有的成熟的专业商务汉语考试资料及教材，加以分析利用，无疑是个好办法，因为它们的内容、大纲、范围等，都是在充分调查的基础上得出的。

本书搜集了现有的对外商务汉语语料（包括商务汉语教材和商务汉语考试试题），将其整理归类，并通过相关统计软件进行数据统计，对语料库中的文本进行了分词处理和词性标注，然后进行人工分析，建成一个小规模的语料库以备分析所用。因此，本书中所建立和使用的语料库是经过赋码的文本语料库。

商务汉语语料库的语料来源主要有以下几个途径。

（1）真实商务汉语语料库：由真实的商务交际中所产生的商务汉语生成的语料库，共 60 万字。主要包括商务文书、商务资讯、商务知识三个方面的语料，大部分语料来自互联网。所利用网站主要有中华人民共和国商务部网站、国家市场监督管理总局网站、新华网、中国营销传播网、中国国际电子商务网、商务部国际贸易经济合作研究院网站等权威网站。

（2）对外商务汉语语料库：所建立的对外商务汉语语料库由商务汉语教材文本和商务汉语考试文本两部分组成，共 55 万字。其中涉及的教材有《经理人汉语商务篇》、《经理人汉语生活篇》、《体验汉语：商务篇》、《体验汉语：生活篇》、《新丝路速成商务汉语》（初级、中级、高级）、《商务汉语入门》（基本礼仪篇、日常交际篇）、《商务汉语提高》，共计 13 本教材的 31 万字，教材中的内容已经去除语言知识讲解、课后练习，只保留课文内容和课后阅读。商务汉语考试文本（包括商务汉语正式考试以及命题人员已出试题文本）共约 24 万字。所涉及的体裁主要有商务对话、商务演讲、自我介绍、商务文书、商务新闻资讯、商务知识和商务文化介绍等。

语料库分为四部分进行统计。

①商务汉语口语：包括对话、演讲、自我介绍、报告等；

②商务汉语文书：包括商务信函、传真、通知、广告、说明书、条据、启事、报告、日程安排、工作计划、调查报告、合同等；

③商务汉语资讯；

④商务汉语知识：主要包括商务知识和商务文化介绍。

（3）国家语委现代汉语通用平衡语料库（对比语料库）：本书将国家语委现代汉语通用平衡语料库作为对比语料库。迄今国家语委已建成 1 亿字的现代汉语生语料库（国家语料库），这是目前国内最大的通用语料库。其中的 5000 万字完成了自动词语切分与词性标注，100 万字（5 万句）加工成了句法树库。

4. 语料库的建立步骤

（1）设计阶段：确定语料库的建设目标、标本的分布原则和采样的途径。这是语料库建设的准备阶段，在这一阶段中，我们需要对商务语域语料库的建设目标和商务活动的基本环节有一个清楚的认识，在此基础上确立语料库的体例、规模及语料采集原则。

（2）建设阶段：依据一定的原则搜集和整理语料，将原始语料放入库中，建成原始语料库。

（3）加工阶段：设计分词和词性标注程序进行机器自动分词和词性标注，再进行人工校对。

（五）语料库统计工具介绍

在对商务汉语文体进行研究中，由于任务相对单纯，并不需要使用十分复杂的计算机软件。目前常见的分词软件就足以满足需求。下面介绍一下本书使用的分词软件。

（1）汉语词法分析系统 ICTCLAS（Institute of Computing Technology，Chinese Lexical Analysis System），由中国科学院计算技术研究所研制，其主要功能包括中文分词、词性标注、命名实体识别、新词识别，同时支持用户词典。本书使用的是最新的 ICTCLAS 2011 版本。其分词准确率高，利用"用户词典"功能根据研究需用合并某些词语；并且其关键词提取功能可以帮助我们将文本中的关键词语找出来。

（2）汉语文本词法分析系统，由北京大学计算语言学研究所研制。使用该软件，可以将一个文本中的所有词按照出现的频率进行排列。其中的检索功能能将任何一个词或字在其语境中显示出来，这样我们就可以观察到该词前后的词汇与语法结构。

（六）对外商务汉语语料库的分词与词性标记

下面介绍语料库的分词及校对工作流程。

1. 机器分词与词性标注

对语料库采用机器自动分词与词性标注，辅以人工校对。首先通过分词软件对语料库进行分词统计，然后将分词结果进行人工干预与校对。以下是人工校对时发现的一些问题[①]。

（1）切词错误，人工进行纠正。

起/v（f-p-q-v）　床/n（n-q）——起床/v

比/v（n-p-v）　如/v（c-Ng-v）——　比如/v

送货/vi——送/v 货/n

桑塔纳/nz 2000. /M——　桑塔纳 2000/nz

不/d 过/u——不过/d

那/rzv　天王/n　钢/n　教授/n——那/rzv　天/n　王钢/nr　教授/n

对/p　不/d　起/vf——对不起/v

没/v　关系/n——没关系/v

开/v　车/n——开车/v

年/qt　中/f——年中/n

中/b　餐具/n——中餐具/n

看看/v——看/v　看/v

想想/v——想/v　想/v

（2）句型考虑，不切分。

早就/d　不/d　在/v（d-p-v）　　重庆/ns　了/v（Dg-u-v-Vg-y）

（3）俗语等。

客/ng　随/v　主/ag　便/ng——客随主便/vl

白/nr1　头/n　偕/vg　老/a"　/n"　/n——白头偕老/vl

早/ad　生/v　贵/a　子/ng"　/n——早生贵子/vl

从/p　何/ry　谈/v　起/vf——从何谈起/vl

哪儿/rys　的话/udh——哪儿的话/vl

山/n　外/f　有/vyou　山/n——山外有山/vl

一/M　式/k　两/M　份/q——一式两份/vl

（4）部门名称、公司名称、学校名称、产品名称等作为一个整体。

三一/M　牌/n——三一牌/n

欧华/nz　公司/n　公共/b　关系/n　部/q——欧华公司/n　公共关系部/n

国文/n　饭店/n　餐饮部/n——国文饭店/n　餐饮部/n

中国/ns　国际/n　展览/vn　中心/n——中国国际展览中心/n

上海/ns　大/a　光/n　牛奶/n　制品/n　公司/n——上海大光牛奶制品公司/n

北京/ns　国际/n　农业/n　博览会/n——北京国际农业博览会/n

中/b　原/b　公司/n——中原公司/n

销售/v　部/q——销售部/n

来/vf　电/qt　显示/v　电话/n——来电显示电话/n

摩/b　卡/n——摩卡/n

双/M　管/v——双管/n

2. 缩略词

彩/ng 打/v 彩打/sl

中/b 美/b——中美/n

3. 不分情况，机器统一处理，需要人工甄别

（1）只有：

只/d 有/vyou 标准/n 间/f 了/y。/wj（正确的切分）

①我们/rr 只有/c 两/M 部/q 服务/vn 热线/n 电话/n，/wd（错误的切分）

此处的"只有"应该是两个词。

只有/c 增加/v 代理/v 点/qt，/wd 才/d 能/v 满足/v 市场/n 需要/v 呀/y。/wj（正确的切分）

②只/d 有/vyou 一切/rz 就绪/vi，/wd 才/d 可以/v 注册/vi。/wj（错误的切分）

此处的"只有"应该是一个词。

（2）开门：

可是/c 订单/n 上/f 要/v 的/ude1 是/vshi 双/M 开/q 门/n 的/ude1，/wd 你们/rr 发/v 的/ude1 是/vshi 推/v 拉门/nrf 的/ude1！/wt

——双开门/s（术语）

邮局/n 每/rz 天/qt 上午/t 八点/t 半/m 开/q 门/n，/wd 下午/t 五点/t 半/M 关门/vi。/wj

——开门/v

（3）的话：

司机/n 的/ude1 话/n 让/v 我/rr 沉思/vi 了/ule 很/d 久/a。

你/rr 有/vyou 时间/n 的/ude1 话/n，/wd 也/d 来/vf 吧/y。

4. 商务场合中固定的说法

带/v 薪/ng 年假/n——带薪年假/n

带/v 薪/ng 休假/vi——带薪休假/v

带/v 薪/ng 假期/t——带薪假期/n

到/v 岸/n 价/n——到岸价/n

持/v 币/ng 待/vi 购/vg——持币待购/vl

（七）分词结果展示

根据以上方法，我们将两类语料库进行了分词处理，分词结果详见附录三和附录四，下面我们选取出现频率高的前 100 词进行展示。

表 3-1 对外商务汉语语料库最常用 100 词词表

序号	词语	序号	词语	序号	词语
1	的	20	也	39	还
2	是	21	要	40	吧
3	了	22	吗	41	年
4	在	23	人	42	为
5	我	24	很	43	贵
6	公司	25	能	44	来
7	一	26	可以	45	市场
8	我们	27	产品	46	给
9	有	28	元	47	去
10	不	29	请	48	等
11	和	30	会	49	什么
12	个	31	都	50	工作
13	您	32	对	51	问题
14	你	33	企业	52	经理
15	就	34	多	53	中
16	好	35	上	54	货
17	到	36	方	55	想
18	这	37	大	56	你们
19	中国	38	看	57	最

序号	词语	序号	词语	序号	词语
58	时间	73	每	88	太
59	价格	74	后	89	先生
60	者	75	如果	90	号
61	销售	76	一下	91	客户
62	说	77	把	92	下
63	呢	78	次	93	用
64	两	79	从	94	发展
65	新	80	天	95	款
66	与	81	做	96	内
67	家	82	可	97	月
68	消费	83	高	98	现在
69	合同	84	再	99	更
70	将	85	服务	100	已经
71	没有	86	但		
72	得	87	交		

注：按照词频的顺序进行排列。

表 3-2 真实商务汉语语料库前 100 词词表

序号	词语	序号	词语	序号	词语
1	的	11	年	21	产品
2	和	12	一	22	元
3	在	13	有	23	及
4	公司	14	等	24	投资
5	行业	15	增长	25	中
6	企业	16	部门	26	管理
7	是	17	与	27	以
8	对	18	不	28	或
9	将（副词）	19	我们	29	于
10	市场	20	为（介词）	30	条

序号	词语	序号	词语	序号	词语
31	并	55	也	79	情况
32	了	56	会	80	服装
33	大	57	人	81	已
34	个	58	需求	82	建筑
35	发展	59	从	83	经济
36	上	60	技术	84	可
37	由	61	安全	85	为（动词）
38	价格	62	但	86	有关
39	高	63	下	87	能
40	生产	64	质量	88	板块
41	较	65	各	89	来
42	月	66	工作	90	进行
43	规定	67	增速	91	申请
44	中国	68	应当	92	日
45	食品	69	其	93	政策
46	销售	70	季度	94	二
47	本	71	业务	95	经营
48	后	72	电子	96	业
49	三	73	而	97	文件
50	应	74	同比	98	我
51	新	75	品牌	99	信息
52	到	76	内	100	方
53	要	77	产业		
54	向	78	以上		

注：按照词频的顺序进行排列。

四、其他理论

在对经济领域的语言使用进行研究时，学者们还借助和引入了很多其他学科的相关理论，例如叙事、隐喻、语言经济学理论、跨文化经济交际理论等。

（一）叙事

Labov 认为叙事"不是简单地转述个人的经历，而是对某些生活片段的重新经历"（战菊，2010），他从社会语言学角度出发对叙事评议的结构和功能进行了分析，认为一个完整的叙事应该包括六个部分：（1）点题；（2）指向；（3）进展；（4）评议；（5）结局；（6）回应。一般来说，点题是告诉人们叙事是关于什么的，叙述者对故事进行精练的总结概括；指向是介绍时间、地点、任务等内容，一个叙述语篇最开始是指向，接着是进展，然后是结局，最后是回应，评议层层递进，渗透在进展和结局中。这一叙事评议模式在商务领域运用广泛，经常看到的"案例分析"其实就是叙事的一种应用，如黄国文（2001）就以广告为例，分析了叙事在广告中的应用特点。此外，叙事评议近年来也被引入教学研究中，如陆忆松、邹为诚（2008）《教育叙事视角下的英语教师素质研究》、战菊（2010）《大学英语教师的叙事分析：信念及其构建》等对英语教师的生存状况和自我信念的发展做了细致描述；芮旭东、李水（2021）《汉语慕课建课者对教材的使用情况及开发需求——一项基于教育叙事的个案研究》通过跨案例教育叙事的个案研究方法，以汉语慕课"Learn Chinese：HSK Test Preparation"的两位一线建课教师为访谈对象，深入探究在汉语慕课建课过程中教学素材的使用状况和适用情况。马蓉、黄毅、谢琳鑫（2020）在《一位来华留学大学生学习生活适应状况的教育叙事》一文中以一位来华泰国留学生为例，以叙事的方式，详尽展示了其在华期间对日常生活、课程学习、人际交往等的适应情况。

（二）隐喻

在日常生活中，人们往往会用具体的、熟知的、简单的、有形的概念去认知和体验抽象的、陌生的、复杂的、无形的概念。而"隐喻"就是我们利用具象概念去理解抽象概念的一种方式，它是指用一种事物或现象来指称另一种事物或现象。1980 年莱考夫和约翰逊在《我们赖以生存的隐喻》中提出了认知隐喻理论。根据这一理论可知，隐喻不仅是一种修辞方式，更是一种认知方式。经济文体中就存在大量隐喻，如果不借助隐喻，就很难对经济进行全面的理解和深入的研究，例如，甘智敏（2007）在《汉语经济新闻中的概念隐喻研究》一文中指出，隐喻是汉语经济新闻中常用的技巧。研究结果同时也揭示了在汉语经济新闻中概念隐喻的独特之处。张美伦、张清（2010）在《汉语电子商务语篇中的概念隐喻》以《电子商务战略》中的概念隐喻实例为佐证，阐明汉语电子商务语篇中概念隐喻常见的五种隐喻模式：战争模式、健康模式、饮食模式、角色模式和液体模式。同时，通过分析，总结出此类语篇中概念隐喻的特性，从而加深了对概念隐喻的理解与认知。

（三）语言的经济学理论

语言的经济学理论的理论基础是西方的人力资本说和教育经济学。其基本观点有：（1）语言是一种人力资本，第二语言的学习是一种对人力资本的经济投资；（2）语言具有经济学本质的要素：价值、效用、费用、效益，它同样也受到市场供求杠杆的影响；（3）语言的使用具有经济价值，但不同语言的经济价值是有高低之分的。如张佐成（2008）的《商务英语的理论与实践研究》、陈建平（2010）的《商务英语研究》都介绍了这一理论，为我们的商务汉语教学研究提供了新的视角。

总的来说，商务汉语教学是中国经济发展的必然产物，在其教学的各个要素的研究和实践上，都受到了国外专门用途语言教学思想的影响，也借鉴了国内商务英语教学的相关经验和成果。但由于学习对象的特殊性和需求市场的复杂性，商务汉语教学也做了相应调整，具有自己的特色。我们认为，商务汉语专业作为一个跨学科的新兴专业，理论整合是未来的一个必然趋势，但由于专业的跨学科性质，形成科学系统的商务汉语理论的难度较大。

第四章　本研究的内容、目标和意义

一、研究内容——商务汉语文体特征

所谓的商务汉语文体特征，一定是商务汉语文体所独有的，因而必须与其他文体或普通汉语进行对比，才能发现商务汉语的独特之处。而不是先根据某些表面特征进行归纳性总结，再从商务汉语中引用几个例句进行证明。很长一段时间里，这种做法在商务汉语和商务英语研究中十分盛行。导致的结果是，用这种方法进行的研究，其结果很难保证理论的科学性和学术的严谨性，因而无法获得学术界的认同。

具体来说，商务汉语文体特征研究要针对该文体的各个构成要素进行。这些要素通常包括语音、词汇、句法、语篇结构、语义和语用以及认知特征等。同时，还要从方法上保证研究的科学与合理，确保研究结果的信度与效度。一方面由于口语资料的搜集难度较大；另一方面由于写作时间和篇幅有限，本书只选取词汇（分别见第五章和第六章）、语法（详见第七章）和语篇（详见第八章）三个层面进行分析，即使从这三个层面，也不能对其进行全面分析，我们只能在统计的基础上，选取某个侧面进行分析，但是我们的语料建设、分析方法和研究思路均具有探索性和可重复性，利用这种方法，我们可以完成对商务汉语文体特征的全面统计和分析。

对商务文体的研究，就现阶段而言，可以使用语言学中的语义、语用、句法和语篇分析等领域的某些成熟的理论，而文体学中的量化分析手段则是商务文体研究中应该使用的工具。随着语料库语言学研究方法的不断完善，各类语料库的建立和对研究人员的公开，亦为商务文体全面、精确的描述提供了便利。要完全了解商务汉语的文体特征，就必须运用文体学研究中的定量分析方法，首先发现商务文体在词汇、句法、语篇等方面与其他文体的差异，然后再进行归纳总结，找出其普遍性规律，以此上升到理性认识的高度，使商务汉语的文体特征分析具备坚实的数据与语言事实的基础。

二、研究目标

商务汉语文体特征研究的根本目的是揭示商务汉语作为一种独立文体的基本特征和内在结构与规律，发现该文体与其他文体之间的区别，在编写教材、教学方法与手段的采用等方面更加顺应其基本特点，体现其真实语境下的使用特征，从而高效地进行商务汉语的教学和科学地使用商务汉语。

我们的研究任务是：从文体学角度出发，以现代语言学中语义、语用、语篇和认知理论作为工具，在语料库提供的大量的商务文体语料的基础上，对商务汉语文体进行量化分析，并在条件允许的情况下，将量化的数据与普通文体加以对比，力图发现商务文体的基本特征，同时为这些特征的存在提供尽可能合理的解释。

本书试图通过梳理和分析前人对商务汉语进行的研究，明确商务汉语的内涵和外延，并对商务汉语的外延进行合理分类，以此为基础，充分利用现有的商务汉语教材和商务汉语考试语料，进行整合分类，建立起对外商务汉语语料库；同时根据以上分类，从大量的真实商务汉语材料中选取语料，建立起语料库；然后以这两个语料库为基础，对比国家语委现代汉语通用平衡语料库，从词汇频率特征、核心词汇搭配特征、特殊句式分布特征以及语篇衔接手段分布特征等方面对商务汉语进行全面分析。具体来说，本书的主要研究目标如下。

（1）综合梳理商务汉语特别是对外商务汉语研究的发展概况，力图对商务汉语的发展进行全面系统的论述。并在介绍商务汉语研究理论的基础上，明确本书的研究方法。

（2）建立一定规模的商务汉语语料库。语料库要体现时下商务汉语的实际面貌，所选语料要有代表性。考虑到口语语料搜集的难度，我们只能利用现有的商务汉语口语语料（商务汉语考试和商务汉语教材中经过修改的口语语料），对其他语料的搜集侧重于书面语。

（3）对语料进行适合商务语言特点的分词。例如"注册资本""非专利技术"这样的含义明确、结合紧密的专业术语不宜分开。

（4）对语料库进行词频统计，提取常用词汇，并与国家语委现代汉语通用平衡语料库中的通用词表进行比较，得到商务汉语词频、常用词汇、核心词汇、词汇搭配等方面的信息。

（5）对商务汉语文体中的某些标志性的特殊句式进行量化分析，探讨其文体特征。

（6）对商务汉语的语篇衔接手段进行量化分析，归纳出具有显著商务汉语特色的语篇衔接手段。

三、研究意义

（一）现实意义

实现上述研究任务和目标的基本前提是，商务文体具有其内在的特点，与其他文体相比具有显著的特征。而这一点根据语言使用的常识便可基本证实。如果商务汉语文体的基本范畴是与商务活动相关的语言，则历史的发展不仅使这种语言具备了恒定的范式，而且能为行业外人士轻易识别。因此，商务文体的存在是一个不争的事实，对其进行研究具有现实意义。

（二）理论意义

商务语言是一个得到了广泛运用，并在现代社会的经济生活中有着重要作用的文体。商务文体（大多数情况下表现为商务英语）的教学与教材编写在许多国家和地区受到了高度重视，而对商务文体的外在与内在特征还缺乏全面系统的论述，或者说，对商务文体的理论研究还缺乏深度。在汉语教学中也是如此，虽然供商务汉语教学的教材如汗牛充栋，但是对商务汉语的理论研究却未能广泛和深入地展开。对商务汉语文体的特征研究多年来并未受到应有的重视。因此，对商务文体的特征进行尽可能完整的分析与概括是具有理论意义的。

我们对商务汉语文体特征缺乏系统研究，一方面是由于商务汉语文体的特殊性，例如商务汉语文本的格式规范，使用时较少体现书写者的个性和风格（当然，广告文体也许是其中的一个例外），商务汉语文体是社会经济发展到一定阶段的产物，因而更具实用功能；另一方面，商务文体作为语言应用的一种体裁，只能充当理论的研究对象，无法成为一门独立的学科，因而在一定程度上难以引起广泛的关注。同时，近几十年来缺乏对商务文体的科学和系统的研究，许多讨论缺乏深度，也是商务文体研究未能在社会科学领域赢得应有尊重和相应地位的重要原因。正因如此，对商务汉语文体的研究作为现代语言学研究的一部分，在理论上必须深化，必须运用最先进、最适用的理论原理进行分析和解释，采用科学的方法和手段对商务文体作全面而深入的调查，真正了解商务文体及其题材的语言特点和语义、语用规律，既起证实理论、为理论研究提供一手语言事实的作用，又为理论的发展和创新提供基础和动力。同时通过对商务汉语文体这一与人类经济生活密切相关的语言现象的研究，可以使现代语言学的理论更加务实，使商务汉语文体研究成为语言学理论研究中不可或缺的研究领域。

从第五章开始，我们将以对外商务汉语语料库和真实商务汉语语料库为基础，分别从商务汉语的词汇文体特征，包括词频特征（见第五章）、词汇搭配特征（见第六章）；语法文体特征（见第七章），包括以程度副词为例的虚词分布特征、句长、特殊句式以及语篇文体特征——语篇衔接（见第八章）等层面，展开研究。

第五章 商务汉语的词汇文体特征1
——词频特征分析

在这一章我们分析商务汉语的词汇文体特征，提到专门用途语言，人们往往会想到专业词汇的问题。范谊（1995）在讨论专门用途英语的逻辑理据时对专业词汇的看法颇有见地。他指出："一门学问要成为独立的学科，必须有一整套描述其研究对象、目的、方法、规律、定理的基本概念。这些概念反映在语言上，就是专业术语，即专业词汇。离开了它们，该学科的工作就无法准确描述。不同学科的专门词汇的综合，统称为科技词汇。它们在形态上可能与某些普通词汇相同，也可能是由几个普通词汇组合而成，但它们在语义上都有自己严格的定义和确切的内涵，绝不允许与其他词义混淆。"

词汇是各类专用语的代表性特征，设计特定专业领域的语言时，我们最先想到的就是其词汇的特殊性，例如，商务领域和教育领域、哲学领域、科技领域使用的词汇肯定是不同的。我们把这些专业领域中使用的词汇称为专业词汇（也有人称专用词汇），如商务领域内使用的词汇就是商务词汇。离开了这些词汇，这些学科就无法被准确描述。

商务词汇是指相比普通人士或其他领域的人士（例如法律、军事、旅游），商务人士使用更多的词语，商务词汇可分成三部分：一是只在商务领域下属某个子领域或某几个子领域中使用的专用词语；二是商务领域的共用词语，即商务领域内部各个子领域（如金融、石油、汽车等）之间共用的词语；三是带有商务领域特色的通用词语，即人类社会生活分类系统下一级分类中的商务、文化、政治等各领域通用的词语，例如"银行""企业"等词语。其中第一、第二部分是和商务工作内容密切相关的专业术语。第三部分是指具有统计特征的通用词汇，即专业人士比其他人使用频率更高的词汇。关于这部分词汇的来源，有人认为这些词汇最先出现在通用领域，只是在某一专业领域比其他领域使用得更多，也有人认为这部分词语本身是专业领域所特有的，只是后来进入了通用领域。

商务汉语词汇除了一部分是外来的字母词、缩略词外，大部分都是利用普通词汇中的语素根据汉语构词模式（或复合式或附加式）同时借用相关修辞格（或比拟或比喻）而生成的新词。例如，股市词多以"股""盘""市""仓""多""空"等语素构成系列家族词，如：股市、股神、股本、股份；开盘、崩盘、变盘、对盘；牛市、弱市、熊市、救市、逆市；补仓、建仓、空仓、持仓等。有些词虽然不是新词，但词义已经发生了转移，具有了特殊行业的含义，如牛市（股市词语）、背离（股市词语）等。

一、研究方法

我们将对外商务汉语语料库、真实商务汉语语料库与国家语委现代汉语通用平衡语料库进行比较，找到商务汉语的词频分布特征，并对其词频特征规律进行总结和解释，采用的方法主要有以下两种。

（一）基本统计分析

这是分析语料库的核心方法，也是语料库统计分析的基础。使用词汇统计软件对三个语料库的词汇进行统计，包括词频、词汇密度、覆盖面、词类频数等，看商务汉语语体和通用性语体有什么差异。因为三个语料库的大小不同，所以我们在比较各种频数时，都做了正态化处理，把它们转换成 100 万词的频数。[①]

[①]　一般来说，正态化处理就是将频数转换成 100 万词的频数或 1000 词的频数，即每 100 万词或 1000 词中出现的频数。也称为"百万分比"和"千分比"。这是因为有些在 100 个词中出现的频数低于 1，用"百分比"会使用到小数。

要进行词频分析，首先必须弄清楚两个概念，一个是词次，一个是词型（或称"词形"）。词次是一个语篇的所有的词的数目。例如："本合约根据《上海金属交易所管理暂行规定》和《上海金属交易所商品期货交易规则》制订，由你方和上海金属交易所（以下简称交易所）作为当事方签订，你方接受本合约的所有义务与规定，并同意按下列规则履行责任。"这段话总共41个词，其词次就是41，而其中有些词是多次出现的，如"合约"一词就出现过两次，其词次是2，但是词型是1。

经过整理的对外商务汉语语料库（55万字）词汇频度表共有词次193178，词型11903。真实商务汉语语料库（60万字）词汇频度表共有词型9936，词次156551。根据李葆嘉先生提出的五级频度法，采取相对标准，可以把商务汉语语料库词汇分为高频、次高频、中频、低频、罕频五级，详见表5-1。

表5-1　商务汉语语料库词语频度分级表

语料库名称	级别	词频（个）	词数（个）	占总词条数比例（%）
对外商务汉语语料库	高频词	701以上	27	0.2
	次高频词	700~101	290	2.4
	中频词	100~15	1519	12.8
	低频词	14~7	1381	11.6
	罕频词	6~1	8686	73
真实商务汉语语料库	高频词	701以上	10	0.1
	次高频词	700~101	293	2.9
	中频词	100~15	1473	14.8
	低频词	14~7	1217	12.2
	罕频词	6~1	6943	69.9

经过分级处理的商务汉语语域词表呈现以下几个特点。

（1）频度越高，频差越大。在对外商务汉语语料库中[1]，排在第一位的"的"频率为11061，与第二位的"是"（频率为3485）频差高达7576，"是"

---

[1] 数据详见附录三。

与排在第三位的"了"频差为671，"了"与第四位"在"的频差为572，而第22位与23位的频差降到了16。在真实商务汉语语料库中①，排在第一位的"的"（频率为7283）与第二位的"和"（频率为1453）频差高达5830，"和"与排在第三位的"在"频差为99，而第11位与12位的频差降到了6。

（2）词频分布合乎齐普夫定律（Zipf's Law）。辛克莱说："即使造出十亿词次的语料库，对于一个大型词表中的大多数词型来说，仍然会显示出相当严重的稀疏信息。""极少数高频词型的出现次数已覆盖了一个语料库总词次数的绝大部分，而词型总数中大约一半的词型在这个语料库中却只出现过一次"（黄昌宁，2002）。在我们统计出的对外商务汉语语料库和真实商务汉语语料库的词表中，高频词仅分别占总词条数的0.2%和0.1%，却覆盖了语料库总词次数的23.5%和10.3%，排列在前100位的词分别覆盖了语料库总词次数的38.8%和29.9%。排列在前200位的词分别覆盖了语料库总词次数的48.7%和40.5%。罕频词词次分别为8686和6943，分别占到总词次的73%和69.9%，其中只出现过一次的词型分别占总词型的37%和65.9%。

（二）语料库对比

在语料库语言学中，关键性分析是用来比较语料库的一种重要手段。关键性分析主要是把一个语料库和另一个参照性语料库比较，找出这个语料库有哪些词是超用的，有哪些词是少用的。两个语料库的词次不可能完全一样，所以采用百分比的形式进行比较。看百分比的差别有无显著性意义。

本研究运用关键性分析方法，以商务汉语的词频为基础，以商务汉语常用词的分布情况为重点进行统计和分析，然后将商务汉语词汇频率与普通的现代汉语词汇频率进行对比，以期深入和全面地了解商务汉语词汇特征。

以语料库为基础的词汇研究长期以来以探讨词汇使用频率（词频）为主，即认为使用最频繁的词汇便是最基本、最重要的词汇（Murison-Bowie，

---

① 数据详见附录四。

S. 1996)。因此，语言教学研究者十分重视基于语料库产生的各种语言的词频表。

对商务语料库中商务文本词汇使用频率进行统计，然后编成频率表，并在一定的时期内予以更新，对了解商务文体词汇的使用规律和动态、商务课程教学进度的安排，均有重要的指导作用。不过，早期在英语语域分析领域所做的研究发现，专业词汇的出现频率并不高，譬如，对英语科技文本的分析，就发现其中的词汇频率分布与普通英语基本相同（曹合建，2008）。这也许是因为不管哪种文体，其基本词汇或使用频率最高的建构词汇，均属于语言的基础词汇。而各种文体同时还有自己的特殊词汇或专业词汇，是这些词汇构成了各文体的重要区别性特征。在使用频率上，这些词并不属于高频词，只是与普通文体相比，出现频率相对高一些。因此，在商务文体词汇研究中，对核心词汇或关键词汇进行统计，必须采用对比的方法，而非以纯粹的使用频率为标准。Nelson（2000）在其进行的商务英语词汇研究中，就提出应从有效频率，而不是从纯频率角度观察数据，并采用了异常或显著频率的统计方法。也就是说，在商务文本中，与普通文本相比出现频率相对偏高的词汇为核心词汇。Nelson 运用 WordSmith（英语词汇统计软件）将其建立的小型语料库与大型参考语料库进行统计比较，计算出核心词（关键词），即与大型参考语料库相比，小型语料库中出现频率偏高或偏低的词汇有哪些。据此生成的核心词汇表便是该语料库的特别之处，这些词汇构成了该文体的核心词或关键词。核心词能展示商务汉语词汇的使用特点和语义概貌，因此可以作为该文体的重点研究对象，并成为商务文体词汇教学的可靠依据。

我们在对商务汉语词汇进行分析时，主要借鉴 Nelson 在其博士论文《基于语料库的商务英语和商务英语教材词汇研究》中所使用的方法，在 Nelson 的研究中，他试图考察以下两个问题：

（1）商务英语词汇与普通英语词汇是否存在很大区别？

（2）出版的商务英语材料中的词汇与实际使用的商务英语词汇是否存在很大区别（Nelson，2000：10）？

为了回答上述问题，Nelson 首先建立了两个语料库。一个是出版物语料库（the Published Materials Corpus，简称 PMC），另一个是商务英语语料库（Business English Corpus，简称 BEC）。PMC 录入 33 本商务英语教材与读物，共计 59 万词次。这些出版物出版时间为 20 世纪 80 年代至 90 年代，发行量均较大（依据发行商提供的信息），具有代表性和时效性。BEC 语料库收录了 28 类商务文本，其中口语语料占 44%，书面语语料占 56%，共计 100 万词次。按照 Picket，D.（1988）的"了解—从事"商务活动轴线进行划分，则 59% 为从事商务活动的语料，41% 为谈论商务活动的语料。作为参考语料库的是 200 万词次的英国国家语料库（BNC）。

在对以上三个语料库进行语料统计和对比分析的基础上，Nelson 发现了商务英语词汇和普通英语词汇之间的差异：

除了在搭配和语义韵①方面的差异，商务英语词汇与普通英语词汇差异之一是前者语义范围更窄，与使用的语域关联更密切。在 PMC 中，使用词汇有限，专业术语程度更高，在 BEC 中更是如此。商务英语词汇倾向于人际交往，并主要涉及少数几类商务活动，如宴请、旅游、会议和陈述等。BEC 中词汇更加明显地集中在具体的商务活动上，缺乏商务或半商务词汇。虽然具有同样的语义环境，BEC 词汇的丰富程度和变化程度均不如 PMC（Nelson，2000：13）。

Nelson 的贡献在于将商务英语中词汇的特点用数据加以明晰和证明，并进行了归纳总结，加深了对类别和范围的认识。迄今为止，在商务英语词汇研究领域，Nelson 的工作可以说仍是前沿性的，而且在理论运用和实践两个方面均达到了一定的广度和深度。特别是使用语料库对商务词汇所作的统计和分析，既注重了科学性，又强调了实用功能，在语料库建设、研究方法和具体步骤上，均有其独到之处。因此，本书中对商务汉语的词汇进行研究时，借鉴其研究方法，以期对商务汉语的词汇特点进行系统量化的分析和总结。

---

① 具体含义详见第六章。

二、商务汉语词频特征分析

首先，在研究商务汉语词汇特征之前，我们提出以下假设。

（一）假设一： 商务汉语词汇与普通汉语词汇区别显著

针对这一假设，主要考察商务汉语中是否存在专门词汇，如果存在，有哪些?

步骤一：选出各语料库中最常用的 1000 词词表

（1）使用"汉语词法分析系统 ICTCLAS"统计出对外商务汉语语料库和真实商务汉语语料库的词频表，从国家语委现代汉语通用平衡语料库分词类词频表中选出最常用的 1000 词（见附录二）。

（2）确认对外商务汉语语料库和真实商务汉语语料库中最常用的 1000 词，然后人工将语料库中使用的编码词、缩略词、乱码等剔除，不够 1000 词的部分，往后顺延补充。

（3）建立并储存对外商务汉语语料库最常用的 1000 词词表（见附录三），真实商务汉语语料库最常用的 1000 词词表（见附录四）。

步骤二：确定商务汉语语料库中的核心词汇

（1）使用"汉语词法分析系统 ICTCLAS"的统计工具，统计出两个商务汉语语料库前 1000 词中与国家语委现代汉语通用平衡语料库相比出现频率差别显著的词语。

（2）依据词语的频率分析，将频率差别最显著的词列在首位，其后是第二显著的词，以此类推，分别列出对外商务汉语和真实商务汉语核心词词汇表。

根据软件统计出的核心词，其中包括正核心词和负核心词。Scott，M.（1998）对两者的定义是："与参考语料库比较，一个词出现频率高于预期频率，则该词为正核心词；如果出现频率低于预期频率，则为负核心词。"

因此，核心词包括商务汉语中特有的两种词汇，即与普通现代汉语相比，出现频率较高的正核心词和出现频率偏低的负核心词。

我们认为，正核心词是商务汉语与普通现代汉语相比使用频率偏高的词汇，因而构成了商务文体的区别性特征的重要方面，值得认真研究和分析；负核心词汇是商务汉语中使用频率偏低的词汇，其分布特征对体现商务汉语的词汇特征虽也有一定的参考意义，但并不具备区别性特征，或者说对教学和研究并无特殊价值，因此本书没有予以过多的关注。本书的核心词词表仅指在商务汉语语料库中出现频率高于普通现代汉语的词，属于正核心词词表。

（3）人工剔除核心词中的公司名、日期、人名、地名、产品名等。对单一数据来源提供的大量输入的词汇予以剔除。

本文统计了真实商务汉语语料库与对外商务汉语语料库中的正核心词汇的情况，见表5-2和表5-3。

表5-2　对外商务汉语语料库正核心词词表（前100词）

（按词频顺序排列）

序号	词语	词性	序号	词语	词性	序号	词语	词性
1	公司	名词	14	号	量词	27	件	量词
2	产品	名词	15	客户	名词	28	北京	名词
3	请	动词	16	款	名词	29	车	名词
4	方	名词	17	本	代词	30	业务	名词
5	贵	形容词	18	银行	名词	31	汽车	名词
6	经理	名词	19	电话	名词	32	付	动词
7	货	名词	20	广告	名词	33	品牌	名词
8	价格	名词	21	投资	动词	34	双方	名词
9	销售	动词	22	总	名词	35	考虑	动词
10	消费	动词	23	合作	动词	36	培训	动词
11	合同	名词	24	员工	名词	37	安排	动词
12	服务	动词	25	国际	名词	38	优惠	动词
13	交	动词	26	保险	名词	39	怎么样	代词

序号	词语	词性	序号	词语	词性	序号	词语	词性
40	乙	名词	60	手机	名词	80	负责	动词
41	费用	名词	61	小姐	名词	81	不错	形容词
42	美元	名词	62	行业	名词	82	商务	名词
43	贸易	名词	63	成本	名词	83	网	名词
44	下午	名词	64	联系	动词	84	支付	动词
45	货物	名词	65	谢谢	动词	85	办理	动词
46	多少	代词	66	批	量词	86	购买	动词
47	竞争	动词	67	增长	动词	87	设计	动词
48	包装	名词	68	费	名词	88	价	名词
49	甲	名词	69	这儿	代词	89	卡	名词
50	介绍	动词	70	代理	名词	90	超过	动词
51	份	量词	71	收到	动词	91	国内	名词
53	有限	形容词	72	的话	助词	92	周	名词
52	电脑	名词	73	通知	动词	93	去年	名词
55	小时	名词	74	调查	动词	94	单	名词
54	部	量词	75	明天	名词	95	生意	名词
56	欢迎	动词	76	风险	名词	96	收	动词
58	网络	名词	77	人民币	名词	97	酒店	名词
57	台	量词	78	另外	连词	98	办公室	名词
59	订	动词	79	报价	动词	100	楼	名词

表 5-3　真实商务汉语语料库正核心词词表（前 100 词）

（按词频顺序排列）

序号	词语	词性	序号	词语	词性	序号	词语	词性
1	公司	名词	7	销售	动词	13	与	介词
2	行业	名词	8	与	连词	14	安全	形容词
3	投资	动词	9	交易	动词	15	增速	名词
4	规定	名词	10	方	名词	16	季度	名词
5	申请	动词	11	产业	名词	17	业务	名词
6	食品	名词	12	需求	名词	18	同比	名词

续表

序号	词语	词性	序号	词语	词性	序号	词语	词性
19	品牌	名词	47	规模	名词	75	策略	名词
20	建筑	名词	48	工程	名词	76	成本	名词
21	板块	名词	49	持续	动词	77	检验	动词
22	文件	名词	50	信托	名词	78	合约	名词
23	合同	名词	51	份	量词	79	双方	名词
24	业绩	名词	52	建议	动词	80	科技	名词
25	股	名词	53	指数	名词	81	下跌	动词
26	贵	形容词	54	股份	名词	82	总	名词
27	证券	名词	55	上市	动词	83	智能	名词
28	收	动词	56	全球	名词	84	联	名词
29	号	名词	57	重点	名词	85	厂商	名词
30	软件	名词	58	注册	动词	86	设计	动词
31	行政	名词	59	预计	动词	87	手机	名词
32	监督	动词	60	机构	名词	88	交货	动词
33	消费	动词	61	符合	动词	89	下滑	动词
34	广告	名词	62	上涨	动词	90	规划	名词
35	关注	动词	63	期	名词	91	仲裁	名词
36	下降	动词	64	章	名词	92	以下	名词
37	值	动词	65	整体	名词	93	货	名词
38	未来	名词	66	均	副词	94	趋势	名词
39	预期	动词	67	库存	名词	95	消费者	名词
40	风险	名词	68	项目	名词	96	优势	名词
41	目前	名词	69	调整	动词	97	数据	名词
42	主管	名词	70	客户	名词	98	推动	动词
43	收入	名词	71	订单	名词	99	审批	动词
44	商标	名词	72	网络	名词	100	提升	动词
45	相关	动词	73	机会	名词			
46	国内	名词	74	竞争	名词			

　　词汇是对外商务汉语作为整体性文体的区别性特征的一种表现形式，是研究商务汉语语言特征的一个重要领域。通过对两个商务汉语语料库中高频

词与国家语委通用平衡语料库的对比，我们发现，在对外商务汉语语料库出现频率前 1000 位的词语中，有 459 个词语是对外商务汉语正核心词（见附录五），即这 459 个词语是不同于普通现代汉语使用频率的体现商务汉语特色的词语，约占 1000 词的 46%，将近一半；在真实商务汉语语料库出现频率前 1000 位的词语中，有 441 个真实商务汉语正核心词（见附录六），这些词我们称为商务汉语专有词汇。

经过进一步分析与统计发现，在这 459 个商务汉语正核心词即商务专有词语中，出现最多的是名词，共出现了 215 个（约占 47%），其次是动词，共出现了 170 个（约占 37%），二者共计占商务汉语专有词语的 80% 以上。其他各类词的分布情况分别是：形容词 25 个，量词 18 个，代词 7 个，区别词 2 个，数词 1 个，副词 16 个，助词 2 个，连词 1 个。其中实词①有 440 个，虚词有 19 个。

附录七反映了对外商务汉语语料库与真实商务汉语语料库的词汇重合程度。其中有 584 个词语即近 60% 的词语重合，且大部分为与商务相关的词语。名词有 222 个，动词有 176 个，副词 42 个，形容词 34 个，介词 24 个，代词 21 个，连词 19 个，数词 16 个，量词 15 个，助词 9 个，后接成分 3 个，区别词 2 个，数量词 1 个。其中实词 487 个，虚词 94 个（见表 5-4）。

因此，从这个意义上，我们完全可以说，商务汉语是与普通汉语不同的一种专门用途汉语，有其专门的商务汉语常用词汇。

表 5-4　各语料库词性分布表

名词	动词	形容词	代词	数词	量词	区别词	副词	介词	连词	助词	数量	前/后接成分	共计
国家语委现代汉语通用平衡语料库的词性分布情况（前 1000 词）													
339	286	80	56	23	18	0	83	37	38	18	5	10	1000
对外商务汉语语料库的词性分布情况（前 1000 词）													
351	325	68	50	19	33	2	70	30	23	14	4	7	1000

---

①　本书中对实词和虚词的划分依据为李晓琪主编《现代汉语虚词手册》（2003），将副词、连词、介词、助词、叹词等五类词划为虚词。

续表

名词	动词	形容词	代词	数词	量词	区别词	副词	介词	连词	助词	数量	前/后接成分	共计
真实商务汉语语料库的词性分布情况（前1000词）													
454	322	56	38	5	16	5	53	10	19	8	3	4	1000
对外商务汉语核心词①词性分布情况													
216	170	25	7	1	0	2	16	0	1	2	1	0	460
真实商务汉语语料库核心词词性分布情况													
220	178	11	0	0	9	5	13	3	2	0	0	2	441
对外商务汉语语料库中与国家语委现代汉语通用平衡语料库重合词语词性分析（前1000词）													
142	175	47	42	19	16	0	59	33	25	15	4	8	585
对外商务汉语语料库中与真实商务汉语语料库重合词语词性分析（前1000词）													
222	176	34	21	16	15	2	42	24	19	9	1	3	584

分析表5-4，我们可以发现商务汉语词汇与普通汉语词汇相比有以下特征。

（1）不管是商务汉语语料库还是普通现代汉语语料库，名词和动词在绝对数量上均占优势。其中表现最突出的是真实商务汉语语料库，在其前1000词中，名词和动词共出现了776次，占77.6%。分析其原因，主要是这个语料库以真实的商务场景中所用的书面商务汉语语料为主，不包括商务汉语口语语料。而对外商务汉语语料库由于包括口语和书面语，与国家语委现代汉语通用平衡语料库在词性分布上，没有显著差异。

（2）从两个商务汉语语料库前1000词中分离出的商务核心词大约占一半，也就是说在前1000个商务汉语语料库常用词中，有一半是具有商务特色的，一半是普通词汇。商务核心词在常用词中所占的比例很大。

（3）商务汉语语料库（包括对外商务汉语语料库和真实商务汉语语料库）中的核心词以实词为主，虚词出现的绝对数量非常少。在对外商务汉语语料库中仅出现了19个，真实商务汉语语料库中也仅出现了18个。因此，商务汉语的特色主要体现在名词和动词等实词上，而表示语法意义的虚词在

---

① 此处的"核心词"指的是商务汉语正核心词。

商务汉语中，没有发现明显的特色。对外商务汉语语料库商务正核心词虚词包括副词（马上、越来越、尽快、提前、均、须、挺、持续、经常、尤其、专门、肯定、快速、最终、大概、恐怕）、连词（另外）、助词（的话、嘛）。

真实商务汉语语料库商务正核心词虚词包括副词（及时、大幅、分别、特、相对、依然、略、较为、谨、须）、介词（与、据、依据）、连词（与、且）。

以上虚词是将商务汉语语料库与普通汉语语料库对比得出的，仅仅是在使用频率上略高一些，事实上，虚词的语体特征是非常弱的，很难进入具体语体之中。所以进入商务汉语核心词范畴最多的还是名词和动词。第七章中，我们将以程度副词为例重点分析商务汉语核心词库中出现的虚词的特征，此处我们不再赘述。

我们将名词、动词、形容词中的核心词分别进行分析，并将每个词语都归入某一语义群。语义群的确定是对核心词汇表的定性分析。

我们将对外商务汉语正核心词词表和真实商务汉语正核心词词表合并，通过分析每个词语，我们将所有的名词、动词和形容词类核心词按照其语义类别分为七类，见表5-5。

表5-5　商务汉语正核心词的语义类别

语义类别	商务正核心词语举例
从事商务活动的人员	经理、客户、买方、卖方、主任、老板、秘书、代理人……
从事商务活动的机构或组织	公司、厂家、工厂、集团、委员会、交易会……
商务活动地点	银行、办公室、酒店、会议室、商场、车间、机场……
商务活动	销售、投资、合作、联系、进口、消费、代理、运作……
商务行动	交、付、安排、订、办理、购买、设计、登记、收发、签……
商务描述	有限、增长、风险、上涨、快速、维持、回升、大型……
商务事件与事务	产品、合同、服务、保险、业务、利润、房地产、订单……

以上我们详细分析了商务汉语的词汇特征以及与普通现代汉语词汇的差别，并在此基础上制作了对外商务汉语正核心词词表和真实商务汉语正核心词词表。其中语料库提供的数据保证了结论的可靠性。接下来我们进一步对两类不同的商务汉语语料库进行深入分析。

（二）假设二：　对外商务汉语词汇与真实商务汉语词汇区别显著

为了验证这一假设，我们对这两个语料库进行了与假设一同样的统计与分析，并将相关结果与数据进行了比较。

1. 对比两个语料库中出现频率最高的 10 个词与国家语委现代汉语通用平衡语料库词频表中的前 10 个词语。

通过对比，我们有以下发现：对外商务汉语语料库与真实商务汉语语料库最常用的词语差异较大（见表 5-6、表 5-7、表 5-8）。

表 5-6　国家语委现代汉语通用平衡语料库词频表中前 10 个词

序号	词语	词性	序号	词语	词性
1	的	助词	6	一	数词
2	了	助词	7	这	代词
3	是	联系动词	8	有	动词
4	在	介词	9	他	代词
5	和	连词	10	我	代词

表 5-7　对外商务汉语语料库词频表中前 10 个词

序号	词语	词性	序号	词语	词性
1	的	助词	6	公司	名词
2	是	联系动词	7	一	数词
3	了	助词	8	我们	代词
4	在	介词	9	有	动词
5	我	代词	10	不	副词

表 5-8　真实商务汉语语料库词频表中前 10 个词

序号	词语	词性	序号	词语	词性
1	的	助词	6	企业	名词
2	和	连词	7	是	联系动词
3	在	介词	8	对	介词
4	公司	名词	9	将	副词
5	行业	名词	10	市场	名词

基于语料库的商务汉语文体特征研究

（1）在出现的频次最高的10个词语中，对外商务汉语与国家语委现代汉语的重合率较高，有7个词语重合，而真实商务汉语与国家语委现代汉语重合的词语只有4个（阴影部分属于不同于国家语委现代汉语的词语）。对外商务汉语与国家语委现代汉语的重合度比较高，大都为表示语法意义的虚词。而真实商务汉语与国家语委现代汉语的重合度不是很高，也多为表示语法意义的虚词。

这个特征说明对外商务汉语语料库的语料构成有其显著特点。其中口语语料有18万多字，占对外商务汉语语料库的32.7%，书面语语料占67.3%，而真实商务汉语语料库中的语料都是书面语语料。因此，对外商务汉语语料库的口语与非正式用语占了相当一部分的比重，由此导致了一些日常高频词的出现。而真实商务汉语语料库的语料来源于报刊商务文本、网络、公司年度报告、公司文件、公司介绍、商务信函等，其正式程度和商务文体特征无疑要高于对外商务汉语语料库。因此，我们在进行商务汉语词汇研究时，一定要对所依据的语料库有充分的了解，要使用最符合所研究的语域特征的语料。在对广泛意义上的商务语言进行研究时可以使用国家语委商务语料库，但也需要注意其地域和时间特征。而对特定语域展开调查时，则需使用特定语域的语料库。如对广告、会计、外贸、会展等不同语域进行研究时，就应使用或设计专门的语料库，以避免误差。

（2）在对外商务汉语语料库中最常用的10个词中，第一人称的"我"和"我们"分别出现在第5位和第8位，而真实商务汉语语料库中最常用的10个词中没有出现第一人称词语。

我们认为，在现有的对外商务汉语教材和对外汉语考试中，由于对商务情景的人为设置，造成了人称代词（如我、我们、你等）的超高频出现，其商务活动更多地被置于个人语境中。虽然这样做能使材料更具趣味性，但这样也造成了对外商务汉语中的词汇分布和核心词汇的构成与真实商务汉语的分析结果相悖，学生接触的并非真实语料。当然，也不排除本书设置语料库的局限性（比如真实商务情景中的对话难以收集，真实商务情景的范围设定等因素），人为造成了这种不同。但是，这种现象也应该引起我们的注意。

2. 通过对比对外商务汉语语料库与真实商务汉语语料库中前100个高频

词的分布情况，我们发现商务词汇比例差异较大。

表 5-9　对外商务汉语高频词前 100 词

序号	词语	序号	词语	序号	词语
1	的	29	会	57	说
2	是	30	都	58	经理
3	了	31	对	59	呢
4	在	32	企业	60	两
5	我	33	多	61	新
6	一	34	上	62	与
7	公司	35	大	63	家
8	我们	36	看	64	合同
9	有	37	还	65	将
10	不	38	吧	66	没有
11	和	39	请	67	得
12	您	40	为	68	后
13	个	41	来	69	如果
14	你	42	年	70	一下
15	就	43	市场	71	把
16	好	44	给	72	次
17	到	45	去	73	从
18	这	46	等	74	天
19	中国	47	什么	75	做
20	也	48	工作	76	销售
21	要	49	问题	77	可
22	吗	50	中	78	高
23	人	51	贵	79	再
24	很	52	想	80	但
25	能	53	你们	81	太
26	可以	54	最	82	先生
27	产品	55	时间	83	号
28	元	56	价格	84	客户

续表

序号	词语	序号	词语	序号	词语
85	下	91	已经	97	时
86	用	92	买	98	啊
87	发展	93	情况	99	本
88	内	94	以	100	位
89	现在	95	这个		
90	更	96	并		

表 5-10　真实商务汉语高频词前 100 词

序号	词语	序号	词语	序号	词语
1	的	22	元	43	规定
2	和	23	及	44	中国
3	在	24	投资	45	食品
4	公司	25	中	46	销售
5	行业	26	管理	47	本
6	企业	27	以	48	后
7	是	28	或	49	三
8	对	29	于	50	应
9	将（副词）	30	条	51	新
10	市场	31	并	52	到
11	年	32	了	53	要
12	一	33	大	54	向
13	有	34	个	55	也
14	等	35	发展	56	会
15	增长	36	上	57	人
16	部门	37	由	58	需求
17	与	38	价格	59	从
18	不	39	高	60	技术
19	我们	40	生产	61	安全
20	为（介词）	41	较	62	但
21	产品	42	月	63	下

续表

序号	词语	序号	词语	序号	词语
64	质量	77	产业	90	进行
65	各	78	以上	91	申请
66	工作	79	情况	92	日
67	增速	80	服装	93	政策
68	应当	81	已	94	二
69	其	82	建筑	95	经营
70	季度	83	经济	96	业
71	业务	84	可	97	文件
72	电子	85	为（动词）	98	我
73	而	86	有关	99	信息
74	同比	87	能	100	方
75	品牌	88	板块		
76	内	89	来		

　　对比两个语料库前100个高频词（详见上表5-9、表5-10①），可以看到，虽然两个语料库均为商务汉语语料库，但商务词汇的比例并不相同，或者说区别很大。在对外商务汉语语料库的前100个高频词中，商务词汇仅有15个，说明了普通核心词汇使用频率要远远高于商务核心词汇，根据词汇使用频率统计的商务词汇核心程度并不能真正反映商务词汇的使用情况，或者说无法为商务文本研究提供可靠的数据。因此我们采用词频统计与人工甄别相结合的方式来确定对外商务汉语核心词汇；在真实商务汉语语料库的前100个高频词中，商务词汇高达43个，商务词汇在高频词中不仅排位靠前，而且具有数量的显著性，因此可以作为商务文体研究的重要依据。高频词中商务词汇数量的差异，反映了两个语料库的语料构成特点，这个我们前面已经多次说明，此处不再赘述。

　　当然，需要指出的是，真实商务汉语语料库是一种特殊的文本语料库，对研究商务新闻和报道以及商务文书具有参考意义。而对外商务汉语语料库

---

　　①　阴影部分为商务词汇。

的语料已基本满足在对外商务汉语教学和考试中商务核心词的使用，只需对其中的高频普通词汇进行剔除，就能获得该语域的商务核心词词汇表。

因此，根据研究目的，特别是根据研究成果的终极用途，对不同语料库灵活采用不同的研究方法和手段，应作为文体词汇研究的一个基本原则。

如果对两个语料库的高频词作进一步的研究，还能在普通高频词之间的区别、商务高频词之间的区别等方面获得更多的结果。比如，在真实商务汉语语料库的前 100 个高频词中出现，而未在对外商务汉语语料库中前 100 个高频词里出现的普通词汇到底有什么规律和特点，也是值得研究的一个问题。

三、词频结果阐释

我们对商务汉语词汇结果的解释，主要是参照专门用途语言中的语域理论。语域是个功能组合，包括语场、语式和语旨三个方面，反映情景语境的不同内容，通过各自的词汇语法手段来实现。语场指的是语言活动涉及的范围。商务汉语包括人们以汉语为交流手段进行各种商务活动的场合以及在其中进行的各项活动。这是商务人士生活于其中的商务世界。语旨的不同反映在词汇、句法和意义的选择上。

系统功能语言学的发展对语言概念功能进行分析的工具也非常切合需要。Hallidy（1994）认为，语言是对人类外部世界和内部世界经验的呈现。这些经验可以简化为一个个过程，反映人类的各种活动。每个过程包括参与者，也就是活动的主体，体现为行为者、目标和环境成分。互动本身可以分为物质过程、心理过程、关系过程、行为过程、存在过程和言语过程六大过程。物质过程主要是体现行为的过程，如某人做了某事。心理过程反映的是人对活动中其他参与者的认知，如某事物对人的感知器官造成了什么影响，看到、听到、想到了什么等心理活动过程。关系过程反映参与者之间的领属、辨别关系，如某人拥有什么，某物是个什么东西。言语过程是通过语言交换信息的过程。行为过程是人的各种生理或心理活动，如打喷嚏、大笑等。存在过程反映的是参与者的存在，如某物或人的存在情况。环境成分是互动进行的实践、地点、方式等。把人类经验过程化，我们可以通过语言的分析来描述人类活动的具体状况。

在上文的分析中，我们可以利用功能语言学研究概念功能的方法，把商务世界还原成一个个过程，可以看出商务词汇构建的商务世界和日常词汇构建的日常生活世界完全不同。

在商务世界里，参与者是机构化的和公共性的，如两个商务汉语语料库中，公司、企业、市场、经理、买方、卖方、顾客、客户等商务场合中的词语出现频率非常高。而日常生活世界里参与者是个人和私人的，如在国家语委现代汉语通用平衡语料库中，日常生活中常用的母亲、妈妈、父亲、姑娘、孩子等出现频率比较高，均出现在前 1000 词内，而这些词语没有在商务汉语语料库中出现。

商务世界的环境成分体现为办公室、部门、会议室等地，而日常生活世界是山、祖国、大海、农村、城市等地。

商务活动的过程是行动导向的，例如：买、卖、管理、制造、送、确认、投资等这些商务业务活动。而日常生活则是知道、看见、感觉等日常生活活动。

总之，不同的参与者、环境成分、行为构成了商务世界和日常生活世界两个不同的世界。

我们借鉴 Nelson（2000）对商务词汇使用进行的实证研究结果，将词汇分为若干范畴，并给出商务词汇和日常生活世界中所用词汇范畴的具体例子（见表 5-11）。

表 5-11　商务词汇与非商务词汇

商务词汇	非商务词汇
1. 人（来自商务世界） 客户、顾客、经理、卖方、买方……	1. 人（来自家庭、社会、政党等） 父亲、母亲、孩子、农民、无产阶级……
2. 机构（与公司和生意相关的机构） 公司、机场、集团、工厂……	2. 机构（社会性的机构） 医院、学校、机关、部队、政府……
3. 东西（与商务相关的、具体的） 产品、设备、货物、计算机……	3. 东西（多种多样的、抽象的） 多种多样的：水、手、土壤、图、分子、植物、细胞、敌人、太阳、花、溶液…… 抽象的：本质、性格、能量、观念……

续表

商务词汇	非商务词汇
4. 地点（与商务相关的） 办公室、会议室、部门……	4. 地点 家、卧室、厨房、山、海洋……
5. 时间 目前、明天、下午、去年……	5. 时间 时期、目前、过去、世纪、年代、现代、一天、今年、长期、以前、当时、之后……
6. 状态描写（与商务相关的） 增长、能力、竞争、提升……	6. 状态描写（伦理的、生命的意义） 生命、战争、和平、死亡、年龄……
7. 公共领域动词 买、卖、管理、送货、检验、审批……	7. 个人和私人领域动词 知道、看见、感觉、告诉、指出、住
8. 积极的、客观性的形容词 安全、快速、健康、良好、有效、方便、满意、及时、合适、高级、顺利……	8. 积极的和否定的描述个人的形容词 好、新、重要、高、快、美、高兴 黑暗、严重、黑……
9. 钱（关注金钱和金融） 款、价格、资金、收入、金融、利润、佣金、薪酬、折扣、费、福利、额、证券、利率、人民币……	9. 钱（不关注/很少关注金钱，只是稍微涉及金融） 钱、元
10. 活动（与商务相关的） 投资、支付、发展、生产、经营	10. 活动（与个人、家庭相关的） 生日、训练、唱歌……

我们可以发现，商务词汇和非商务词汇都可以归于 10 种共同的范畴，但同一范畴包含的词汇大不相同。例如，在"机构"这一范畴中，商务汉语包括公司、机场、集团、工厂等词语，而非商务汉语中（主要指日常生活）是医院、学校、机关、部队、政府等词语。这两类不同的词汇材料构建的世界泾渭分明。

本章介绍了词汇研究的基本理论和方法。并基于语料库对商务汉语的词汇频率进行了研究。具体方法是生成了对外商务汉语高频词前 1000 词表，核心词前 100 词表；真实商务汉语高频词前 1000 词表，核心词前 100 词表。并将这几个表进行了对比研究。结论是，同为商务汉语，依据不同文本构成的语料库生成的核心词汇表差别很大。因此，应根据研究目的和应用需求建立或使用专门语料库，以保证获取可靠和科学的数据。在本研究中，仅以词汇在商务文体中的出现频率为重要依据，并人工剔除包含低于特征和受语料限制的某些明显偏离该文体区别特征的专有名词，以此生成某一特定语域的核心词汇表。当然，这种方法也有可能存在偏差，比如说，可能会发生因某类文本过量使用某些词汇而产生虚假的统计结果。要避免这种情况，可以采取的方法是统计并标明某核心词出现在多少个文档中，并将包含该核心词的所有文档相加，在核心词词表中按词频顺序语义排列。但是因为本书所使用的分析软件不具备文本分割的功能，以后随着汉语词频统计软件的更新，我们可以对文本进行分割，然后按照本书的研究方法生成商务汉语核心词表，为教学与文体研究提供更为科学翔实的语料数据。

第六章　商务汉语的词汇文体特征 2
——词汇搭配特征分析

　　上一章是对商务汉语词频的研究，但是一个词的意义和功能往往并非单一而是多方面的，频数的比较也不完全可靠，必须辅以意义分析。运用语料库进行语言和词汇研究时，词汇的显著性除了表现在出现频率上，还表现在与其他词的搭配组合上。但是语料库方法在检索和分析意义特征方面难度较大，只能用间接的方法来看这个词经常和哪些词在一起，这就是搭配，即Firth（1957）所谓"习惯上相伴在一起的真实词语"（桂诗春，2009）。本章通过讲解词汇搭配特征对商务汉语的词汇文体特征进行阐述。

　　语言事实中的词汇搭配描述，在语料库出现之前，大多是研究者自己的随机收集或语感判断，其全面性和代表性难以保证，研究结果具有一定的局限性。随着语料库语言学的兴起，词汇搭配研究增加了新的研究方法，研究效度得到明显提高，搭配行为的描述因此更加深入和详尽。语料库的方法特别适宜于找出搭配词，通过搭配词的多寡，我们可以判断某一个词在某一个语料库中经常和什么词在一起出现，从而了解它的意义特征，以便比较这个词在另一个语料库里又和什么词在一起出现。在某种程度上说，这是一种语境的比较，通过比较可以找出不同语境的词汇搭配形式。对商务汉语词汇搭配进行研究，目的就是寻找词汇搭配的基本规律与特征。

　　语料库数据支持的词汇搭配研究主要有以下两种方法：基于数据的方法和数据驱动的方法。前者以关键词为中心，以语料库索引数据为依据，研究者在传统语法搭配类型的框架内依据数据对结构内词项的组合行为进行检查和概括。数据驱动的方法没有传统语法等先入为主的观念，而是靠自动化程序对语料库中关键词的所有搭配词进行提取和统计测量，找出显著搭配词，所有的研究和描述都由数据引导进行。

在语料库基于数据的研究方法中，一个重要概念就是类连接（colligation）。卫乃兴（2002）指出类连接是语法范畴间的结合，或者说它是关于词语组合类别的抽象表述，是具体的词汇搭配发生于其中的语法结构和框架。类连接建立后，就可以据此描述和概括搭配词的语义特点了。

一、词汇搭配研究的基本理论与方法

（一）词汇搭配的基本定义

前面我们已经提到了词汇研究不能仅注意词汇的使用频率，还应研究词汇的基本搭配。许多研究者注意到，人的心理词库是由词语和更大的词条、词组单元或预制单元构成。因此，在词汇的学习和研究过程中，不但要注意词语的使用频率，对核心词或常用词予以密切关注，还要特别注意可以与词语有机结合的大的词组单元。

被称作词汇搭配行为之父的 Firth（1957）把搭配定义为："习惯一起出现的词语。"但是这一定义太笼统，只看到词汇存在某种共现关系，至于如何描述和确定这种关系，似乎只能依靠语言学家本身的语感和直觉，缺乏实实在在的数据来验证他们的想法。杰尔默（Kejellmer, G.）以布朗语料库 Brown Corpus 的研究为依据，认为"一个搭配就是一个以完全相同形式再现一次以上的词语序列，并符合语法规范。"（Kejellmer, G., 1990）这一定义不仅考虑到了词汇的共现，还考虑到了语法关系。卫乃兴（2002）则认为："词汇搭配是在文本中实现一定的非成语意义并以一定的语法形式因循组合使用的一个词语序列，构成该序列的词语相互预期，以大于偶然的概率共现。"和前面两个定义相比，该定义不仅体现了词汇共现和语法关系，而且考虑到了词汇的语义关系。

中国的学者对词汇搭配的论述比较少。张寿康等在《现代汉语实词搭配词典》（1996）序言当中，用"磁体构造"概念来说明现代汉语实词的搭配现象，即"词是一种磁性体，在运动中，只同相吸的词搭配而同另一些词相排斥""一个实词的搭配就是一个磁体构造"以及"受词性"与"词义的制约"而成。这一比喻性定义可能是目前对于词汇搭配认可度最高的一种解释。这一定义指出，词汇搭配的句法上排他性选择结合与语义上制约性选择结合，但没提及语义结合后的变异和可预测性等特点。表 6-1 是从一些相关文章中抽出来的对搭配／词汇搭配的定义。

表 6-1　相关文章对搭配／词汇搭配的定义和概念

文章标题	作者	定义
汉语动宾搭配自动识别研究	王霞	搭配是一种词与词之间的组合关系
关于建立词汇—语法教学模式的思考	李晓琪	"搭配词语"，也称作"词项搭配"，指的是常常共同出现于一种可以预先知道的模式中的任何一群词项间的关系
论词语搭配及其研究	林杏光	语素搭配成词，词搭配成短语 词语搭配有两种类型：一是纯属习惯性的，没有什么道理可讲的；一是属于事理性的，能这样搭配而不能那样搭配，是讲得出道理来的
论词语搭配的规则和偏离	王希杰	词语的组合其实正是词语之间的搭配关系
谈谈词语的搭配	范晓	句法上合乎功能上的组合规则／语义上具备了意义上的联系规则／语用上适应表达的需要

　　从这些定义中我们可以看出几个共同的字眼，例如：共现，词与词结伴，组合关系和概率等。这些概念在上文中都提及过。

　　要给出一个完整定义，除了要考虑词汇的共现关系、语法、语义外，还需要考虑词汇搭配所体现的语用功能及其对搭配的限制作用。另外，还应解答与语料库相关的一些棘手问题。例如，语料库要达到多大的容词量才能确定词汇搭配的存在？不同的语料库收集的语料不同，分类标准也不一样，这是否会影响研究者对搭配行为的研究结果？如果一个词语序列在某一语料库中只出现过一次，而语言使用者凭直觉判断这就是一个搭配，这种判断是否符合语言事实？

（二）词汇搭配的界定标准

学术界对于词汇搭配并没有达成一个比较统一的意见，对于如何判断一个词语序列是不是一个搭配，研究者们提出了各自的判断标准。Sinclair（1991）提出"开放选择原则"和"成语原则"。开放选择原则强调词项的共现具有很大的自由度，只要符合语法规范，就可以共现。惯用原则是对开放选择原则的补充和限制。它强调词汇搭配并不是盲目行为，而是受到了语言内部机制、语域、社会文化等诸多因素的限制。这两条原则只是指导性原则，在实际应用中，并不能对词汇搭配做出判断。

卫乃兴则提出了 5 条标准，兼顾了词汇搭配的性质及其限制因素，在实际操作中具有一定的实用性。这些标准包括因循性、意义—形式限制性、反复重现性、语域相关性、长度多样性。它们从社会文化习惯、语言的内部运作机制、语法和语义、词汇共现关系、语域、词语序列的长度等方面着手，结合 MI 值、Z-分值、T-分值等统计方法，全面而实用地展示了词汇搭配的判别标准。

（三）词汇搭配的研究方法——语料库方法

传统的词汇搭配研究方法多基于直觉，主要的研究思路和方法包括新弗斯学派的词语学方法、米切尔等人的综合法、韩礼德和哈桑的篇章衔接概念、博林杰等人的惯例化搭配研究。这些靠直觉得出的结论，会存在一定的偏差。基于语料库的词汇搭配研究采用的是语料库方法。语料库方法是一种比较新的思路，它以语料库为基础，提供大量具有统计学意义的真实证据，并结合传统的定性研究，能够更好地描述、解释词语的搭配行为，从而得出更客观的研究方法。

基于语料库的方法是概率分析法，即通过调查语料库中的语料，在统计分析的基础上求出语言运用的概率信息，再反过来以概率信息为依据分析真实的语言材料。这种方法得出的解往往不止一个，研究者在若干可能的解中选择概率最高的解作为最终的解。常用的统计方法有两种：Z-分值和 MI 值（mutual information，简称 MI）。Z-分值用于检验词语序列搭配的显著性，得出的值越大，就表示该词语序列搭配的可能性越大。譬如，词语 M 和 N 在同一语料库内，要判断词语 M 和词语 N 是否为一个搭配，可以通过计算它们的 Z 值来判断。当 Z 值小于 1.96 时，表明词语 N 与词语 M 不太可能是一个显著搭配；当 Z 值大于等于 1.96 时，表明词语 N 和词语 M 是一个显著搭配的可能性为 95%；当 Z 值大于等于 2.58 时，表明词语 M 和词语 N 是一个显著搭配的可能性为 99%。MI 值可以用于计算词语序列的共现概率和词语单独出现的概率，揭示词语序列的搭配强度。当 MI 值是正值时，正值越大说明搭配强度越大，可以把该词语序列称作一个搭配；如果 MI 值接近零，说明搭配强度也接近零，该词语序列不太可能是一个搭配；如果 MI 值是负值，说明该词语序列极有可能不是一个搭配。

（四）词汇搭配的研究内容

词汇搭配的定义多种多样，但研究的内容却相对集中。大家比较认同的是"搭配即相互间有共生（存）关系的词"（Firth, J. R., 1957；Brown, D., 1974；Scott, M., 1998）。研究哪些词能构成共生关系，这种关系产生的原因，便成为不同研究者或研究流派的共同目标。

搭配研究的目标是总结和归纳搭配的基本特征。从这一目标出发，确定研究对象和研究手段，从而获得搭配研究的科学数据和可靠结论。词汇搭配有两大基本特点，其一是词汇搭配始终处于横组合平面，或称水平平面。即词汇搭配是依线性排列的组合，而非纵向垂直排列组合；其二是词汇搭配的非对称，即一组搭配词中左右量词的搭配力并不对称。

词汇搭配研究从不同的角度和层面能得出不同的成果，而方法的差异也会带来不同的分析数据和结论。Nelson（2000）将词汇搭配研究方法与流派分为三种：

（1）词汇组合方法；

（2）语义方法；

（3）语法结构方法。

Jeng-yih Hsu（2002）则将主要研究方法归纳为下列三种：

（1）词汇组合方法；

（2）结构模式方法；

（3）程式化语言方法。

二人的分类方法中有两种完全相同，即词汇组合方法和语法结构方法，后者被 Jeng-yih Hsu 称为结构模式方法，实际内容相同。下面介绍一下这两种方法，我们在此基础上确定本章中商务汉语词汇搭配的主要研究内容与具体方法和程序。

1. 词汇组合方法

这种研究方法的理论基础是 Firth 建立的。早在 20 世纪 50 年代，他就提出从词法、音系、语法、情境和搭配上对词义进行分析，"因为词语的词义都是通过不同层面的各种表述提供的"。搭配形成的意义是词汇横组合层面提取的结果，与通过概念或意象方式获取词义并无直接联系。这种观点的核心是"一个词语的意义的一部分是与另一个词汇搭配而呈现的。"不过能与某个词汇搭配的词通常十分有限。后来的研究表明词语之间表现出搭配力的巨大差异，有些词语能与众多其他词汇搭配。词汇结构研究方法是建立在词语的意义来自同现的其他词语的假设之上的。即词汇独立于语法之外，其意义由词汇之间的组合决定。麦金托什（McIntosh，A.，1966）曾就词汇搭配开展过较为深入的讨论。他指出，"词汇仅允许一定程度的兼容性和一定程度的搭配性，两者与语法概念上的模式选择关系不大"。也就是说，每个词均具有固定的搭配承受力，在选择词汇搭配时，必须不断地进行判断，作出正确的选择。麦金托什的观点表明，词汇单元在不断进行组合，而这种组合与语法选择无关。

韩礼德（1966）在 20 世纪 60 年代重新阐述了 Firth 的观点，并以具体实例说明词汇的意义产生于与其他词的联系中，他曾举例说："'过去'（past）一词的部分意义来自与'现在'（present）的对照，而'浓'（strong）与'茶'（tea）搭配才形成了'浓'的部分意义。"

Sinclair 在其著作《语料库、检索与搭配》中对搭配进行了解释。在认定语言具有两种解读模式与原则——"开放选择"原则和"成语"原则的基础上，进一步指出："在文本中词汇并不是任意出现的，但开放选择原则对连续选择并不会施加过多的限制。"

总的来说，词汇组合方法的研究者均充分认识到词汇搭配共现关系的重要性，都通过词法分析来研究搭配模式，在一定程度上将词汇搭配与语义的实现联系起来，并获得了大量重要的研究成果，对辞典编撰和语言教学起到了指导作用。而该方法在商务汉语词汇搭配研究中同样具有重要作用。

2. 语法结构方法

该流派的研究者认为，"词汇搭配受语法结构影响，词汇搭配有其呈现模式。因此，对搭配进行研究应该包括语法"。搭配是由语法加以组织的成分组合。因此，该研究方法的基本理论假设是：词汇搭配可以通过句法特征来进行研究。

本小节对现代汉语的词汇搭配加以分类主要依据以上分类方法。首先根据句法类型，将词汇搭配分为语法性词汇搭配和词汇性词汇搭配两大类。

基于上述的前提，我们可以假设，根据词汇搭配的句法关系，再把词汇搭配分为主语—谓语、动词—宾语、状语—中心语和定语—中心语等实词间所形成的词汇搭配和实词与虚词相结合而成的词汇搭配，如介词—宾语、连词结构等两类。前者大体上与词汇性词汇搭配相应，后者则与语法性词汇搭配相应。

表 6-2 给出了分类的结果。

表 6-2　词汇搭配的类型

词汇搭配	句法性词汇搭配	介词+名词 连词（如既然~，就~）等（暂定）
	词汇性词汇搭配	名词+动词 副词+动词 形容词+名词 名词+的+名词 动词+得+名词 形容词+地+动词 动词+名词 ……

（五）词汇搭配与语义韵

在语义层面，词汇搭配的语义韵是近年来的一大研究热点。20 世纪 90 年代，在运用语料库对词汇搭配的研究中人们发现，"许多词和短语表现出在某种相同语义环境中出现的倾向。如动词'发生'（happen），就总是与不愉快的事物，如事故等联系在一起"（Sinclair，1991）。对于这类呈一定语义趋向、某些词汇习惯性地与某一类具有相同语义特点的词汇进行搭配的现象，研究者称为"语义韵"，即某些词在使用时会表现出特定的语义氛围或韵律。简单来说，这一术语是 Sinclair 借用 Firth 曾经使用过的"音韵"一词而新创的一个专为语料库语言学研究使用的词语，用来表示超越词界的联想色彩（纪玉华、吴建平，2000）。这里所说的联想色彩是指由于经常与该词搭配的词语具有某一种共性（如大都是"好词"或"坏词"），使这个词也"沾染"了这种特性，从而使人们一看到这个词，就会自然地联想到这种共性。其实这有点"近朱者赤，近墨者黑"的意思。即词汇搭配中，关键词项与具有相同语义特点的词项在文本中高频出现，被"传染"上了有关的语义特点，整个语境内弥漫了积极（positive）、中性（neutral）或消极（negative）的语义氛围，这就是语义韵（卫乃兴，2002）。邹韶华（2001）在其《语用频率效应研究》中提到的"语境频率联想"或者"同现联想"与此有异曲同工之妙。语义韵大体可分为积极、中性和消极 3 类，我们在这里采用邹韶华的宽泛定义：是否直接体现褒贬色彩和隐含取舍评价态度，即若该词项为褒义词或者为当事人所羡慕、肯定和愿意接受的即为积极倾向，即"如意"；否则为消极倾向，即"不如意"；无明显主观趋向或评判意见的就属于中性。

语义韵研究表明，在词汇搭配中，关键词项词义的选择和搭配词有关，而且必须符合整个搭配所体现的语义韵。近年英语搭配研究成果较多。譬如，孙海燕考察了"rather，quite"和形容词搭配时在 COBUILD 和 CLEC 中所呈现的语义韵，通过对这两个词的搭配词的分析，得出了"rather"有强烈的消极语义韵，"quite"有积极的语义韵（孙海燕，2004）。汉语词汇搭配在这方面的研究较少，田宏梅以"有点"为关键词，分别利用上述两种方法对关键词右、左两侧的搭配词进行定量统计与分析，总结出"有点"的右搭配词与左搭配词的语义特点与类别。

二、商务语言词汇搭配研究成果

通过检索相关文献，我们发现，目前国内对商务汉语词汇的研究主要集中在商务词汇的专业性方面。还没有发现有学者对商务汉语的词汇搭配进行专门研究。而在商务英语词汇搭配研究方面，也不像普通英语开展得那么深入。下文简单介绍一下商务英语词汇搭配的研究成果，希望能为我们的研究找到思路。

Alejo，R. 和 McGinity，M.（1997）对商务英语专门词汇的教学进行了讨论，并提出："商务英语词汇搭配'使用习语原则'，即对后面的词汇选择作出严格的限制。这是商务英语中一个十分重要的倾向。因为按照这一原则，检索量和搭配数量将相当有限。"他们认为商务英语的语义特点之一也许是对搭配选择的限制。许多词在普通英语中具有多种潜在的搭配形式，而在商务英语中搭配的可能性大大降低，基本上只有一种固定搭配。如"内需""资本设备"等都是固定的短语，不容许对其中任何一个词进行替换。此外，有些词总是同时出现，如"投入/产出""供给/需求""毛/净""进口/出口"等。

Sinclair（1991）在讨论词汇选择时曾说过，传统认为文本是大量复杂选择的结果。当一个单元完成后，就会出现大量新选择，而对这些选择唯一的限制是必须符合语法。对此，Sinclair 表示这只是对语言使用的一种解释，仅靠这种解释是不够的。开放选择无法解释语言选择并不是偶然的现象。实际上，语言使用大部分时间遵循"习语原则方式"，偶尔才转向"开放原则"。这两种语言阐释是截然对立的，两者不会有共同之处。

Conzett，J.（2000）认为"商务培训的本质从语用和功能角度将搭配置于语言活动的最前列。因此教材和相关材料均应十分重视词汇短语。"

Berber Sardinha，A. P.（1994）从 74 篇公司年度报告中挑选了 17 篇作为基本语料，然后研究了"year"一词的搭配情况。他发现该词搭配使用重复出现的模式，并作出如下结论："这些模式结构规定了其中各成分对相邻词、甚至语法类别（词类）的选择。"因此，依据这些文本分析得出的词汇模式与传统结构主义的模式并不相符。传统模式认为，词汇选择并没有限制。

对于 Berber 的研究结论，我们认为，这是对商务文体中的一种特定文体的一个特殊词汇的搭配描写，符合商务年度报告这种特殊文本特征，但不一定符合商务文体的其他领域的文本特点，更不用说普通语言的文本特征了。我们知道，语域与语境决定了词汇搭配的选择范围。商务年度报告是一种公式化或程式化文体，其中核心词汇或专门词汇具有意义单一、搭配单一的特征（陈黎峰，2004）。因此，Berber 的研究意义在于发现了商务文体中年度报告的一种特殊的词汇搭配模式，该模式有别于传统意义模式。但这种新模式的普遍意义，或者说在商务英语中的普遍性，还有待进一步考察。

在为数不太多的研究者中，Nelson（2000）的研究在广度和深度上都较为突出。他运用商务英语语料库进行的研究表明，虽然有些商务词语与自身特有的语义群发生联系，但大部分词语生成相互关联并通常同现的语义群模式。同时，还有迹象表明，在商务语境中，词语潜在意义将减少，并由此对语义和语法产生影响。商务英语词汇比普通英语词汇含义要单一得多，由于语法模式与意义密切相关，因此，商务英语的语义模式数量不多，且更具语域特色。

三、商务汉语词汇搭配研究的基本方法

商务汉语词汇搭配研究与商务英语词汇搭配研究并没有本质上的区别，研究目的均是寻找词汇搭配的基本规律与特征。但商务汉语作为汉语的一种特定文体，在词汇搭配规律和特征上应该具有不同于普通汉语和商务英语的特点。

本章将在商务汉语语料库基础上对商务语域高频专用词汇进行词汇搭配研究。在专门语域语料库的基础上，对专门语域的专用词汇进行搭配提取，是本研究的特色所在。较之在通用语语料库基础上所做的调查，本研究具有以下优势。

第一，被调查的专用词汇在语料库中的出现频率更高，调查结果更加全

面。例如：前一章从商务基本词汇的前 100 词中提取的商务语域专用词汇，很多在通用语词表中均列在 4000 位以后。假如在一个通用语料库中对这些词的搭配进行调查，很可能产生一定的遗漏。

第二，被调查词的最高频搭配提取更权威。在通用语语料库当中，这些专门词汇出现频率较低，不易发现其最常见的搭配。

下面首先介绍一下本书对商务汉语搭配进行研究的思路和方法。

1. 明确商务汉语词汇搭配的定义

综合前人的研究成果，本书确定的商务汉语词汇搭配的基本定义是：在商务汉语文本中同一小句内同现并具有高度内在语义或语法关联的词语。

在该定义中所涉及的商务汉语属于本文中对商务汉语所做的界定。本书将商务汉语分为四大类：第一类是实务性商务汉语口语；第二类是实务性商务汉语文书；第三类是报道与陈述性语言，主要是指商务资讯；第四类是介绍与说明性语言，主要是商务知识与文化。

2. 确定商务汉语词汇搭配研究的基本内容和方法

根据上一章中对商务汉语词汇频率的调查和分析，由于常用商务汉语词语很多，对它们的搭配分析难以一一进行，本章将采用典型分析和抽样调查的形式对商务汉语语料库中的核心词展开探讨。具体做法是从前 100 个核心词中抽取 3 个具有代表性的词语，然后从商务汉语语料库中获取这 3 个词的基本语料，再进行具体分析，北京大学计算中心研发的分词词频统计软件为我们提供了便利，它可以提供词汇搭配检索功能。下面简单介绍一下基本方法。

（1）统计搭配的基本形式和数量。

对选择的 3 个词语的搭配种类分别进行统计，并按照出现频率高低进行排列，以表格形式展示高频搭配类型。

（2）对基本搭配形式进行分类，然后作具体分析。

商务汉语词汇搭配将分为语义搭配和语法搭配两种类型。语义搭配是指决定于词汇具体使用时的语义与语用要求的搭配共现关系。将采用 Firth 和 Halliday 等人创立的词汇组合方法，即在线性排列的小句中，以研究的词语为节点，以节点两端分别为四个词语的跨度内的搭配为考察对象，对节点（即商务汉语核心词）的搭配力和搭配的基本结构（即对等表征、左表征和右表征）进行分析。这种分析和研究以高频搭配形式为主。同时，对语法类型的词汇搭配进行研究。

语法搭配在本研究中的基本定义是：由语法结构或语法制约的词汇搭配。重点是探讨在商务汉语中不同词类的语法搭配规律，亦即研究商务汉语词汇的词类搭配规律，并对每种语法搭配的特点加以描述和归纳。

（3）对各节点的语义进行分析。

运用语料库中的具体实例，对 3 个不同词类的核心词进行语义分析，了解商务汉语环境下的这些核心词汇在与其他词汇搭配时的语义倾向，并明确每个研究的词项的语义类型。

本章将对外商务汉语语料库与真实商务汉语语料库两个语料库进行合并，然后从统计的商务核心词中选取出现频率较高的一个名词、一个动词、一个形容词进行研究（见表 6-3）。

表 6-3　三个供搭配研究的商务汉语核心词

词语	词性	词频
市场	名词	1259
增长	动词	726
贵	形容词	589

提取目标词的所有搭配时需遵循以下原则：

（1）强制性原则。这一原则要求排除一部分自由组合，所谓的自由组合是指组合中的每一个词都可以和其他词组合，构成相同的句法结构。而强制性原则要求所提取的搭配"具有一定的特异性，组合中至少有一个词在与其他词组合时受到较大限制"（黄昌宁，2002）。

（2）重复出现原则。重复出现原则要求所提取的搭配在语料库中有一定的重现率。

（3）允许被调查词与搭配词被多个词隔开，观察窗口为一个句子内的 ±4

个词。如"市场/n 品种，n 走势/n"，"市场"和"走势"之间被"品种"隔开，但仍被视为一对搭配。

（4）同一句中可同时提取多个搭配。如："国际/n 市场/n 营销/vn 竞争/vn"可提取"国际"和"市场"，"市场"和"营销"两组搭配。

（5）所提取的搭配需存在一定的句法上的制约关系。如：偏正关系——"内销/vn 市场/n"，动宾关系——"抢占，v 市场，n"，主谓关系——"市场，n 增长~""市场/n 营销/vn"。

（6）当被调查词作为语素出现时，不予观察。如："市场经济"是一个词，其中的"市场"不被列为观察对象，"玉桥市场""高桥大市场"中的"市场"也不被列为观察对象。

四、"市场"在商务汉语语料库中的搭配研究

通过对商务汉语语料库的检索，我们获得了该词在商务汉语中的基本使用情况。经统计，我们共获得 1259 条"市场"的搭配结果。以下是部分典型例句：

（1）正给咱公司的来电显示电话做市场调研呢。

（2）微波炉的年出口量首次超过国内市场年销售量。

（3）美国和欧洲市场要大得多，那里有我们很多的竞争对手。

（4）公司在市场开发方面做得还不够。

（5）可从事开拓市场方面的工作。

（6）现在市场竞争很激烈，我认为可以考虑降价销售。

（7）从上个季度的销售情况来看，面向中青年女士的产品市场表现最好。

（8）虽然我仍然看好 A 股市场，但没有那么看好了。因为中国市场上涨太快。

（9）第一季度的市场份额的占有量情况怎么样？

（10）这种产品市场价格一般是 1000 元。

（11）期货市场瞬息万变，现在涨了，过一会儿也许又跌了。

（12）由于市场持续供大于求，1 月电池芯价格延续了去年 12 月的跌势，

但跌幅已明显收紧。

从上面12个句子，我们可以大概看出"市场"一词在商务语境中的某些搭配特点和搭配形式。譬如，没有出现语法搭配，均为词汇搭配。且与其搭配的词语均与商务内容相关，构成语义搭配。从搭配形式上来看，有名词+动词、名词+名词、动词+名词、名词+名词+的+名词等。

表6-4和表6-5为"市场"的搭配词语分布情况。

表6-4　"市场"的搭配词语分布情况1

	搭配词语	总次数	Z分值	左4	左3	左2	左1	右1	右2	右3	右4	左总计	右总计
1	的	502	0.78	36	28	30	113	131	62	58	44	207	295
2	在	163	5.64	21	23	53	24	10	13	9	10	121	42
3	中国	101	11.79	12	9	34	36	3	2	5	0	91	10
4	和	82	−0.34	4	11	15	16	3	16	14	3	46	36
5	是	61	−5.15	7	14	6	4	10	13	7	0	31	30
6	大	58	7.02	3	4	10	4	1	10	20	6	21	37
7	产品	57	5.28	9	10	10	7	0	6	11	4	36	21
8	将	57	4.8	5	0	6	1	16	15	13	1	12	45
9	上	57	5.09	0	0	0	0	53	0	2	2	0	57
10	有	52	−1.86	5	4	2	2	5	11	15	8	13	39
11	对	49	1.23	6	4	6	11	12	4	6	0	27	22
12	国际	49	12.39	4	1	4	42	0	0	0	0	49	0
13	需求	44	9.44	0	0	4	0	24	5	8	4	4	40
14	了	43	−4	1	3	2	2	4	7	6	6	20	23
15	竞争	42	15.44	2	4	1	1	27	1	5	1	8	34
16	价格	42	3.67	4	3	2	0	12	5	4	4	9	25
17	我们	40	−2.05	11	6	8	0	3	4	5	3	25	15
18	企业	37	0.38	3	12	8	3	1	5	5	0	26	11
19	很	37	3.3	0	5	2	0	3	18	7	2	7	30
20	公司	32	−4.71	6	9	5	4	0	4	3	1	24	8
总计		1065		139	153	217	270	318	208	197	98	777	820

表 6-5 "市场"的搭配词语分布情况 2

	搭配词语	总次数	Z分值	左4	左3	左2	左1	右1	右2	右3	右4	左总计	右总计
1	份额	33	29.16	0	0	1	0	29	2	0	1	1	32
2	开拓	18	21.07	0	1	7	6	4	0	0	0	13	4
3	露天	4	15.74	0	0	0	4	0	0	0	0	4	0
4	竞争	42	15.44	2	4	1	1	27	7	0	0	8	34
5	美洲	4	14.78	0	0	0	4	0	0	0	0	4	0
6	打入	6	13.42	0	1	5	0	0	0	0	0	6	0
7	空白	6	13.42	2	1	0	0	2	1	0	0	3	3
8	外围	8	13.05	0	0	0	8	0	0	0	0	8	0
9	进入	30	12.93	3	3	16	2	1	3	2	0	24	6
10	需求量	8	12.45	0	0	0	0	6	0	0	0	0	6
11	国际	49	12.39	4	1	4	42	0	0	0	0	49	0
12	中国	102	11.79	10	14	30	36	3	5	4	0	90	12
13	定位	24	11.78	0	0	7	0	13	3	1	0	7	17
14	投放	11	11.56	0	1	0	9	1	0	0	0	10	1
15	侵夺	2	11.13	0	0	0	0	2	0	0	0	2	0
16	流入	4	11.11	0	2	0	2	0	0	0	0	4	0
17	占领	4	10.96	0	2	0	2	0	0	0	0	4	0
18	规模	31	10.21	0	0	0	2	26	4	1	0	2	31
19	调查	25	9.80	0	1	2	3	18	1	0	0	6	19
20	激烈	11	9.76	1	5	5	0	0	0	0	0	11	0
总计		422		22	36	78	123	130	26	8	1	256	165

从表 6-4、表 6-5 中,我们可以看出"市场"一词的搭配规律:

(1)首先,根据搭配词出现的次数统计的表 6-4 中,出现了表示语法意义的虚词,比如"的、在、和、了、对"等,其中"的、和、了、对"与"市场"的搭配 Z 分值小于 1.96,说明它们与"市场"不是显著搭配关系。而"在"与"市场"的 Z 分值大于 1.96,说明与"市场"形成显著性搭配关系。表 6-4 中有 11 个词的 Z 分值大于 1.96,它们是"在、中国、产品、大、将、上、竞争、国际、很、需求、价格",与"市场"形成显著搭配关系。其他 9 个词语，仅是出现的频率高，与"市场"不能构成搭配关系。根据词频得出的表 6-4 中的搭配词，我们称为高频搭配词。

（2）表 6-5 是根据 Z 分值的高低统计的结果。我们知道，Z 分值越高，说明越有可能形成搭配关系。我们列出了 Z 分值最高的前 20 个词语，这 20 个词语均为实词，这个结果更加表明了与"市场"构成搭配关系的是具有商务色彩的实词。根据 Z 分值得出的表 6-5 中的词，我们称为强搭配词。

（3）我们从 1259 条"市场"的实例中获得搭配词共计 2301 个[①]，根据统计结果，我们发现其中大部分是实词。而这些实词也大都属于反映商务活动的词语，如：份额、需求、竞争、国际、预期、矛盾、供应等。它们与"市场"构成的搭配关系充分地体现了商务文体的特征。

（4）"市场"一词的搭配表征与搭配力。

我们以"市场"为节点，在 4∶4 的跨度内，以上两表中的左侧与右侧的比分别是：777∶820 和 256∶165，左右两侧出现的词语次数差别不大。说明"市场"的搭配词没有明显的搭配表征。

此外，在强搭配词的搭配力方面，随着搭配位置离节点距离越远，搭配力也越弱。紧邻节点位置的搭配词数量最多，随后下降趋势十分明显。而高频搭配词的搭配力没有明显的差别，大概是因为在高频搭配词中，表示语法意义的虚词的数量较多（见表 6-6）。

表 6-6　"市场"的搭配词节点分布状况

	左 4	左 3	左 2	左 1	右 1	右 2	右 3	右 4
高频搭配词	139	153	217	270	318	208	197	98
强搭配词	22	36	78	123	130	26	8	1

（4）"市场"的语义韵特征。

我们对"市场"实词搭配进行了语义韵的分析后发现，大部分为中性搭配，即搭配词并不具备明显的褒义或贬义。譬如在强搭配词表 6-5 中出现的

---

① 　附录八中列出了搭配次数在 5 次以上的词语。

"份额、开拓、露天、竞争、美洲、打入、空白、外围、进入、需求量、国际、中国、定位、投放、侵夺、流入、占领、规模、调查、激烈"等词，除了"侵夺"一词带有贬义，其他词语均是中性语义。因此，我们认为"市场"一词的语义韵特征为具有客观中性语义色彩的词。

五、"增长"在商务汉语语料库中的搭配研究

通过检索商务汉语语料库，我们获得了该词在商务汉语中的使用情况。经统计，我们共获得726条"增长"的搭配结果。以下是其中部分典型例句：

（1）这种策略让齐新公司的业务取得了显著的增长。

（2）预计未来几年劳斯莱斯的销售量能增长多少？

（3）消费日益增长，包装越来越美，价格越来越高。

（4）服装贸易的增长速度也超过了货物贸易。

（5）根据社科院对今年经济增长的预测……

（6）依然保持高速增长态势。

（7）目前增长幅度最大的是江苏三友公司。

（8）对香港的出口额连续两个月维持负增长。

（9）零售增速在长期保持增长的情况下，中期将呈现出增速缓慢震荡下滑。

（10）我国宽带发展近年来虽然持续高增长，但是宽带普及率与宽带质量仍然落后于世界发达国家。

从以上例子我们可以看出，增长作为一个动词，其搭配形式有：动词+名词、副词+动词、名词+动词、形容词+动词等。

我们利用词频统计软件对"增长"进行了搭配分析，表6-7是按出现次数排列前20位的搭配词语，表6-8是按照Z分值排列前20位的搭配词语。

表6-7 "增长"的搭配词语分布情况1

	搭配词语	总次数	Z分值	左4	左3	左2	左1	右1	右2	右3	右4	左总计	右总计
1	的	217	−4.2	5	25	45	56	56	15	5	10	131	86

续表

	搭配词语	总次数	Z分值	左4	左3	左2	左1	右1	右2	右3	右4	左总计	右总计
2	同比	158	69.77	0	0	11	145	0	0	2	0	156	2
3	元	64	9.14	0	18	43	1	0	2	0	2	60	4
4	快速	51	32.05	0	0	2	49	0	0	0	0	51	0
5	业绩	46	20.84	3	7	7	26	0	1	2	0	43	3
6	行业	42	8.57	5	10	10	5	2	4	3	2	31	11
7	保持	41	28.27	3	5	35	7	0	1	0	0	40	1
8	将	39	7.17	6	13	10	2	5	1	1	1	31	8
9	和	37	-0.09	5	5	7	3	5	9	3	0	20	17
10	收入	35	22.12	4	3	11	9	0	5	3	0	27	8
11	在	35	-2.59	4	8	7	2	1	9	4	0	21	14
12	高	35	7.48	1	6	4	16	0	3	5	0	27	8
13	了	32	-3.06	2	2	1	14	0	8	2	1	19	11
14	经济	31	9.34	0	2	2	19	0	0	5	0	24	7
15	持续	30	15.92	0	1	10	17	1	1	0	1	28	2
16	年	29	4.35	3	12	6	1	0	5	1	1	22	7
17	稳定	29	18.55	0	0	3	22	2	0	2	0	25	4
18	快	27	13.28	0	0	0	5	2	14	4	0	7	20
19	较	26	7.12	2	8	5	0	4	5	2	0	15	11
20	需求	24	8.03	2	5	4	1	1	1	1	1	20	4
总计		1028		45	128	228	408	78	83	46	20	798	228

表 6-8　"增长"的搭配词语分布情况 2

	搭配词语	总次数	Z分值	左4	左3	左2	左1	右1	右2	右3	右4	左总计	右总计
1	同比	158	69.77	0	0	11	145	0	0	2	0	156	2
2	快速	51	32.05	0	0	2	49	0	0	0	0	51	0
3	保持	41	28.27	3	5	35	7	0	1	0	0	40	1
4	高速	21	25.25	0	0	2	19	0	0	0	0	21	0
5	年均	18	22.56	0	0	0	18	0	0	0	0	18	0

	搭配词语	总次数	Z分值	左4	左3	左2	左1	右1	右2	右3	右4	左总计	右总计
6	收入	35	22.12	4	3	11	9	0	5	3	0	27	8
7	确定性	12	20.91	0	0	0	0	4	5	3	0	0	12
8	业绩	46	20.84	3	7	7	26	0	1	2	0	43	3
9	稳定	29	18.55	0	0	3	22	2	0	2	0	25	4
10	持续	30	15.92	0	1	10	17	1	1	0	1	0	28	2
11	负	14	15.63	0	0	0	14	0	0	0	0	14	0
12	进口额	3	15.6	0	0	3	0	0	0	0	0	3	0
13	爆发	9	15.22	0	0	1	8	0	0	0	0	9	0
14	总额	10	15.01	0	1	5	0	0	2	2	0	6	4
15	零售额	5	13.7	0	1	4	0	0	0	0	0	5	0
16	零售	15	13.42	1	10	0	1	2	0	1	0	12	3
17	快	27	13.28	0	0	2	5	2	14	4	0	7	20
18	城市化	4	12.78	0	0	0	0	0	3	1	0	0	4
19	利润	19	12.66	2	1	6	5	2	3	0	0	14	5
20	稳健	6	12.43	0	0	0	5	1	0	0	0	5	1
总计		553		13	30	109	342	13	34	21	0	484	69

我们可以看出"增长"的搭配规律：

（1）首先，在根据搭配词出现的次数统计的表6-7中，出现了表示语法意义的虚词，比如"的、和、了"，它们与"增长"的搭配Z分值小于1.96，为负数，说明它们与"增长"不是显著搭配关系。说明这些虚词虽然与"增长"常在一起使用，但是与"增长"构成显著搭配的却没有虚词。因为使用虚词主要是语法结构的需要，而非商务文体的内在需求。而我们从统计的结果来看，"增长"的搭配词共有1133个①，其中大部分是实词（1053个）。这些实词也大都属于反映商务活动的词语，例如：收入、业绩、进口额、零售额、利润等。它们与"增长"构成的搭配关系充分地体现了商务文体的特征。

---

① 附录九中列出了搭配次数在5次以上的词语。

根据词频得出的表 6-7 中的搭配词为高频搭配词。

（2）表 6-8 是根据 Z 分值的高低统计的结果。我们知道，Z 分值越高，说明越有可能形成搭配关系。而在词表中我们列出了 Z 分值最高的前 20 个词语，这 20 个词语均为实词，这个结果更加表明了与"增长"构成搭配关系的是具有商务色彩的实词。根据 Z 分值得出的表 6-8 中的词为强搭配词。

（3）"增长"一词的搭配表征与搭配力。

我们从 726 条"增长"的实例中获得 1133 个搭配项，我们以"增长"为节点，在 4∶4 的跨度内，两侧分布并不完全相同，在以上统计中，左侧与右侧的比分别是：798∶228 和 484∶69，左侧比右侧分别高出 250% 和 600%。表明"增长"左侧的搭配词要远远多于右侧的搭配词，越是常用的搭配，用在左侧的频次越多。比如："同比"（注：Z 分值最高的词）在"增长"左侧出现了 156 次，在右侧仅仅出现了 2 次；"快速"在"增长"左侧出现了 51 次，在右侧出现了 0 次；"的"（注：搭配频次最高的词）在"增长"左侧出现了 131 次，在右侧出现了 86 次，左、右两侧出现的次数也是左侧多，但是不如 Z 分值高的词语差别大。从决定语义构成的成分来看，实词的作用要远远高于虚词，因而，从这一角度来分析，当绝大多数实词（Z 分值高的词语）位于左侧时，其表征作用将明显高于右侧。故对"增长"一词而言，不仅全部搭配的数量分布左侧大于右侧，而且实词在左侧的数量更是远远高于右侧，已明确显示左侧起主要表征作用，故"增长"的搭配表征为"左表征"。这些搭配分布数据说明，"增长"对左侧词语的支配力更强，语义成分也更加活泼。此外，在搭配力方面，随着搭配位置离节点距离越远，搭配力也越弱。紧邻节点位置的搭配词数量最多，随后下降趋势十分明显（见表 6-9）。

表 6-9 "增长"的搭配词节点分布状况

	左 4	左 3	左 2	左 1	右 1	右 2	右 3	右 4
高频搭配词	45	128	228	408	78	83	46	20
强搭配词	13	30	109	342	13	34	21	0

（4）增长的语义韵特征

与分析"市场"一词的理由相同，我们在对"增长"进行语义韵归纳时，只需考虑和统计其搭配的实词的语义倾向。在总数 1133 个搭配词中，实词 1053 个，虚词 80 个。在实词中，出现频率最多是"同比、快速、保持、高速、收入、业绩、稳定、零售、利润、稳健……"它们与"增长"一起构成了正面积极的语义，而在所搜集到的词语中，只有"负"一个词具有负面消极的语义色彩。因此，我们认为，"增长"的语义韵特征为"正面语义韵"。

六、"贵"在商务汉语语料库中的搭配研究

通过对商务汉语语料库的检索，我们获得了该词在商务汉语中的基本使用情况。经统计，我们共获得 589 条"贵"的搭配结果。以下是部分典型例句：

（1）公司离我家很远，开车上班很方便，可是经常堵车；打车太贵了……

（2）第一排票价贵一些。

（3）我在贵公司的网站看到招聘广告，我想应聘生产管理部的副经理。

（4）我们在贵酒店预定了 1 间商务套间（含早餐），时间为 2008 年 3 月 16 日。

（5）还有，贵方能提供多长时间的保证期？

（6）希望贵公司能尽快提出解决办法。

（7）陈经理，我们向贵公司订购了 500 件真丝衬衣，而收到的货中有一半是纯棉的。

（8）我们对贵厂的产品很感兴趣，想到车间看一看，了解一下你们的生产情况。

（9）如有机会为贵公司效力，不胜荣幸。

（10）为感谢贵公司以往惠顾，特此给予订购优惠。

（11）如果贵公司愿意分担一半的广告费用，我们可以把佣金减到 8%。

（12）我们想请贵公司参加于 4 月 29 日到 5 月 4 日举办的 1997 国际商品

交易会。

　　从上面的 12 个例句中，我们可以大概观察到"贵"一词在商务语境中的某些特点和搭配形式。譬如，"贵"在商务语境中，大部分的用法是用在"公司、厂、酒店、方"等名词前，是敬辞。下面我们结合高频搭配进行讨论，见表 6-10 至表 6-13。

表 6-10　"贵"的搭配词语分布情况

	搭配词语	总次数	Z 分值	左 4	左 3	左 2	左 1	右 1	右 2	右 3	右 4	左总计	右总计
1	公司	481	74.44	0	0	0	0	481	0	0	0	0	481
2	的	124	2.1	0	0	0	0	6	114	3	1	0	124
3	对	35	4.44	0	0	0	20	0	15	0	0	20	15
4	能	33	9.98	1	1	15	0	0	16	0	0	17	16
5	希望	31	22.56	0	0	2	27	0	2	0	0	29	2
6	与	30	5.48	0	0	0	30	0	0	0	0	30	0
7	了	27	2.44	0	0	1	9	16	0	1	0	10	17
8	向	24	8.01	0	0	0	22	0	2	0	0	22	2
9	在	23	-1.19	1	0	2	8	0	11	0	1	11	12
10	想	18	9.39	0	0	13	1	0	4	0	0	14	4
11	为	16	0.32	0	0	1	13	0	2	0	0	14	2
12	是	14	-1.76	0	0	3	5	1	5	0	0	8	6
13	请	14	2.71	0	0	2	12	0	0	0	0	14	0
14	我	13	5.74	0	1	7	3	1	0	1	2	11	2
15	不	13	-0.69	0	0	8	2	0	3	0	0	10	3
16	厂	13	8.46	0	0	0	0	13	0	0	0	13	0
17	到	13	-0.48	0	0	0	11	0	2	0	0	11	2
18	订购	12	13.28	0	0	0	0	0	12	0	0	0	12
19	感谢	12	-0.19	0	0	0	12	0	0	0	0	12	0

续表

	搭配词语	总次数	Z分值	左4	左3	左2	左1	右1	右2	右3	右4	左总计	右总计
20	如果	12	3.68	0	0	0	12	0	0	0	0	12	0
总计		985		2	2	54	187	518	188	5	4	258	700

表6-11 "贵"的搭配词语分布情况

	搭配词语	总次数	Z分值	左4	左3	左2	左1	右1	右2	右3	右4	左总计	右总计
1	公司	481	74.44	0	0	0	0	481	0	0	0	0	481
2	希望	31	22.56	0	0	2	27	0	2	0	0	29	2
3	校	6	17.20	0	0	0	0	6	0	0	0	0	6
4	得知	9	16.10	0	0	0	9	0	0	0	0	9	0
5	感谢	12	-0.19	0	0	0	12	0	0	0	0	12	0
6	效劳	3	14.11	0	0	0	0	0	2	0	0	0	2
7	订购	12	13.28	0	0	0	0	0	12	0	0	0	12
8	委任	4	13.20	0	0	0	4	0	0	0	0	4	0
9	有幸	3	12.16	0	0	0	3	0	0	0	0	3	0
10	能否	6	11.77	0	0	0	0	0	6	0	0	0	6
11	承蒙	2	11.52	0	0	0	2	0	0	0	0	2	0
12	鉴订	2	11.52	0	0	0	0	0	2	0	0	0	2
13	盼	3	11.52	0	0	0	3	0	0	0	0	3	0
14	能	33	9.98	1	1	15	0	0	16	0	0	17	16
15	获悉	5	9.85	0	0	0	0	5	0	0	0	5	0
16	想	18	9.39	0	0	13	1	0	4	0	0	14	4
17	尽快	11	9.22	0	0	0	0	0	11	0	0	0	11
18	合作	8	8.38	0	0	0	1	0	7	0	0	1	7
19	订货	8	8.02	0	0	0	0	0	8	0	0	0	8
20	收到	6	7.18	0	0	0	6	0	0	0	0	6	0
总计		663		1	1	33	70	487	70	0	0	105	551

表6-12　"贵"的搭配词节点分布状况

	左4	左3	左2	左1	右1	右2	右3	右4
高频搭配词	2	2	54	187	518	188	5	4
强搭配词	1	1	33	70	487	70	0	0

表6-13　"市场""增长""贵"搭配词语的分布情况对比

词语	高频搭配总词次	强搭配总词次	左4总词次	左3总词次	左2总词次	左1总词次	右1总词次	右2总词次	右3总词次	右4总词次	左总词次	右总词次
市场	1065	422	161	189	295	393	448	234	205	99	1038	986
增长	1028	553	58	158	337	750	91	117	67	20	1303	295
贵	985	663	3	3	87	257	1005	258	5	4	350	1272

从表6-10至表6-13中，我们可以看出"贵"的搭配规律：

（1）首先，在根据搭配词出现的次数统计的表6-10中，出现了9个表示语法意义的虚词，比如"的、对、与、了、向、在、为、不、如果"，它们与"贵"的搭配Z分值，数值不高，因此不能构成强搭配关系。但是在20个高频搭配词中出现了9个虚词，出现的频率非常高。因为使用虚词主要是语法结构的需要，而我们从词次的总数看，在同一句内以"贵"为节点，取4：4所得的高频搭配词共有985个，比"市场"的高频搭配词1065个、"增长"的搭配词1028个要少，而且"贵"的搭配词集中在左1、左2、右1、右2，在左3、左4、右3、右4位置上出现的搭配词非常少，这说明"贵"所在的句子比"市场"和"增长"所在的句子总词数要少得多，句子更简单，修饰成分更少。

（2）表6-11是根据Z分值的高低统计的结果。我们知道，Z分值越高，说明越有可能与"贵"形成搭配关系。而在词表中我们列出了Z分值最高的前20个词语，这20个词语与"市场""增长"的情况一样，均为实词，并且由词语的语义特点来看，这些词大部分与商务联系的情景（比如：商务信函、传真、电话等）有关。根据Z分值得出的表6-11中的词为"贵"的强搭配词。

（3）"贵"一词的搭配表征与搭配力。

我们从 589 条"贵"的实例中获得 1191 个搭配项，我们以"贵"为节点，在 4∶4 的跨度内，两侧分布差别非常大，左侧与右侧的搭配词比例是 350∶1272，右侧比左侧高出 250%，表明"贵"右侧的搭配词要远远大于左侧的搭配词出现的频率，而且有一个现象要特别注意，即右侧的搭配词出现最多的是"公司"一词，它既是高频搭配词，又是强搭配词。共出现了 481 次。因此，如果对"贵"的高频搭配词和强搭配词进行词型①的统计，那么，多用于左侧的词型和多用于右侧的词型比是：25∶15。多用于左侧的词语更多一些。但是由于从绝对数量上右侧的搭配词的出现的词次要远远大于左侧搭配词，因此，我们从这个角度上将"贵"的搭配表征为"右表征"。

在强搭配词的搭配力方面，随着搭配位置离节点距离越远，搭配力也越弱。紧邻节点位置的搭配词数量最多，随后下降趋势十分明显。

（4）"贵"的语义韵特征。

与分析"市场""增长"的理由相同，我们在对"贵"进行语义韵归纳时，也是只需考虑和统计其搭配的实词的语义倾向。在总数 1191 个搭配词中，实词 921 个，虚词 270 个。在实词中，出现频率最多的是"公司、希望、产品、想、合作、订购、感谢、请、接受、考虑、支持"等，它们与"贵"一起构成了正面积极的语义，而在所搜集到的词语中，只有"损失、索赔、困难"少数词具有负面消极的语义色彩。因此，我们认为，"贵"的语义韵特征为"正面语义韵"。

语料库研究表明，词项的搭配行为具有一定的语义趋向：一定的词项会习惯性地吸引某一类具有相同语义特点的词项，构成搭配。这些词在一起构成了意义连贯的一个整体，即语篇。

本章，我们对词汇搭配研究的理论和基本方法进行了回顾，并根据商务汉语的研究特点确定了研究的目标和步骤，对"市场"等 3 个商务汉语核心词语从搭配特征、搭配表征和搭配力等几个方面进行了详细的数据统计和深入的分

---

① 关于词次和词型的区别在第六章中已经讨论。

析。揭示了在商务语境下作为名词、动词、形容词典型代表的三个词语在句法、语义和语用层面表现出的基本特征和规律，特别是总结了这些词语与其高频搭配词项在排列组合中反映出的体现结合力大小的位置关系以及体现共现程度的频率统计。这些研究成果对我们了解和解释真实语言条件下的词汇搭配规律提供了可靠依据，并为今后对词汇搭配做进一步的研究提供了基本方法。

第七章　商务汉语的语法文体特征

如前文所述，本书对商务汉语文体特征的研究从词频特征、词汇搭配特征、语法和语篇等几个层面展开，上两章我们已经对商务汉语的词频分布规律和原因、几个典型商务汉语核心词的搭配特征进行了分析，得出了商务汉语在词汇方面的文体特征，本章我们主要从语法的角度选取几个点对商务汉语文体中的语法特征进行分析。我们认为，商务汉语的语法特征，可以从以下两个方面展开。

（一）虚词

如前文（第三章语言要素的语体分化）所述，附加、内部屈折、重音、重叠、异根、虚词、语序、语调等语法手段，在不同的语体（文体）中，使用频率会有所差别，当然，并非所有的语法手段都有很严格的语体（文体）开放性和封闭性，其语体功能作用也是有差异的。本章将以程度副词为例，主要考察程度副词在商务汉语文体中的使用频率与普通现代汉语的频率是否有差别，程度副词在对外商务汉语和真实商务汉语中的使用频率是否相同？原因是是什么？这些差别是否影响了区别（分化）语体（文体）的作用？

（二）句子

句子是语法研究的基本对象，它既是语言系统里的最高语法单位，也是表达思想和言语交际的基本单位；而句子都是按照一定的句式构造的，任何句子都从属于一定的句式；因此句式研究是语法研究中最重要的课题之一。

本章从句子的词汇密度（即句长）、特殊句式两个方面考察商务汉语的文体特征。

一、特征1——虚词（以程度副词为例）特征分析

现代汉语的虚词主要包括副词、介词、连词和助词等，要把所有虚词都研究清楚并不是一个人在几年里就能完成的。本书设计了一套分析商务汉语虚词文体特征的方案，并选取部分程度副词作为样本。

关于程度副词，王力（1985）最早根据有无比较对象这一标准将程度副词分为相对程度副词和绝对程度副词两类，他认为"凡有所比较者，叫做相对程度副词"；"凡无所比较，但泛言程度者，叫做绝对程度副词"。由此标准所得出的相对程度副词有"最""更""顶""越""比较"等，绝对程度副词有"很""极""非常""好""相当""太""多么"等。

本章统计了 HSK 甲级和乙级程度副词共计 21 个，具体分析步骤如下。

（一）步骤一：频数统计与说明

首先，统计出各个程度副词在语料库（包括对外商务汉语语料库的商务汉语口语、商务汉语文书、商务汉语资讯、商务汉语知识以及真实商务汉语语料库的商务汉语文书、商务汉语资讯、商务汉语知识）中出现的频率，然后转换为 100 万字的频数，最后减去国家语委现代汉语通用平衡语料库中对应词语的词频（也相应转换为 100 万字的频数），得出频数差，见表 7-1。

如频数差是正数，表示该词在这个语料库中出现的频率比普通现代汉语高；如频数差是负数，表示比普通现代汉语出现的频率低。通过分析这些数值，可以发现商务汉语某些方面的使用特点。并进一步分析这些特点是否构成了区别（分化）语体的作用，从而论证是否存在具有商务汉语语体区别特征的虚词。

表 7-1　程度副词①使用频率表

序号	程度副词	语料库名称	商务汉语口语		商务汉语文书		商务汉语资讯		商务汉语知识	
			频数	频数差	频数	频数差	频数	频数差	频数	频数差
1	比较	对外商务汉语	929	764	145	-19	418	253	588	423
		真实商务汉语			314	149	185	20	165	0
2	多	对外商务汉语	484	401	67	-15	171	89	376	294
		真实商务汉语			196	113	173	91	0	-83
3	多么	对外商务汉语	5	-51	0	-57	0	-57	0	-57
		真实商务汉语			0	-57	0	-57	0	-57
4	非常	对外商务汉语	1000	875	112	-13	171	46	494	369
		真实商务汉语			824	698	69	-56	0	-125
5	更	对外商务汉语	1500	1070	403	-27	1198	768	965	535
		真实商务汉语			1569	1139	775	344	495	65
6	还	对外商务汉语	44	-993	11	-1026	38	-999	0	-1037
		真实商务汉语			39	-998	543	-493	0	-1037
7	好	对外商务汉语	38	5	0	-34	0	-34	0	-34
		真实商务汉语			39	6	0	-34	0	-34
8	很	对外商务汉语	4148	3310	526	-313	989	150	1671	832
		真实商务汉语			1529	691	225	-613	495	-344
9	十分	对外商务汉语	143	-20	89	-73	57	-106	94	-69
		真实商务汉语			314	151	58	-105	0	-163
10	太	对外商务汉语	1599	1439	145	-15	247	87	141	-19
		真实商务汉语			0	-160	75	-85	0	-160
11	挺	对外商务汉语	209	181	11	-17	0	-28	0	-28
		真实商务汉语			0	-28	12	-17	0	-28
12	尤其	对外商务汉语	187	121	34	-33	247	181	141	75
		真实商务汉语			235	169	116	50	0	-66
13	真	对外商务汉语	533	311	11	-211	38	-184	47	-175
		真实商务汉语			157	-65	12	-210	0	-222

---

①　本章统计的是 HSK 甲级和乙级程度副词。

续表

序号	程度副词	语料库名称	商务汉语口语		商务汉语文书		商务汉语资讯		商务汉语知识	
			频数	频数差	频数	频数差	频数	频数差	频数	频数差
14	最	对外商务汉语	2253	1855	582	184	1711	1313	1506	1108
		真实商务汉语			2314	1916	653	255	1484	1086
15	极	对外商务汉语	66	−78	67	−76	76	−67	0	−143
		真实商务汉语			588	445	6	−138	0	−143
16	极其	对外商务汉语	0	−29	0	−29	0	−29	0	−29
		真实商务汉语			39	10	0	−29	0	−29
17	更加	对外商务汉语	110	39	78	8	133	63	47	−23
		真实商务汉语			157	86	98	28	0	−70
18	稍	对外商务汉语	192	160	11	−21	0	−32	24	−9
		真实商务汉语			39	7	12	−21	0	−32
19	较	对外商务汉语	593	316	336	58	760	483	376	99
		真实商务汉语			941	663	1896	1618	824	547
20	有点（儿）	对外商务汉语	170	110	0	−60	0	−60	0	−60
		真实商务汉语			0	−60	0	−60	0	−60
21	几乎	对外商务汉语	93	6	11	−76	171	84	24	−64
		真实商务汉语			39	−48	46	−41	0	−87

我们可以发现以下现象：

（1）对外商务汉语口语的程度副词使用频率高，特征显著。在对外商务汉语口语中，21个程度副词中，仅有一个词"极其"没有出现，其他的20个词语中，15个词语的使用频率都高于普通现代汉语。4个程度副词"多么""十分""还""极"的出现频率低于普通现代汉语。出现频率最高的前5个程度副词是更加、几乎、极其、较、非常。

（2）真实商务汉语文书中，程度副词的使用频率高于对外商务汉语文书中的使用频率。真实商务汉语文书中14个词语的使用频率高于普通现代汉语；而对外商务汉语文书中仅有3个词语的使用频率高于普通现代汉语。在真实商务汉语文书中，出现频率排在前5位的程度副词分别是最、更、非常、很、较；而真实商务汉语文书中，出现频率高于普通现代汉语的是最、较、更加。

（3）真实商务汉语资讯与对外商务汉语资讯中程度副词的使用情况差不多。真实商务汉语资讯中有 7 个词语的使用频率高于普通现代汉语，它们是较、更、最、多、尤其、更加；对外商务汉语资讯中有 11 个词语的使用频率高于普通现代汉语，它们是最、更、较、比较、尤其、很、多、太、几乎、更加、非常。

（4）真实商务汉语知识中，程度副词的使用频率低于对外商务汉语知识的使用频率。真实商务汉语知识中只有 3 个词语的使用频率高于普通现代汉语，它们是最、较、更；而对外商务汉语知识中有 8 个词语的使用频率高于普通现代汉语，它们是最、很、更、比较、非常、多、较、尤其。

（5）程度副词"较""最"在所有商务汉语语料中的使用频率均高于普通现代汉语。"比较""更"仅在对外商务汉语文书中的使用频率略低，在其他的商务汉语语料中的使用频率均高于普通现代汉语。

（6）程度副词"多么""还"在所有商务汉语语料中的使用频率均低于普通现代汉语。"多么"有两种用法，一是用在感叹句中，表示程度高，常含有夸张的语气，带有强烈的感情色彩；二是表示某种程度，常用在"不管（无论、不论）……多么……，都（也）……""多么……都（也）……""要多么……有多么……"等句式中。因为所表示的语气和感情色彩都比较强，因此，不适合在商务汉语文书这种比较正式的文体中使用。

（7）程度副词"挺""有点儿""太"等词仅在对外商务汉语口语中的使用频率高，在其他商务汉语语料中使用频率都非常低。这也和"挺"本身所表达的意义有关，"挺"表示程度高，多用于口语；"有点儿"表示程度不高，多用于不如意的事情；"太"表示程度很高，带有夸张、感叹的语气。因此也不适合在商务汉语文书中出现。

通过以上简单的分析，我们发现：

（1）程度副词使用的多少、出现的频率与语体正式程度也存在一定的相关性。比如，商务汉语口语中程度副词使用得较多，出现频率相对较高，因此，它的语体正式程度低于其他商务汉语。

（2）带有口语性质的程度副词的使用频率总体偏低，如"挺""有点儿""太""十分"，带有书面语性质的程度副词的使用频率总体偏高，说明商务汉语文体比一般文体的正式程度高。

（3）表示强烈语气的程度副词使用频率低，如"多么"的使用频率比较低，说明商务汉语文体更加注重客观的描述，不注重阐发感情，体现了其作为正式文体的特征。

（4）使用较多的程度副词"较""更""最"属于相对程度副词。

通过以上分析，我们确定了商务汉语与普通现代汉语相比使用频率较多的程度副词，它们是表示比较意义的"较""更""最"，这几个词能否成为具有商务特色的语体词，还需要我们做进一步的分析。

（二）步骤二：与国家语委现代汉语通用平衡语料库对比

在商务汉语语料库中穷尽式地搜索包含"较""更""最"等词的句子，与国家语委现代汉语通用平衡语料库进行比较，从而最终确定这3个程度副词是否是商务汉语语体（区别）词。下面我们以"较"为例，与国家语委现代汉语通用平衡语料库中的"较"进行对比，以确定是否为商务汉语语体词。

经统计，我们发现在商务汉语语料库（共计115万字）中，出现"较"字的句子共463个，其中程度副词"较"383个。其典型例句有：

（1）六成以上的人选择在超市购买，酒店、餐厅等餐饮场所也具有较大的购买潜力。

（2）我认为在未来一段时间，A股市场很可能有较大幅度的调整。

（3）若想降低因公关环节多而造成的较高交易成本，提高工业用品销售市场的效率，必须大力提高客户服务的质量。

（4）我来介绍一下四位候选人的情况：王先生，技术专家，但是人际交往能力较欠缺……

（5）目前到明年一季度商品房潜在供给较大。

（6）业绩增长确定性较强。

经统计，我们发现在商务汉语语料库中，用在"较"后的词语分布情况如表 7-2。

表 7-2 "较"在商务汉语语料库中的右搭配词分布情况

"较"后搭配词	占百分比
高	20.3%
大	12.6%
强	11.6%
多	8.7%
好	6.8%
低	4.7%
少	4.7%
短	3.8%
为	3.8%
快	3.8%
小	2.8%
长	2.8%
普通	2.8%
矮、适合、正规、集中、晚、早、稀缺、旺盛、舒适、普遍、欠缺、弱……	0.9%
共计	100%

其中,"高""大""强""多""好"这五个表示积极意义的形容词占到了总搭配数的 60%。

我们发现程度副词"较"在 2000 万字的国家语委现代汉语通用平衡语料库中共出现了 5661 次,经统计,"较"后的词语分布情况如表 7-3。

表 7-3 "较"在国家语委现代汉语通用平衡语料库中的右搭配词分布情况

"较"后搭配词	占百分比
大	15.6%
多	11.0%
高	10.3%

续表

"较"后搭配词	占百分比
好	6.4%
低	4.8%
小	4.5%
少	4.3%
长	3.9%
强	3.5%
快	2.9%
差	2.1%
短、弱、早、远、晚、慢、轻、深、复杂、重、近、难、广、稳定、易……	30.7%
共计	100%

通过分析，我们发现，以上除了在搭配词语多少和搭配词语所表示的语义范围有区别外，"较"的使用无明显的商务文体特色。虽然表示比较意义的程度副词在商务汉语中的出现频率偏高，但是，从其用法上，我们无法证明它们具有文体区别特征，其使用方法与普通现代汉语无异。因此，我们推断，表示商务文体意义的程度副词可能是不存在的。

二、特征2——句长特征分析

（一）句长的定义

句子的词汇密度与语体的正式程度有关，指的是一个语篇中小句实义词的平均值。Jean Ure 指出，词汇密度是区别语体正式程度的一个标准，语体越正式，词汇密度越高；语体越非正式，越接近自然口语，词汇密度越低。

韩礼德对英语口语体和书面语体的材料作了对比分析，发现非正式的英语口语语篇的平均词汇密度为 1.5~2，书面语篇为 3~6（杨信彰，1995）。

汉语语体研究没有明确使用"密度"概念，但其所关注的"句长"实质就是词汇密度。句长一般以"字"计，汉语的"字"多是单音节词或语素，词也以双音节为主，以"字"计数与以词计数基本是正比关系，可以视为词汇密度。长句词汇密度大，短句词汇密度小。句长的考察，指的是划分句子的长度区间，考察其主要分布区间，透过区间相对累加频率曲线找出中值，从而反映语体的句长特征。

（二）对商务汉语语料库的句长统计结果及分析

本章，我们是以"。!?;"作为一个完整的句子结束的标志，包括全角和半角的形式，所得出的结果以"字"计。我们分别统计了对外商务汉语语料库中的四类商务汉语的平均句长、真实商务汉语语料库中的三类商务汉语的平均句长；北京大学和北京语言大学出版的近 15 本口语教材中的平均句长；并参考了《〈博雅汉语〉教材语料难度的定量分析——兼谈影响教材语言难度的因素和题材的选择》一文中对《博雅汉语》句长的统计（平均句长 28字）；借鉴了张绍麒和李明曾对汉语句长的统计，他们从 50 万字的书面材料中，统计出政论文的平均句长为 67 字，小说的平均句长为 28.7 字。

表 7-4　对外商务汉语语料库中的平均句长

（单位：字）

	商务汉语口语	商务汉语文书	商务汉语资讯	商务汉语知识
对外商务汉语语料库	17	24	39	34
真实商务汉语语料库	0	32	46	44
对外汉语教材	口语教材	汉语教材		
	16	28		
真实现代汉语	当代北京口语	小说	新闻	政论
	25	29	40	67

分析表 7-4，我们可以得出以下规律：

（1）对外商务汉语语料库中，商务汉语口语的平均句长最短，为 17 个汉字，而商务汉语资讯的平均句长最长，为 39 个汉字。根据 Jean Ure 的印证：语体越正式，词汇密度越高；语体越非正式，越接近自然口语，词汇密度越低。那么在对外商务汉语语料库中，按照语体正式度，对商务汉语四个部分的排列顺序为：商务汉语资讯（39）＞商务汉语知识（34）＞商务汉语文书（24）＞商务汉语口语（17）。

（2）在真实商务汉语语料库中，因为没有口语语料，其他三类按照语体正式度进行排列的顺序与对外商务汉语语料库中的排列顺序是一致的，即，商务汉语资讯（46）＞商务汉语知识（44）＞商务汉语文书（32）。

因此，我们可以说，在商务汉语中，本书所说的四类商务汉语的语体正式程度是不同的。商务汉语资讯的语体正式程度最高，商务汉语口语的语体正式程度最低。

（3）对外汉语教学中的平均句长要略小于真实现代汉语的平均句长。例如：对外商务汉语口语平均句长为17字，对外汉语口语教材平均句长为16字，均小于当代北京口语的平均句长25字；对外商务汉语文书的平均句长24字＜真实商务汉语文书的平均句长32字；对外商务汉语资讯的平均句长39字＜真实商务汉语资讯的平均句长46字；对外商务汉语知识的平均句长34字＜真实商务汉语知识的平均句长44字。因此，从某种意义上我们可以说，对外汉语教学中语料的语体正式程度要低于真实现代汉语的语体正式程度。

（4）对外汉语口语的平均句长16字＜对外商务汉语口语的平均句长17字＜当代北京口语的平均句长25字。仅从句长来看，对外商务汉语的语体正式程度要高于普通对外汉语口语，同时低于当代北京口语。

（5）对外商务汉语文书的平均句长与对外汉语教材（《博雅汉语》）、中文小说的平均句长相当；对外商务汉语资讯的平均句长与中文新闻的平均句长相当。

（6）商务汉语的平均句长均低于政论文的平均句长。

三、特征3——特殊句式特征分析

目前在汉语语料库的建设中，标注短语和句子结构是语料库进一步深加工的内容，尚处于起步阶段，但在标注的同时考虑了规范的问题。清华大学制定的《汉语句子的句法树库标注规范》，主要提出了句法标记集的内容描述、句法树的划分规定、歧义结构的处理、多切分问题结构分析的方向性等问题。上海师范大学根据自己制定的《汉语文本短语结构人工标注规范》，对100万字的1997年的《读者文摘》进行了分词、词性标注和人工标注短语的试验。哈尔滨工业大学采用包含23个短语符号的标记集合，开发了一个包含8000个句子的汉语树库。清华大学还建立了一个基于语义依存关系的语料库，也涉及标注体系的选择和标注关系集的确定。这些工作规模都不大，在规范方面还处于纷纭不一的状态。随着对语料的深入加工，统一规范将成为不可避免的问题。

加工大规模的语料是一项浩大的语言工程。语料标注的准确性和一致性需要靠完善、合理的词库和严谨、实用的加工规范来保证。不是一人之力可以完成的。因此，本章不是从树形标注的角度研究，而是试图用定性分析和定量分析相结合的方法考察句式在商务语体中的分布情形。通过对商务汉语语料库的调查，运用统计方法考察特定句式在商务汉语语体中的分布情况，并与普通现代汉语的分布频率进行比较，从而得出商务汉语的句式特点。

句式和语篇的关系极其密切，任何句式都要进入语篇才能发挥效用，而任何语篇也都是由具有一定句式的句子组成的，可以说句式是组句成篇的基础。但是，句式是多种多样的，语篇也不是千篇一律的，所以并不是任何句式都可以进入任何语篇，也不是任何语篇都可以使用任何句式，言语中的动态的语篇对静态的句式具有制约性和选择性，静态的句式在进入动态语篇时具有适用性和适应性。商务汉语作为一种特殊的语体，有特殊的语篇语境，因此，在句式的使用和选择方面也会有一定的规律和特征。

（一）本章所选特殊句式的分布情况

现代汉语的句式有很多，要把所有句式都研究清楚是一项浩大的工程。因此，本书仅选取现代汉语的若干句式①进行研究，选取的词语是汉语中比较典型的句式。统计方法按照同上。

---

① 所选句式见表7-5和表7-6。

表 7-5　对外商务汉语语料库中商务汉语口语的句式分布特点①

句式	商务汉语口语	
	频数（100万字）	与国家语委现代汉语通用平衡语料库的频数差
"是"字句	19137	13218
"有"字句	9555	6879
"比"字句	714	449
"把"字句	1753	313
将（介词）	357	133
"被"字句	495	−179

表 7-6　商务汉语语料库句式分布情况对比（书面语部分）

句式	商务汉语文书				商务汉语资讯				商务汉语知识			
	频数（100万字）		与国家语委现代汉语通用平衡语料库的频数差		频数（100万字）		与国家语委现代汉语通用平衡语料库的频数差		频数（100万字）		与国家语委现代汉语通用平衡语料库的频数差	
	对外	真实	对外	真实	对外	真实	对外	真实	对外	真实	对外	真实
"是"字句	2584	9922	−3335	4002	7376	2827	1457	−3093	10494	11871	4575	5952
"有"字句	3154	10784	478	8108	3650	1780	974	−896	4565	12861	1889	10185
"比"字句	168	314	−98	48	456	1058	191	792	212	0	−54	−266
"把"字句	246	110	−1193	−1329	627	40	−812	−1399	1059	2143	−380	704
将（介词）	459	2902	235	2678	285	295	61	71	282	2473	58	2249
"被"字句	246	2980	−428	2307	494	145	−180	−529	306	1154	−368	480

由表 7-5、表 7-6，我们可以得出以下规律：

（1）对外商务汉语口语的句式使用特点是，除了"被"字句，其他句式的使用频率都比普通现代汉语高。

（2）各类句式的使用频率特点："是"字句和"有"字句在商务汉语文书和商务汉语知识中出现的频率比普通现代汉语高；"比"字句在商务汉语资讯

---

① 以下数据均换算为 100 万字语料库频数。

中出现的频率比普通现代汉语高；"把"字句在商务汉语其他部分出现的频率都低于普通现代汉语；相反，同样是表示处置意义的"将"字句在所有的商务汉语中出现的频率均高于普通现代汉语；"被"字句在对外商务汉语中出现的频率要低于真实商务汉语和普通现代汉语。

究其原因，我们认为：

（1）对外商务汉语语料库的语料来源主要是商务汉语教材和商务汉语考试，虽然教材的编者和考试的命题者都强调语料来源的真实性，但是难免受主观因素的影响。比如，"被"字句在真实商务汉语语料库中的商务汉语文书和商务汉语知识中的使用频率均高于普通现代汉语，但是在对外商务汉语语料库中，"被"字句的使用频率都低于普通现代汉语。

（2）商务汉语文书和商务汉语知识以说明性语言为主，而"是"和"有"的语义功能也是以说明为主。因此，在商务汉语文书和商务汉语知识中，出现了大量的"是"字句和"有"字句。

（3）商务汉语资讯中，出现较多的"比"字句，这也和商务资讯本身的特点有关，商务资讯发布商务活动中的各种讯息，不可避免要对某种现象的发展进行比较，因此，大量地运用"比"字句也成为商务汉语资讯的一个特点。

（二）商务汉语文体中的"把"字句和"将"字句

现选择"把"字句与同时表示处置意义的"将"字句进行详细对比分析，之所以选取这两个句式，主要是表示处置意义的"把"字句的使用频率并不高，而同样是表示处置意义的"将"字句的使用频率却非常高。

"把"字句和"将"字句都可以表示处置，两者在语体分布上有差异。"把"字句是现代汉语特殊句式研究的一个传统课题，前贤对此有过许多论述。王力先生在《中国现代语法》中首次提出"处置式"的概念来指称"把"字句，并且注意到"把"字句与一般主谓句的差异。吕叔湘先生在《现代汉语分析问题》中，对"把"字句的性质及特点作了修订，使之更加周密。此外，学界对"把"字句也多有论述，但一般都是讨论"把"字句的语用意义和构成条件、讨论"把"字句与相关句型的变换关系及"把"字句的宾语语义类型等，并对"把"字句的定义作了进一步论证，但是并没有突破王力、吕叔湘的理论，提出的问题多是对前贤观点的补充。

近几年，有些学者开始研究"把"字句在不同语体中的分布特点、结构特征、语用功能。据张静统计，29万字的《邓小平文选》中，"把"字句和"将"字句的比例是93∶1；24万字的《自然美容法》中这一比例是1∶24（张静，2001）。陶红印统计了《人民日报》10万字的社论，"把""将"之比为20∶1；在近5万字的206个菜谱中，"把""将"之比为1∶2（陶红印，1993）。《邓小平文选》和《人民日报》社论是论说语体，而《自然美容法》和菜谱是操作说明性语体，这说明"把"字句更适用于论说性语体，而"将"字句更适用于说明性语体。

同样表示处置意义的"把"字句和"将"字句，在商务汉语中之所以更青睐于使用后者，是否也是因为商务汉语是一种说明性语言较多的语体呢？

表7-7是"把"字句和"将"字句在商务汉语各部分中的分布情况。

表7-7　"把"字句、"将"字句在商务汉语中的分布情况

	"把"字句		"将"字句	
	频数	频数差	频数	频数差
对外商务汉语口语	1753	313	357	133
对外商务汉语文书	246	−1193	459	235
真实商务汉语文书	510	−929	2902	2678
对外商务汉语资讯	627	−812	285	61
真实商务汉语资讯	40	−1399	295	71
对外商务汉语知识	1059	−380	282	58
真实商务汉语知识	2143	704	2473	2249

我们发现，除了对外商务汉语口语，其他的商务汉语中"把"字句的使用相对频数（指的是与普通现代汉语相比）均低于"将"字句。下面是我们搜集到的在商务汉语语料库中出现的"把"字句和"将"字句，每隔50个句子选取一个句子，以备做进一步的分析。

基于语料库的商务汉语文体特征研究

对外商务汉语口语：

1."把"字句

（1）我在贵公司的网站看到招聘广告，我想应聘生产管理部的副经理。我已经把我的简历发给你了。

（2）王经理，好久不见了，今天哪阵风把您吹来了？

（3）第二，不要把交谈当成争论。

（4）如果政府把税降低，国产汽车就能和国际价格竞争。

（5）过十分钟再用纸把它擦干净，注意，不要用水洗。

（6）最好不要把酒一口气喝下去。

（7）就当前形势而言，电子商务在我国存在着巨大的人才需求，对于不同层次的需求，可采用不同的培养方式，如举办短期培训班、技术讲座，开展研讨活动等，而把电子商务人才培养纳入高校教育是解决人才问题的长远的、根本的出路。

（8）现在，我把自己任职以来的工作情况向各位做一个简单的汇报。

2."将"字句

（9）我方会将船名、起航日期、到达日期用传真通知到贵公司东京总社，并将提货单还有订单的发票用国际邮递快件寄给你们。

（10）有些客户将价格低作为成交的最重要的因素。

（11）汇款是买方通过银行将款项交给卖方的支付方式。

（12）企业在裁员前一定要制订周密的计划，及时公开地将事情告诉员工，使各方面都能充分了解企业所面临的处境。

（13）如果接受我方所报的价格，请尽快将订单传真过来。

（14）符合条件者，我们将电话通知面试时间。

（15）以上建议希望公司的管理层讨论研究，并及时将结果反馈给人力资源部。

（16）可享受本项税收优惠政策的企业应将其申请、营业执照、章程和生产经营情况等有关资料报当地主管税务机关审核。

分析商务汉语口语中的"把"字句和"将"字句可以发现，它们的出现频率均比普通现代汉语多，其中"把"字句的出现场合主要有商务日常对话（如例句 5、6）、打电话（如例句 1）、见面寒暄中的固定说法（如例句 2）、商务演讲、报告等（如例句 3、4、7、8）；而"将"字句更多应用于更加正式和专业的场合如例句 9—16。同为招聘应聘的商务活动，使用"将"字句比使用"把"字句更加正式和严肃，如例句 1 中"……我已经把我的简历发给你们了。"与例句 14"符合条件者，我们将电话通知面试时间。"相比较而言，后者更加正式。

　　因此，"将"字句与"把"字句相比，语体色彩更加正式。在我们的对外商务汉语口语中，既有商务生活用语又有商务工作用语，因此"把"字句和"将'字句的出现频率都较高。所以，我们在定义商务汉语口语的语体属性时，不能简单地使用"正式"或"非正式"，需要具体情况具体分析。在商务寒暄中，由于倾向于使用语言的情感交流功能，不需要使用太过正式的用语；而在商务谈判一类的商务汉语中，由于涉及的工作内容大都较为专业，此时如果使用非正式用语，就会令谈判等商务活动过程变得不严肃，甚至会直接影响谈判结果。

　　对外商务汉语文书：

1."把"字句

　　（17）有意者请把简历和身份证复印件寄到北京市西城区西单北大街 68 号今日大厦六层今日广告公司。（招聘广告）

　　（18）如果卖方不能在合同规定期限内把货物装上船，除非是人力不可抗拒的原因，买方有权在合同到期后撤销未履行的部分合同。（合同）

　　（19）孙总：附件是我们上次商定的购货单，若您确认没有问题，请告知贵公司的账号，我将在 3 天内把预付款转到贵公司账上。（商务信函）

　　（20）他要你到时去机场接他并把他送到饭店。（便条）

　　（21）主要功能是把人体内多余的胆固醇代谢出体外，有助于预防心血管疾病和癌症。（说明书）

2."将"字句

　　（22）如果接受我方所报的价格，请尽快将订单传真过来。（传真）

（23）……不得将这些载体擅自保留或交给其他任何人。（公司章程）

（24）应聘人员请将个人材料发送至：syxnsr@ sy. enk. com. （招聘广告）

（25）符合条件者，我们将电话通知面试时间。（招聘广告）

（26）可以将社会闲置资金集中起来，形成巨额的、可供长期使用的资本。（报告）

以上例句来自对外商务汉语语料库。据统计，在对外商务汉语文书中，每100万字出现"把"字句的频率是246句，而普通现代汉语中"把"字句在每100万字中出现的频率是1439句，因此"把"字句在对外商务汉语文书中出现的频率比普通现代汉语的频率要低很多。尽管这样，我们仍认为，有些"把"字句还需再推敲。在以上10个例句中，有5个"把"字句，5个"将"字句。其中例句（17）、（18）、（21）中的"把"的使用虽然没有语病，但是，从语体的角度来看，本人认为使用"将"会比使用"把"更合适。如例句（17）中，"有意者请把简历和身份证复印件寄到北京市西城区西单北大街68号今日大厦六层今日广告公司。""把"之前的主语是"有意者"，这个词带有较浓厚的书面色彩，此处如果使用"将"在语体搭配上会更协调一些。同样，例句（18）是商务合同中的一个句子，例句（21）来自商务说明书，在事实上使用"将"会比"把"更符合语体特征。例句（19）中"孙总：附件是我们上次商定的购货单，若您确认没有问题，请告知贵公司的账号，我将在3天内把预付款转到贵公司账上。（商务信函）"由于"把"之前在同一个句子之内已经有一个表示将来意义的"将"，此处如使用"将"会有些拗口，所以使用"把"是没有问题的。例句（20）是一个便条中的一句话，此句话使用"把"显得比较随意，符合便条的语体特征，因此不能换成"将"。

真实商务汉语文书：

1."把"字句

（27）使消费者把春节与"喜年来"相连。（广告策划书）

（28）因此，我们要求把没有售出的420支退还你公司。（商务信函）

（29）能有机会把我公司季节性服装介绍给贵方，甚感欣慰。（商务信函）

2. "将"字句

（30）将初步审定的商标注册申请刊登在国家发行的专门刊物上。（商标公告）

（31）非经委托人预先书面同意，总代理人不得将协议之任何义务或责任转让或转移给非经指定的分代理。（合同）

（32）收发人员将文件递交"寄送中心"后，"寄送中心"人员应将同一受文部门之厂（处）部的文件集中处理。（工作说明）

在真实商务汉语文书中，出现的"把"字句的频率比对外商务汉语文书更低，"将"字句的出现频率比对外商务汉语文书更高。在真实商务汉语文书中，仅在类似于广告策划、简单的商务信函中才出现"把"字句，其他如商务合同、商务传真、商务信函、商务广告等，表示处置意义时，多使用"将"字句。

同样的情况我们可以在对外商务汉语资讯、真实商务汉语资讯、对外商务汉语知识和商务汉语知识中发现。

根据商务汉语考试研发人员的统计（2010年），在现有的商务汉语考试题目中，出现的文体篇章类型统计如图7-1。

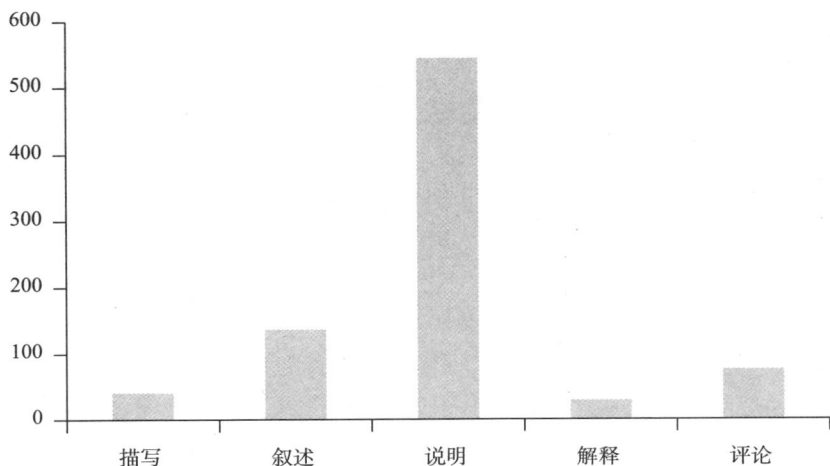

图7-1　商务汉语考试试题文体篇章类型统计

因此，在商务汉语中，"将"字句的使用频率明显地多于普通现代汉语，可以证明以下两个结论是成立的：其一，商务汉语与普通现代汉语相比，是更加正式的语言；其二，商务汉语是一种以说明为主，融合描写、叙述、评论、解释的综合性语言。

第八章 商务汉语的语篇文体特征
——语篇衔接特征分析

从第五章至第七章我们分别从词汇频率、词汇搭配、程度副词、句长和特殊句式等角度对商务汉语的文体特征进行了分析。商务汉语作为一个个独立的语篇，分析其独特的语篇结构特征是必不可少的。由于本研究是基于语料库展开的，而语篇的主要功能是用语言来表达意义，用语料库方法来对意义或语用赋码，并不容易做到。本书不把商务汉语的语篇结构特征作为研究内容，而是选取具有形式标志的语言要素进行统计。但万变不离其宗，语篇要表达思想就离不开语言，它的基本要素（词汇和语法）仍然起到中心的作用。因此本章选择从语篇衔接入手，通过有形式标志的指称衔接对商务汉语的语篇文体特征进行尝试性的讨论。目前我们的观察仅是初步的，更大的探索的空间，例如许多修辞手段（隐喻、预设、含义、推理，等等）有待于使用语料库方法和别的手段来展开研究。但是说到底，这些仅是形式上的特征，并不涉及内容的问题。

语篇分析以在某一特定语境下使用的语言为对象，突破了传统语言学一直以"句"为最大研究单位的羁绊，焦点从形式转向意义，从微观转向宏观，从静态转向动态。自20世纪七八十年代以来，语篇分析逐渐成为文体学的研究热点，而衔接则是语篇分析中最重要的内容之一。本章运用语言学基础理论和语料库提供的语料，在语篇这一层次上，对商务汉语的衔接手段进行定量研究，以明确商务汉语的语篇衔接特征。

一、语篇衔接的基本手段

(一) 语篇的定义

在社会交际活动中，人们总是用语句构成的话语进行交流与沟通。刘勰在《文心雕龙·章句篇》中曾经写道："夫人之立言，因字而生句，积句而为章，积章而成篇。"词汇与语法密不可分。意义通过词汇—语法来实现，而词汇—语法又通过语音或文字来实现。韩礼德和哈桑 (2001) 强调："语篇是语言使用的一个组合。它不是诸如小句或句子之类的一个语法组合，同时也不受篇幅的制约。"语篇不是由互无关联的句子构成的，而是体现为紧密联系的一个语言整体。

对语篇的称呼有很多，如语篇、篇章、话语、连贯性话语、超句统一体等。尽管名称不同，但对于语篇外延的认识却是基本一致的，大概有以下几种代表性的观点。

(1)"语篇"通常是指一系列连续的话段或句子构成的语言整体。形式上可以是口头的，如独白、辩论，也可以是书面的，如便条、论文等；篇幅上可以是一句话，如提示语、问候语，也可以洋洋洒洒万言以上，如演讲、小说。语篇必须合乎语法，并且语义连贯。语篇应有一个论题结构或逻辑结构。语篇具有句法上的组织性和交际上的独立性 (黄国文，1988)。

(2) 所谓的"连贯性话语"就是指任何书面的或口头的在内容和结构上组合成为一个整体的连贯性的文字或言谈。连贯性话语是大于句子的语言单位，也叫超句统一体。汉语话语语言学旨在根据话语语言学的基本理论和方法来探索现代汉语话语内部构成规律 (王福祥，1989)。

(3)"语篇"是指任何不完全受句子语法约束的在一定语境下表示完整语义的自然语言。它可以是词，如发生火情时有人呼叫"火！火！"也可以是一部小说，既可以是一句口号，也可以是一次长达两三个小时的演讲。语篇研究包括语篇的产生、分析和理解三个方面 (胡壮麟，1994)。

(4)"话语"是在交际的决策和框架的基础上经过大编码而产生的言语成

品。从受话的人有没有转换成为发话的人的角度看，有独白和对话；从用不用文字再编码的角度看，有口头形式和书面形式。《现代汉语话语语言学》应该是一门关于现代汉语话语的信息处理的科学，其任务就是揭示现代汉语话语的规律，尤其是话语产生的规律（沈开木，1996）。

（5）"篇章"指一段有意义、传达一个完整信息、逻辑连贯、语言衔接、具有一定交际目的和功能的语言单位或交际事件。篇章语言学主要关心的是语言与应用语言的语境之间的关系。既研究篇章的形式和功能，也研究篇章的产生和解读过程（刘辰诞，1999）。

从以上的观点可以看出，语篇包括以下语言形式：第一，从形式上看，语篇包括书面语和口语；第二，从篇幅上看，语篇可以短到一句话，长到数百万言；第三，从交际上看，语篇可以是独白，也可以是对话。

学者们对语篇内涵的把握虽各有侧重，但是共识也不少：第一，语篇是一个整体；第二，语篇要求语义连贯，形式衔接；第三，语篇具有交际功能。

（二）衔接的定义

根据韩礼德和哈桑（2001）的定义，"衔接是一种语义概念，它是指存在于语篇并使之成为语篇的意义间的联系，一种语义关系"。当语篇中某一部分的意义的理解取决于另一部分时，便产生了衔接关系。也就是说，语篇中的这两个部分之间存在"衔接纽带"：一个部分"预设"了另一部分；除非借助另一部分，否则这一部分的意义无法解释。总之，只要这两个部分（预设与被预设项）存在这种纽带关系，它们即可构成一个语篇。任何句子都可能有一个以上的衔接纽带。

如上所述，语篇是一个语义单位，衔接是形成语篇的语义关系，与结构无关。因此，具有衔接关系的两个部分可以处于句子内部，也可以位于句子之间。例如：

尽管全球移动娱乐市场的发展前景极佳，但目前在该领域仍有许多问题尚待解决。

例句中对后半句的"该"的理解，需要参照前半句中的"全球移动娱乐市场"，如果这个句子中间的逗号改成句号，使之成为两句，情况依然一样。

一般而言，句子与句子之间的衔接在意义上更为重要、在效果上更为明显，因为它是语篇得以生成的唯一来源，而句子内部除了衔接关系，还有结构关系。

（三）衔接的手段

郑贵友先生（2002）认为"衔接必须通过特定的形式实现。要把它当作一个形式上的问题加以看待和研究，……包括零形式。"因此对衔接手段的划分应从形式的角度考虑。

关于汉语衔接手段种类的划分，韩礼德和哈桑（2001）在其《英语的衔接》一书中，依次讨论了五种英语衔接手段：指称、替代、省略、连接、词汇衔接。这一分法立足于语言的表现形式，其中，指称、替代和省略属于语法衔接，但也包含词汇衔接的成分。

国内比较著名的观点大致有以下几种。

沈开木先生（1987）将汉语的衔接手段划分为：

（1）次序。

（2）兼使用缀传词语，包括同形重复、代词、同义现象、省略、有先后关系的处所词语、内容有关系的处所词语、关联词语、独立成分、共用成分、谐音。

（3）兼使用平行句式。

（4）兼用说话跟类语言联系。

沈先生的划分方法分别从意合、词语的使用、句子等几个角度着眼。但其中第一、第三、第四种在篇章中很难找到标志性成分，而第二种划分方法，即对词语类的划分又过于笼统。

王福祥先生（1989）将汉语的衔接手段划分为：

（1）连词关联。

（2）副词关联。

（3）代词替代，包括人称代词替代和指示代词替代。

（4）同义或近义词语替代。

（5）词语重复。

（6）词语省略。

（7）词语照应：包括方位词和表示时间顺序和处所位置的词。

（8）插说。

郑贵友先生（2002）将汉语的衔接手段划分为：

（1）指称关系（照应）。

（2）省略和替代。省略包括名词省略、动词省略、小句省略；替代包括名词替代（有"……的""……者"等）、动词替代（有干、来、搞、整、弄、闹等）、代词替代。

（3）连接。指用有连接作用的词来体现篇章内各部分的关系。包括①连词、副词；②时间词；③连续的处所词；④顺序词；⑤超词成分。

（4）词汇衔接。指篇章内具有密切关系的词语在篇章的上下文中相继出现。同一词语的重复，同义、近义、反义、上下义词语、整体局部关系词语、集合关系词语、因果关系词语、专指泛指词语、联想关系词语的同现。

（5）结构衔接。包括仿词和同构相连。

（6）音律衔接。

（7）拼合与岔断。

胡壮麟先生和郑贵友先生的划分方法更加完备也更具系统性，其中，胡壮麟先生把替代和省略合为结构衔接，并指出，替代与省略中相应的词语相同，而所指实体并不相同，这有利于把省略与零式指称、代词替代与指示指称区别开。而郑贵友先生的划分方法中则没有对这一点作专门的说明。但胡壮麟先生的比较指称（包括相同、相似、相异关系的指称）、词语指称中所举的例子，其实是分别可以划入代词替代、名词省略和词汇衔接的。相比之下还是郑贵友先生的划分方法比较清晰，而且注意到了一些修辞方法——仿词及音律在篇章衔接方面的作用。考察得比前人更全面。因此本书选择了郑贵友的划分方法。

下面简单介绍一下这七种衔接手段。

（1）指称关系（照应）：是指语言表达中某个语言单位与上下文出现的另一语言单位表示相同的人或事物的一种语言现象，是语篇中一个成分作为另一个成分的参照点，即用名词、代词等语法关系表示语义关系。

指称关系大致可分为三类。

人称指称关系，其照应词一般为第三人称代词，如"他，她们，我们的，每个人……"

指示指称关系，其照应词包括一些指示代词、地点指示词和时间指示词，如"这些，那个，这里，现在……"

"我们提出了今年物价增幅控制在 4.8% 左右，说句老实话，实现这一预期目标是不容易的。……我们依然没有改变这个目标，主要是要表明政府的决心，要把控制物价和抑制通货膨胀作为今年政府工作的首要任务。"①

其中的"这"和"这个"指称的是第一句中的"今年物价增幅控制在 4.8% 左右"。

比较指称关系，即通过比较词在上下文中连接表示比较对象的其他词语的这种关系，如"更，同样……"注意，比较照应关系中的比较不同于句法中的比较级。因为比较级存在于小句结构之内，如"今年冬天比去年更冷"，这对语篇衔接的价值不大。而另一些语篇中的句子中的比较对象不能在本句中找到，需要在上下文中寻找，这样才体现其在语篇中的衔接作用，如"……我们想找一间更大、更明亮一点的店铺……"

从"方向"的角度来看，指称可以分为"内指"和"外指"。"内指"指的是语篇中某个成分的参照点存在于语篇之中；"外指"指的是语篇中某个成分的参照点不在语篇内部，而在语境这个"外部"环境之中。

在语篇层面上，指称关系的衔接作用主要体现在超句结构中的照应成分对照应对象的"信号"上。要掌握"信号"的具体"信息"，就要到语篇的上下文去寻觅，从而形成语篇的衔接。这个由指称成分到指称对象的识别过程，有助于语篇的生成和理解。

---

① 本书中的语料均来自自建商务汉语语料库。

（2）省略和替代。

省略，指的是语篇中的某个或某些基本结构成分被省去，一般都能在语篇中的其他地方找到。这里指的是句法上的省略。省略的内容可以从情景语境中推知。发生在语篇层次的省略，缺省的成分需要借助上下文才能发现和补充信息，"一个句子给另一个句子提供理解的依据，就使它们之间形成衔接关系"（胡壮麟，1994）。

例如，你的签证拿到了吗？

——领事馆通知我明天去取（签证）。

省略可以分为名词省略、动词省略、小句省略，省略也可以发生在句子内部，但这不属于语篇研究的内容。可以看出，省略现象在语言使用中比较常见，因为它符合语言使用的经济原则，可以解释多种语言现象，例如：语音中的同化、脱落现象，缩略词的大量出现和使用，句子层面以及语篇层面的省略等。在利奇（Leech）的《会话修辞理论》中，经济原则被看作语篇修辞的重要组成部分，它要求人们在不引起歧义的情况下尽量使用简约的表达方式（胡壮麟，2008）。

替代指的是用一个替代词去取代语篇中的某一个成分，因此替代成分只是形式，它的语义要从上下文被替代的语言成分中去寻找。根据被替代部分在句中的成分作用，替代可以分为名词性替代、动词性替代和小句性替代。需要补充的是，省略和替代相似，省略实际上是零替代形式，也被称为零位替代。

（3）连接：指用有连接作用的词体现篇章内各部分的关系。包括①连词、副词；②时间词；③连续的处所词；④顺序词；⑤超词成分。根据语篇两个部分之间的逻辑—语义关系，连接可以分为四种主要类型：增补关系、转折关系、因果关系与时间关系。增补关系，表示添加的信息，如"并且，此外，换句话说"等；转折关系，表示突出后一句的信息而弱化前一句的信息，如"但是，然而，与此相反"等；原因关系，表示前后句子之间的因果关系（可前因后果，也可前果后因），例如"因为，所以，因此"等；时间关系，表示语篇中事件发生的时间顺序，例如"首先，然后，最后"等。连接手段只是使句子之间的逻辑关系得到彰显，本身并不创造语篇的句子关系。人们可以了解句子之间的语义联系，甚至可以经前句从逻辑上预见后续句。从这点来看，连接更偏向于一个语义概念，它依赖于语篇句子之间的语义逻辑关系，是为了彰显这些关系而采用的一种具体形式。

（4）词汇衔接：指篇章内具有密切关系的词语在篇章的上下文中相继出现。同一词语的重复，同义、近义、反义、上下义词语、整体局部关系词语、集合关系词语、因果关系词语、专指泛指词语、联想关系词语的同现。

词汇衔接来源于对语言的词汇组织：某个词在某种程度上与语篇中的另一个词关联，是因为这个词是另一个词的直接重复，或者它从某种意义而言与另一个词具有同义、近义、反义、上下位等语义关系，或者它们倾向于出现在相同的语言环境中。换言之，词汇项目之间的关系具有相互预测性，在某一特定的语言环境下，某一个词汇通常会频繁地与其他词汇同时出现，即"哪些词汇与哪些词汇搭配在一起"，从而使得这些关系词汇在语篇中发挥衔接作用。也就是说词汇衔接中的词汇关系有两种：重述和搭配。重述包括重复、同义词或近义词、上下义词语、专指泛指词等。篇章中的关系就是通过这些词汇互相联系起来的，因而对一个句义的解读必须依赖其他句子，从而构成衔接。Cook 曾提出英语中不提倡学生使用简单重复的词，因为那样只会生成不好的文体，而是提倡使用高雅的重复，即使用同义词、上下义词等。

搭配作为衔接手段包括篇章中所有与语义相关联的词项。我们在第七章中已经对词汇的搭配进行了研究，本章中对词汇衔接就不再过多阐述。

（5）结构衔接：音律衔接、拼合与岔断这两种衔接方式在口语中用的比较多，因为我们的语料没有真实的口语语料，因此，这两种方式不作为本书的研究重点。

我认为事实并非如您所言。首先，定价虽然偏高，但也并非高不可攀，何况在中国市场上的销售成本相对较低，价格还可适当下调。再者说，根据调查材料看，中国的高档消费群的兴趣在于更高价位的商品，显然他们对我们的东西兴趣不大。那么从长远着想，我们应当致力于培养庞大的中层消费者群体，进而通过薄利多销来取得较大的效益。另外，您可能低估了这一层次消费群的购买力了，实际上，他们的消费水平远远超过想象。所以我坚持认为这一市场定位是对的。

从这段文字的语篇衔接和连贯的手段来看，"定价""价格""价位""降低""下调"是同义词复现，"商品""东西"是概括词复现，"高档消费群""中层消费者群体"是反义词复现。"商品""东西""定价""价位""市场""销售成本""效益""消费群体""购买力""降低""下调""高不可攀""适当下调"，形成了一个词汇链，围绕市场营销这一经贸活动的各个方面即商家、消费者、商品、市场等形成了一个意义连贯的整体。在分析第一个原因时，用"虽然……但……何况……"来表示转折和递进关系，使三个句子在逻辑上相互联系，突出了说话人的语气。分析第二个原因时，用"根据……看""显然""那么"来表示推论，这些连接成分将句子层次清楚地连在一起，增强了说服力。

二、商务汉语的指称衔接

本章对商务汉语语篇衔接手段的研究，将继续利用对外商务汉语语料库和真实商务汉语语料库。在指称、省略和替代、连接、词汇衔接、结构衔接等衔接手段中，我们以指称衔接为例，分析商务汉语的语篇衔接特征。

我们将首先研究对外商务汉语语料库中的指称衔接，然后与真实商务汉语语料库进行比较。具体来说，我们研究的问题一共有三个。

（1）对外商务汉语语料库中商务汉语的指称衔接，包括人称指称、指示指称和比较指称，从出现频率来看，有何特征？

（2）真实商务汉语语料库中商务汉语的指称衔接，包括人称指称、指示指称和比较指称，从出现频率来看，有何特征？

（3）对外商务汉语语料库与真实商务汉语语料库相比，商务汉语的指称衔接，包括人称指称、指示指称和比较指称，从出现频率来看，有何异同？如果存在共同点或不同点，原因可能有哪些？

表8-1至表8-6是根据语料库统计出的人称指称、指示指称和比较指称

出现的频数①。

表 8-1　商务汉语语料库中的人称指称词频数表（书面语部分）

人称指称词	商务汉语文书		商务汉语资讯		商务汉语知识		对外商务汉语口语
	对外	真实	对外	真实	对外	真实	
我	1465	7922	133	69	471	0	11242
我们	1902	8275	228	2116	282	0	9945
你	481	4784	304	0	4612	0	5742
你们	157	1412	0	0	24	495	2275
您	1186	3098	114	0	424	0	6308
您们	0	0	0	0	0	0	1390
他	246	1098	589	121	424	330	407
她	0	78	456	0	24	0	709
它	134	353	475	17	471	0	1379
他们（她们、它们）	190	510	932	35	1082	0	11
咱	0	0	0	0	0	0	418
咱们	22	0	0	0	0	0	275
别人	56	0	76	0	682	0	747
大家	67	196	76	0	47	0	1192
总计	5906	27726	3383	2358	8543	825	42040

表 8-2　商务汉语语料库中的高频人称指称词

序号	人称指称词	出现总频次
1	我	20629
2	我们	20122
3	你	11007
4	您	10592
5	你们	3844
6	他	2734

① 本章中所列的频数均为转换为 100 万语料库的频数。

续表

序号	人称指称词	出现总频次
7	自己	2625
8	他们（她们、它们）	2079
9	它	1196
10	大家	1010
11	她	485
12	咱们	440
13	别人	331
14	咱	11
总计		77105

表8-3 商务汉语语料库中的指示指称词频数表（书面语部分）

指示指称词	商务汉语文书		商务汉语资讯		商务汉语知识		对外商务汉语口语
	对外	真实	对外	真实	对外	真实	
这	61	2196	2110	630	1412	0	5033
那	4	353	76	23	94	660	1055
这里	2	157	38	6	24	0	324
这儿	0	39	0	0	0	0	637
那里	0	0	19	0	47	0	60
那儿	0	0	0	0	0	0	231
这么	0	0	38	12	0	0	489
那么	1	118	57	46	0	0	396
这样	12	196	342	46	471	0	1225
那样	1	2196	38	630	0	0	38
总计	81	5255	2718	1393	2048	660	9488

表8-4 商务汉语语料库中的高频指示指称词

序号	指示指称词	出现总频次
1	这	11381
2	那样	2903

续表

序号	指示指称词	出现总频次
3	这样	2292
4	那	2265
5	这儿	676
6	那么	618
7	这里	551
8	这么	539
9	那儿	231
10	那里	126
总计		21582

表 8-5　商务汉语语料库中的比较指称词频数表（书面语部分）

比较指称词	商务汉语文书		商务汉语资讯		商务汉语知识		对外商务汉语口语
	对外	真实	对外	真实	对外	真实	
最	2282	2314	1711	653	1506	1484	1121
更	1488	1569	1198	775	965	495	731
比	1018	314	494	1058	212	0	500
比较	1286	314	456	185	682	165	632
同样	56	275	76	58	118	0	27
总计	6130	4786	3935	2729	3483	2144	3011

表 8-6　商务汉语语料库中的高频比较指称词

序号	指示指称词	出现总频次
1	最	11071
2	更	7221
3	比	3596
4	比较	3720
5	同样	610
总计		26218

通过对三类指称词语的统计，可以发现以下规律。

（1）在人称指称方面，口语中出现的人称指称词比书面语中出现的频数要高，对外商务汉语口语中出现的人称指称词为每百万字出现 42040 次,，而在商务文书、商务资讯和商务知识中出现的人称指称词为 825~27726 次。

在指示指称方面，口语中出现的指示指称词比书面语中出现的频数要高，对外商务汉语口语中出现的指示指称词为每百万字出现 9488 次，而在商务文书、商务资讯和商务知识中出现的指示指称词为 81~2718 次。

在比较指称方面，商务文书中出现的比较指称最多，在对外商务汉语文书和真实商务汉语文书分别为每百万字出现 6130 次和 4786 次，在其他语料库中出现的频率为 2000~3000 次。

（2）在表 8-1 的 14 个人称指称词中，排在第 1、第 2 位的是第一人称"我""我们"，第 3、第 4、第 5 位的是第二人称"你""您""你们"。这一结果是否表明，商界人士在使用汉语进行商务交际中，有违"客户至上"（you-first attitude）这一商界的金科玉律呢？我们认为，很难凭此便断定，商界人士不再奉行客户至上的原则，如今商场上奉行的是"we-first attitude"。原因之一是无论是书面交流还是口头交流，对话语角色而言，第一人称的复述"我们"，还可以包括讲话人或写作者本人在内的他人（即受话者和读者）。

（3）在三类指称中，人称指称出现频次最多，为每百万字出现 77105 次，指示指称和比较指称出现的频次相当，均为每百万字出现 2 万次左右。

衔接是语篇语言学重要的核心概念，是语篇之所以成为语篇的根本原因。本章依据系统功能学派代表人物 Halliday 和 Hason（2001）创立的衔接理论，借鉴郑贵友先生对衔接的划分方式，对商务汉语的衔接手段之一——指称进行了基于语料库的实证研究。

本章的主要研究手法是对比，即对外商务汉语语料库与真实商务汉语语料库的对比，在大量语料统计的基础上，描述这两者在指称词使用上的异同，探寻这些异同存在的可能原因，力求做到材料丰富翔实，结论有理有据。

第九章　结　语

　　"基于语料库的商务汉语文体特征研究"从开题到本书的基本完成，前后共经历了近三年时间。最初计划宏伟，打算将商务汉语文体的各个层面现有的研究成果进行全面了解和总结，在此基础上对词法、句法、语义、语用、篇章衔接乃至认知特征均作一番探讨，并提出自己的见解，获取有可靠依据的结论。然而，随着研究的展开，语言事实和数据的不断增加，以及对各种相关理论和方法的进一步了解，发现眼前已是一片汪洋大海。只取一瓢，甚或只取一滴，已足够研究数年，乃至用尽一生之精力了。于是，在写作过程中只能缩小研究范围，将精力集中在通过语料库归纳和统计商务汉语的文体特征上。具体来说，就是了解商务汉语的高频词汇分布情况、代表性核心词的搭配特征、特殊句式的分布规律和篇章结构的衔接特点。甚至在这几个方面，也只能在有限的范围内针对有限的几个问题展开讨论。不过，本书力求在研究方法上尽可能科学，在分析和讨论问题时提出自己的意见和看法，并且将研究中采用的具体方法、使用的基本语料等明明白白标出，以期能对同样的问题展开重复与扩展性研究，对已完成的工作进行检验和核查。同时本书也对部分前人研究的成果提出了质疑或商榷，并指出了某些语料库和统计软件的不足之处。其中也许有失偏颇，但这样做完全是出于学术讨论的需要，并期待商务汉语的研究更加客观、系统和科学，有更多的人参与进来，去开拓新的方向和领域，提出和完善研究方法与手段，从而实现我们的愿望，让商务汉语成为语言学研究不可或缺的对象，使商务汉语研究对语言学的发展起到推动作用。

一、本研究所做的工作

（1）通过梳理学者对商务汉语的各种界定，我们明确了商务汉语的内涵，本书中的商务汉语是指"大商务"，它既包括商务活动中的工作语言，也包括与商务人士有关的日常生活交际的内容。

（2）商务活动的种类很多，本书通过梳理语料，借鉴已有分类方法，根据研究需要，将商务汉语分为四类：商务汉语口语、商务汉语文书、商务汉语资讯和商务汉语知识。

（3）商务汉语是一种专门的、综合的、应用型的研究，由于其专业的跨学科性质，形成科学系统的商务汉语理论难度较大，本书整合了专门用途语言理论、文体学理论和语料库理论来研究商务汉语。

首先，专门用途语言理论证明了商务汉语是一种在商务环境中应用的汉语，是专门用途语言的一种表现形式，与普通用途的语言相比，在词汇、句法、语篇等层面有所不同。

其次，文体学理论告诉我们商务汉语是一种独立的文体，其文体特征基本属于语言特征，不过，这些语言特征具有区别性意义。可采用常规与变异理论将各体裁的文体特征与常规文体的特征进行比较，从而发现商务汉语文体对常规文体的偏离程度，并对这些偏离加以描写，总结出商务汉语文体体裁的主导特征或前景化特征。本书从词汇、语法和语篇的层面对商务汉语的文体特征进行了考察，描述了商务汉语在词汇、词汇搭配、语法和语篇方面不同于其他文体的特征。

最后，语料库研究方法的特点在于它通过大量语料从纵向找寻重复出现的语言，减少研究者的失误，帮助研究者根据语言实际得出客观的结论。

（4）建立了两个商务汉语语料库：一个是从真实的商务交际中产生的真实商务汉语语料库，共计60万字；另一个是由商务汉语教材文本和商务汉语考试文本组成的对外商务汉语语料库，共计55万字。

（5）分别从词汇词频特征、词汇搭配特征、虚词特征、句长、特殊句式和语篇等角度对商务汉语的文体特征展开探讨，在语料库统计的基础上，对比国家语委现代汉语通用平衡语料库，初步得出了商务汉语在词汇、语法和语篇等层面不同于普通现代汉语的部分文体特征。

二、本研究的结论

（1）通过商务汉语词频的统计，将商务汉语词汇与普通汉语词汇、对外商务汉语词汇与真实商务汉语词汇进行对比，得出以下结论。

①制成了对外商务汉语语料库核心词词表和真实商务汉语语料库核心词词表；商务汉语的核心词（名词、动词、形容词）的语义被分为7类，分别为：

- 从事商务活动的人员；
- 从事商务活动的机构或组织；
- 商务活动的地点；
- 商务活动；
- 商务行动；
- 商务描述；
- 商务事件与事务。

②将所生成的词表进行了对比，结论是同为商务汉语，依据不同文本构成的语料库生成的核心词汇表差别很大。因此，应根据研究目的和应用需求建立或使用专门的语料库，以保证获取可靠和科学的数据。

③参照专门用途语言中的语域理论对商务汉语词汇频率分布结果进行解释，结论是：商务词汇和日常普通词汇可以分为相同的10个类别，但同一类别包含的词汇大不相同。例如，在机构这一类中，商务汉语包括公司、机场、工业、电信等词语，而非商务汉语中（主要指日常生活）包括医院、学校、机关、部队、政府等词语。商务汉语和非商务汉语这两类不同的词汇材料构建的世界泾渭分明。

（2）综合前人的研究成果，本书确定的商务汉语词汇搭配的基本定义是：在商务汉语文本中同一小句内同现并具有高度内在语义或语法关联的词语。

在前 100 个核心词中抽取 3 个具有代表性的词语（市场、增长、贵），从搭配特征、搭配表征和搭配力等几个方面进行了分析。得出以下结论。

①"市场"的搭配特征：高频搭配词中虽有虚词，但是由于其 Z 分值小于 1.96，因此不是显著搭配关系；"市场"一词的强搭配词均为具有商务色彩的实词；从搭配形式上来看，有名词+动词、名词+名词、动词+名词、名词+名词+的+名词等；我们以"市场"为节点，在 4∶4 的跨度内，左侧与右侧的搭配词出现的比例分别是 777∶820 和 256∶165，左右两侧出现的词语次数差别不大，说明"市场"的搭配词没有明显的搭配表征；"市场"的语义韵特征为具有客观中性语义色彩。

②"增长"的搭配特征：同"市场"搭配一样，高频搭配中有虚词，但是不构成显著搭配关系，其强搭配词均为具有商务色彩的实词；其搭配形式有动词+名词、副词+动词、名词+动词、形容词+动词等；我们以"增长"为节点，在 4∶4 的跨度内，左侧与右侧的搭配词出现的比例分别是 798∶228 和 484∶69，左侧比右侧分别高出 250% 和 600%，故"增长"的搭配表征为"左表征"；"增长"的语义韵特征为"正面语义韵"。

③"贵"的搭配特征：高频搭配中有一半的虚词，比例较大，但同前两个词一样，虚词均不能与其构成显著搭配关系，其强搭配词大部分与商务联系的情景（比如商务信函、传真、电话等）有关。我们以"贵"为节点，在 4∶4 的跨度内，两侧分布差别非常大，左侧与右侧的搭配词出现的比例是 350∶1272，右侧比左侧高出 250%，故"贵"的搭配表征为左表征；"贵"的语义韵特征为"正面语义韵"。

（3）关于商务汉语文体中语法特征的分析，本书从虚词（程度副词）和句子两方面展开，得出以下结论。

①程度副词使用的多少、出现的频率与语体正式程度也有一定的相关性，但程度副词不具备文体区别性。商务汉语程度副词的分布规律有带有口语性质的程度副词的使用频率总体偏低，如"挺""有点儿""太""十分"，带有书面语性质的程度副词的使用频率总体偏高，说明商务汉语文体比一般文体正式程度高。表示强烈语气的程度副词使用频率低，例如"多么"的使用频率

比较低，说明商务汉语文体更加注重客观的描述，不注重阐发感情，体现了其为正式文体的特征。相对程度副词"较""更""最"出现频率较高。

②句长具有明显的区别文体的作用，根据句长排列的文体正式度为，对外商务汉语语料库：商务汉语资讯（39①）>商务汉语知识（34）>商务汉语文书（24）>商务汉语口语（17）；真实商务汉语语料库：商务汉语资讯（46）>商务汉语知识（44）>商务汉语文书（32），即商务汉语资讯的语体程度最高，商务汉语口语的语体程度最低。对外汉语教学中的平均句长略小于真实现代汉语的平均句长。对外汉语口语平均句长＜对外商务汉语口语的平均句长＜当代北京口语的平均句长。对外商务汉语文书的平均句长与对外汉语教材（《博雅汉语》）、中文小说的平均句长相当；对外商务汉语资讯的平均句长与中文新闻的平均句长相当；商务汉语的平均句长均低于政论文的平均句长。

③不同的句式在不同的文体中的使用频率有所不同。通过对"将"字句和"把"字句的分布特征分析，我们认为在商务汉语中，"将"字句的使用频率明显地多于普通现代汉语，可以证明两点：其一，商务汉语与普通现代汉语相比，是更加正式的语言；其二，商务汉语是一种以说明为主，融合描写、叙述、评论、解释的综合性语言。

④从人称指称、指示指称和比较指称的分布情况来探讨商务汉语的语篇衔接特征。结论是，人称指称出现频次最多，指示指称和比较指称出现的频次相当。

三、本研究对商务汉语教学的启示

我们的研究可以给编写对外商务汉语教材的学者和从事对外商务汉语教学的教师提供一个借鉴，研究成果可以应用在以下几个领域。

（1）商务汉语课程设置：学习商务汉语是为了从事对华经济、商务活动，因此，我们需要培养的是复合型人才，既要懂汉语，又必须具备一定的商业

---

① 括号内为平均句长，即平均每句中包含的汉字数。

知识。作为汉语言专业下的商务汉语方向的教学仍然是以语言为主要目标。尽管一些学者认为把商务汉语教学设定在汉语教学的中高级阶段很难满足那些想尽早或尽量多学习商务汉语学习者的需求，也有一些机构在短期教学中开设商务汉语课程，但是，商务汉语课程不适合在低年级开设，这种观点已经逐步被对外汉语教学界接受。作为一种专门用途语言，商务汉语的学习必须以通用汉语为基础，学生首先要掌握的仍然是汉语听说读写的基本技能及具有一定的交际能力，并为学习经贸汉语及其他专业课程打下良好的基础。

（2）商务汉语教材编写：商务汉语教材的编写不仅应该在材料的选择上有倾向性，还应该在词汇部分突出商务性、在句子学习方面体现交际性、在语体的选择与使用上体现出专业性。

首先是词汇方面。第一，商务汉语词汇所占比例。现有的初级商务汉语教材在收编词汇时选用了大量的通用词汇，而商务领域词汇收编得很少。这是因为商务汉语与通用汉语重合度很高，尤其是初级词汇。因而从词汇方面体现不出初级水平商务汉语教材的特色，更像是对外汉语教材。而初级的商务英语教材，词汇量很大，而且词汇近一半是商务词汇。产生这种分歧的原因就在于，商务英语或商务汉语本质上是一种专门性语言，教学对象应该是具有中级语言水平的学生。这一点从商务汉语的词汇上就可以看得很清楚，商务汉语大纲中的词，基本都是丙级或丁级词，这说明商务汉语词汇本身就比通用的对外汉语词汇难度高，商务汉语的另一个特点是，用词比较庄重、文雅，比如"过奖、留步"，这个特点也决定了商务汉语词汇学习起来较难，因而在编写初级水平商务汉语教材的时候，就会出现商务汉语词汇很少的情况，出现的词汇也是局限于生活商务，这是由商务汉语本身的难度所决定的。到中高级商务汉语教材，商务词汇所占比重应不断提升，高级教材应达到一半以上。第二，如何标注商务词语。要增加商务汉语教材中教学内容的背景介绍、专业词汇的详解和案例，对于典型的语体词，要进行标注。同时，可针对不同领域的词语，建立起相应的词汇表，这对学生培养正确的语体意识有很大的帮助。

其次是句子方面。商务汉语教材的编写应以交际为目的，注重语言点的实用性，因此，编写语言点时需要给出常用句型和常用句。要重视在商务场景下经常使用的句子，供学习者在遇到该场景时选择使用。

（3）商务汉语教学方法：采取语域分析教学法。教师在教授语音、词汇、句子等语法项目时，应把它们同特定的语域联系起来，分析它们在某一场合下表达哪一种特殊的意义，学习语言的最终目的是在具体情境中灵活并得体地运用，亦即在什么情况下说什么，怎么说。根据商务专业用语的特点，及时对语言知识进行归纳总结及复习。商务专业用语看上去又专又难，其实用法较简单，因为大多词语的用法相对固定，也很少有普通常用词汇的多义现象。在教学中要利用汉语词汇的网络特性，教师可安排一定的时间集中讲解生词，可以作为一个独立的教学环节进行。通过构建商务汉语的词汇网络，不断重组学生的心理词典，使他们更快地掌握商务汉语词汇。同时，教师应该注重商务汉语词汇的专业性特征，将普通汉语词汇和商务汉语词汇加以对比，要加强对学生的同义词的语体辨析练习。在句子教学中，我们可以归纳出这些词语的常用句式，让学生记忆并套用，通过句型的操练掌握这些用语。同时，由于商务汉语的语言句式较为礼貌。在实际的商务汉语语言句式的教学过程中，教师应该注重商务汉语较为礼貌的表达特征。商务汉语一般比较规整，注重句式的固定搭配，因此，在实践教学中，教师应注重培养学生汉语固定搭配的使用习惯，理解商务汉语教学的真正意义。商务谈判中，对汉语言句式的搭配要求较为严格，需要教师对常见句式进行讲解，帮助学生掌握汉语固定搭配，同时，为保证汉语言理论和商务汉语的教学效果，需要对句式结构进行详细讲解。

四、本研究的创新之处与不足

（一）创新之处

梳理了目前国内商务汉语研究概况，界定了商务汉语研究的范围，并以此为基础创建了对外商务汉语语料库和真实商务汉语语料库。据了解，在建设对外商务汉语语料库这一领域，目前还尚未有人展开过实质性的研究。

本书界定的商务汉语内涵：商务汉语既是一种专门用途汉语，也是语言的一种社会功能性变体。它专门用于商务活动中，其词汇、语法、语篇等方面均有着自身特征。

商务汉语外延包括以下四大类。

（1）商务口语，是指商务活动主体在进行商务交流中所产生的话语，不仅包括商务人士在会议上演讲、致辞以及产品推介、方案介绍等言语行为中的个人陈述式的话语，也包括商务人士间的会话，如日常的工作沟通、商务人士和消费公众之间的会话，具体有银行、保险公司提供的业务咨询等。

（2）商务文书，是指商务活动主体进行商务交流时所产生的书面语言，既包括规章条文，例如政府的法律条文、行业规范以及企业的规章制度等，也包括商务人士之间的书面信息往来，例如业务报告、商务信函、合同协议等，还包括面向消费公众的篇章，例如产品说明书、保修卡甚至商标、招牌等。

（3）新闻媒体及专业人士对商业活动的评论，包括口头或书面评论，本文称为商务资讯，如各类报刊上的财经新闻，以及媒体或个人对经济事件所做的口头或书面评论，具体有对话访谈等。

（4）在中外经济交流与合作背景下进行商务活动时所需的商务知识和文化，统称为商务知识。

建立了一定规模的对外商务汉语语料库和真实商务汉语语料库，并对语料库进行了初步加工，进行了分词处理和词性标注，制作了对外商务汉语核心词和真实商务汉语词频表以及商务核心词词表。

本书的商务汉语语料库构成如下。

（1）真实商务汉语语料库。

从真实的商务交际中产生的商务汉语生成的语料库，共60万字。主要包括商务文书、商务资讯、商务知识三方面，大部分语料来自互联网。所使用网站主要有中华人民共和国商务部网站、中华人民共和国国家市场监督管理总局网站、新华网、中国营销传播网、中国国际电子商务网、商务部国际贸易经济合作研究院网站等权威网站。

（2）对外商务汉语语料库。

本书所建立的对外商务汉语语料库由商务汉语教材文本和商务汉语考试文本两部分组成，共55万字。其中统计的教材有《经理人汉语商务篇》、《经理人汉语生活篇》、《体验汉语：商务篇》、《体验汉语：生活篇》、《新丝路速成商务汉语》（初级、中级、高级）、《商务汉语入门》（基本礼仪篇、日常交际篇）、《商务汉语提高》共计13本教材的31万字，教材中的内容已经去除语言知识讲解、课后练习，只保留课文内容和课后阅读。商务汉语考试文本（包括商务汉语正式考试以及命题人员已出试题文本）约24万字。所涉及的体裁主要有商务对话、商务演讲、自我介绍、商务文书（包括商务信函、传真、通知、广告、说明书、条据、启事、报告、日程安排、工作计划、调查报告、合同等）、商务新闻资讯、商务知识和商务文化介绍等。

本书借鉴国外商务英语的研究方法，并结合汉语自身的特点，形成了一种对商务汉语进行系统分析的研究思路和方法，对商务汉语感兴趣的学者可以对同样的问题展开重复与扩展性研究，并对本书的研究工作进行检验和核查。根据研究条件，我们选取了从商务汉语词汇频率特征、核心词汇搭配特征、虚词、特殊句式的分布特征和语篇衔接手段的分布特征等方面考察商务汉语的文体特征。两种商务汉语语料库分别与普通现代汉语语料库进行比较，在统计的基础上，凸显商务汉语作为一门专门用途语言的特殊的文体特征。

（1）通过对商务汉语词频特征的分析，我们建立了对外商务汉语、真实商务汉语常用词词表，对外商务汉语、真实商务汉语正核心词词表，其核心词多为名词、动词和形容词。

（2）在对商务汉语词汇特征——词频搭配特征的分析中我们选取了一个名词、一个动词和一个形容词从高频搭配词、强搭配词、搭配表征和搭配词的语义韵四个方面展开探讨，采用这一方法，我们可以完成对其他商务汉语核心词的搭配特征的分析。

（3）在语法文体特征中，我们从虚词和句子两个分析层面展开。选取了三个点进行分析，将语法文体特征分析落实到对具体的几个语法点的分析上，具有可操作性。

（4）在语篇的文体特征分析中，我们没有选取语篇结构、语篇的功能，而是选取具有形式标志的语篇衔接手段，充分利用语料库的资源，分析商务汉语在语篇层面的某些特征。

（二）不足

在本研究中，因时间和个人能力的有限，还存在着某些不足。

首先，利用语料库的方法研究商务汉语的语言特征是以大量数据为基础，显示了一些概率关系，这是"多"和"少"的区别，而不是"对"和"不对"的区别。所以我们所得到的结论都是相对性的、非排斥性的。我们的探索和由此产生的结论是初步的。

其次，本研究最大的不足（也是几乎所有从事专门用途语言学研究者面临的问题）就是没有搜集足够的可以满足统计需要的真实的商务汉语口语语料，不足以探讨真实商务汉语与对外商务汉语中书面语和口语的差异。

最后，需要指出的是，一方面，用语料库的方法来研究语篇并不十分恰当。语篇的主要功能是用语言来表达意义，但是用语料库的方法来对意义或语用赋码，并不容易做到。语言中的很多词语是多义的，要靠语境（上下文）来决定其意义。另一方面，在后现代主义的影响下，语篇研究中又出现了所谓的批判性语篇分析，把分析的重点放在社会认知、权力、认同、社会和文化上，即意识形态方面，更加面向意义。但是万变不离其宗，语篇要表达思想离不开语言，它的基本要素（词汇和语法）仍然起到中心的作用。目前我们的观察仅是初步的，还有很大的探索空间，例如还有许多修辞手段（隐喻、预设、含义、推理，等等）有待于使用语料库的方法和其他手段来展开研究。但是说到底，这些语言特征基本上是形式上的特征，并不涉及内容的问题。

附录

附录一　商务汉语考试交际功能项目

说明：

为了给商务汉语考试内容划定一个范围，给命题和考生复习提供依据，特制订《商务汉语考试交际功能项目》。将商务活动中的交际功能项目分为生活和业务两大类，其中生活类为与商务有关的日常生活及社会交往活动。每一大类中包括若干小类，每一小类中列举了若干交际任务。

一、生活类

签证　1. 咨询、说明

　　　2. 办手续

饮食　1. 点菜、订餐

　　　2. 宴请及"餐桌"文化

住宿　1. 订房间

　　　2. 商务中心服务项目

　　　3. 租房、购房

　　　4. 物业管理及服务

出行　1. 问路、指路、看地图、理解公共场所的标示

　　　2. 咨询、求助

　　　3. 订票

　　　4. 乘（火车、飞机、轮船、出租车、公共汽车）

　　　5. 费用报销

购物　1. 问价

　　　2. 交款方式及办理优惠卡

　　　3. 商品的保修及售后服务

社交　1. 约见、拜访

　　　2. 庆典、聚会

　　　3. 邀请及致谢

　　　4. 道贺及祝愿

　　　5. 道歉及拒绝

文化　1. 礼节、习俗

　　　2. 商业道德

二、业务类

招聘　1. 招聘启事

　　　2. 面试

应聘　1. 自我介绍

　　　2. 简历

待遇　1. 工资、奖金

　　　2. 休假

评估　1. 评估及考核

　　　2. 述职

　　　3. 辞职

会见　1. 欢迎

　　　2. 介绍

　　　3. 寒暄、赞美

　　　4. 了解情况

联系　1. 电话应答

　　　2. 传达内部指示

　　　3. 会议及日程安排

　　　4. 留言

　　　5. 电子邮件、便条、商业信函、传真

　　　6. 报告

7. 邮寄、特快专递及速递

考察　1. 参观

2. 了解公司情况（历史、现状、前景）

3. 了解产品、产品前景分析及市场调查

4. 会展（展览会、展销会、博览会、交易会）

5. 地域经济、文化

谈判　1. 产品介绍

2. 代理

3. 包销

4. 价格

5. 佣金

6. 折扣

7. 支付方式

8. 询盘、报盘、还盘

9. 让步

10. 成交

11. 品种

12. 数量

13. 包装

14. 运输

15. 交货

16. 保险（投保、索赔、理赔）

17. 付款

18. 申诉

19. 仲裁

20. 索赔

签约　1. 磋商

2. 审核

3. 修改

4. 签字

5. 合同履行

　　（1）设计、生产制造、监理或监制、培训、设备安装、试车

　　（2）产品质量、服务质量控制

　　（3）验货、验收、保证

营销　1. 市场调查

　　　2. 商品介绍、推销

　　　3. 广告

　　　4. 策略

　　　5. 招标、投标

　　　6. 拍卖

海关　1. 申报

　　　2. 查验

商检　1. 检验

　　　2. 鉴定

争议　1. 协商、调解

　　　2. 仲裁

　　　3. 诉讼

工商税务　1. 登记

　　　　　2. 年检

　　　　　3. 税收

　　　　　4. 财务审计

银行　1. 咨询

　　　2. 开户、存取款

　　　3. 货币兑换

　　　4. 信用证及资信证明

　　　5. 汇款、转账

        6. 贷款

        7. 金融政策

投资 1. 股市

        2. 汇市

        3. 期货

        4. 国债

        5. 风险投资

其他 1. 商贸政策、商业法律

        2. 经济特区

        3. 跨国经营

        4. 世界贸易组织（WTO）

        5. 知识产权

        6. 倾销与反倾销

        7. 企业并购

        8. 战略咨询

        9. 资本运作

        10. 电子商务

附录二　国家语委现代汉语通用平衡语料库词语分词类频率表（前 1000 词）

序号	词语	词性	词频	序号	词语	词性	词频
1	的	助词	744863	6	一	数词	78590
2	了	助词	129617	7	这	代词	65143
3	是	联系动词	118382	8	有	动词	53522
4	在	介词	115425	9	他	代词	52908
5	和	连词	79845	10	我	代词	52724

序号	词语	词性	词频	序号	词语	词性	词频
11	也	副词	47034	36	它	代词	21038
12	不	副词	46950	37	还	副词	20735
13	就	副词	44145	38	大	形容词	20050
14	着	助词	40596	39	她	代词	19914
15	中	方位名词	40105	40	两	数词	19340
16	地	助词	39440	41	时	时间名词	17995
17	说	动词	35047	42	他们	代词	17783
18	上	方位名词	34850	43	里	方位名词	17774
19	都	副词	34261	44	等	助词	17336
20	人	名词	33915	45	发展	动词	17307
21	个	量词	31445	46	那	代词	17183
22	把	介词	28786	47	很	副词	16774
23	你	代词	28769	48	可以	能愿动词	16724
24	种	量词	28587	49	使	动词	16470
25	对	介词	28397	50	以	介词	16316
26	而	连词	28397	51	所	助词	16191
27	要	能愿动词	27324	52	但	连词	15959
28	我们	代词	26821	53	得	助词	14915
29	又	副词	25682	54	去	动词	14914
30	来	趋向动词	25410	55	自己	代词	14793
31	一个	数量	24497	56	没有	动词	14544
32	从	介词	23619	57	为	联系动词	14499
33	年	时间名词	21818	58	为	介词	14240
34	到	动词	21665	59	能	能愿动词	13781
35	与	连词	21385	60	看	动词	13755

续表

序号	词语	词性	词频	序号	词语	词性	词频
61	什么	代词	13585	86	起来	趋向动词	9588
62	或	连词	13574	87	生产	动词	9419
63	被	介词	13476	88	可	能愿动词	9361
64	之	助词	13299	89	并	连词	9259
65	三	数词	13208	90	就是	副词	9195
66	这个	代词	13201	91	新	形容词	9157
67	小	形容词	12687	92	用	动词	9062
68	多	形容词	12028	93	想	动词	9028
69	后	方位名词	12026	94	给	介词	8985
70	这样	代词	11980	95	不能	能愿动词	8834
71	会	能愿动词	11782	96	因为	连词	8817
72	好	形容词	11743	97	生活	名词	8694
73	社会	名词	11461	98	经济	名词	8680
74	由	介词	11367	99	研究	动词	8627
75	向	介词	11351	100	更	副词	8602
76	进行	动词	11085	101	已	副词	8600
77	问题	名词	10899	102	几	数词	8593
78	下	方位名词	10737	103	用	介词	8389
79	呢	助词	10391	104	却	副词	8253
80	如	动词	10312	105	再	副词	8199
81	其	代词	10199	106	最	副词	7957
82	于	介词	10159	107	主要	形容词	7879
83	国家	名词	10138	108	由于	连词	7840
84	这些	代词	9967	109	不同	形容词	7822
85	工作	名词	9655	110	不是	联系动词	7765

序号	词语	词性	词频	序号	词语	词性	词频
111	中国	地名	7721	136	人民	名词	6669
112	关系	名词	7715	137	次	量词	6612
113	人们	名词	7702	138	四	数词	6600
114	但是	连词	7673	139	成	动词	6592
115	才	副词	7634	140	走	动词	6589
116	作用	名词	7548	141	月	时间名词	6530
117	则	连词	7536	142	方面	名词	6518
118	现在	时间名词	7527	143	需要	动词	6511
119	所以	连词	7512	144	吗	助词	6503
120	因此	连词	7394	145	时候	名词	6500
121	如果	连词	7369	146	条件	名词	6426
122	已经	副词	7358	147	思想	名词	6358
123	们	后接成分	7283	148	便	副词	6351
124	重要	形容词	7135	149	出来	趋向动词	6335
125	各	代词	7117	150	发生	动词	6315
126	我国	名词	6948	151	水	名词	6283
127	一些	数词	6930	152	为了	介词	6279
128	情况	名词	6922	153	过程	名词	6231
129	吧	助词	6874	154	只	副词	6142
130	二	数词	6835	155	而且	连词	6116
131	知道	动词	6773	156	当	介词	6108
132	出	趋向动词	6742	157	科学	名词	6101
133	社会主义	名词	6711	158	方法	名词	6098
134	做	动词	6708	159	叫	动词	6041
135	必须	副词	6701	160	内	方位名词	6002

基于语料库的商务汉语文体特征研究

续表

序号	词语	词性	词频	序号	词语	词性	词频
161	技术	名词	5978	186	同志	名词	5334
162	一般	形容词	5928	187	者	后接成分	5323
163	许多	形容词	5904	188	比	介词	5314
164	吃	动词	5893	189	话	名词	5293
165	具有	动词	5870	190	艺术	名词	5266
166	高	形容词	5864	191	一样	形容词	5265
167	形成	动词	5850	192	前	方位名词	5252
168	对于	介词	5845	193	起	动词	5244
169	影响	动词	5786	194	工业	名词	5190
170	时间	名词	5736	195	一切	代词	5156
171	事	名词	5731	196	开始	动词	5137
172	以后	时间名词	5725	197	呀	助词	5124
173	认为	动词	5720	198	见	动词	5118
174	也是	联系动词	5715	199	可能	能愿动词	5116
175	世界	名词	5697	200	之间	方位名词	5115
176	过	助词	5654	201	这里	代词	5099
177	它们	代词	5634	202	还有	动词	5091
178	通过	介词	5596	203	地方	名词	5081
179	产生	动词	5563	204	你们	代词	5072
180	较	副词	5557	205	形式	名词	5053
181	出现	动词	5543	206	运动	名词	5052
182	企业	名词	5489	207	政治	名词	5015
183	各种	代词	5414	208	听	动词	5009
184	作	动词	5387	209	日	时间名词	4990
185	物质	名词	5359	210	五	数词	4931

序号	词语	词性	词频	序号	词语	词性	词频
211	以及	连词	4884	236	没	副词	4525
212	存在	动词	4881	237	活动	动词	4510
213	提高	动词	4868	238	作为	动词	4508
214	劳动	动词	4863	239	家	名词	4486
215	问	动词	4801	240	现象	名词	4486
216	将	副词	4791	241	将	介词	4479
217	结构	名词	4790	242	即	副词	4475
218	成为	动词	4790	243	要求	动词	4471
219	语言	名词	4783	244	东西	名词	4464
220	发现	动词	4777	245	孩子	名词	4459
221	天	时间名词	4748	246	变化	动词	4457
222	每	代词	4744	247	真	副词	4435
223	理论	名词	4734	248	多	数词	4429
224	性	后接成分	4692	249	例如	动词	4427
225	外	方位名词	4685	250	及	连词	4408
226	打	动词	4680	251	怎么	代词	4403
227	谁	代词	4635	252	得到	动词	4350
228	没有	副词	4620	253	表现	动词	4338
229	历史	名词	4616	254	其他	代词	4336
230	学习	动词	4613	255	受	动词	4320
231	地区	名词	4592	256	儿	后接成分	4309
232	第一	数词	4590	257	和	介词	4292
233	根据	介词	4588	258	第二	数词	4292
234	让	介词	4578	259	有的	代词	4276
235	教育	动词	4569	260	提出	动词	4264

序号	词语	词性	词频	序号	词语	词性	词频
261	图	名词	4253	286	手	名词	3943
262	决定	动词	4238	287	文化	名词	3908
263	学生	名词	4229	288	条	量词	3906
264	产品	名词	4174	289	那么	代词	3901
265	建立	动词	4167	290	利用	动词	3890
266	认识	动词	4151	291	指	动词	3865
267	一定	副词	4137	292	头	名词	3853
268	还是	副词	4104	293	只有	连词	3849
269	无	动词	4101	294	十	数词	3842
270	去	趋向动词	4088	295	特别	副词	3837
271	就是	联系动词	4086	296	大家	名词	3820
272	市场	名词	4082	297	解决	动词	3788
273	虽然	连词	4059	298	管理	动词	3787
274	精神	名词	4058	299	水平	名词	3782
275	应	能愿动词	4034	300	商品	名词	3776
276	群众	名词	4029	301	内容	名词	3751
277	意义	名词	4010	302	能够	能愿动词	3749
278	民族	名词	4006	303	写	动词	3738
279	计划	名词	4001	304	点	名词	3728
280	增加	动词	3988	305	位	量词	3727
281	应该	能愿动词	3984	306	革命	动词	3705
282	象	介词	3980	307	结果	名词	3698
283	啦	助词	3973	308	声	名词	3693
284	同	介词	3966	309	知识	名词	3677
285	笑	动词	3963	310	分析	动词	3675

续表

序号	词语	词性	词频	序号	词语	词性	词频
311	农业	名词	3641	336	找	动词	3402
312	能力	名词	3636	337	曾	副词	3390
313	同时	连词	3615	338	只	量词	3360
314	使用	动词	3600	339	正	副词	3357
315	注意	动词	3598	340	可是	连词	3355
316	类	名词	3593	341	说明	动词	3344
317	一点	数量	3556	342	因	连词	3337
318	讲	动词	3534	343	特点	名词	3337
319	组织	名词	3527	344	部分	名词	3328
320	美国	地名	3520	345	引起	动词	3308
321	先	副词	3513	346	具体	形容词	3301
322	今天	时间名词	3509	347	比较	副词	3296
323	实现	动词	3496	348	放	动词	3290
324	当时	时间名词	3495	349	结合	动词	3274
325	长	形容词	3495	350	包括	动词	3265
326	基本	形容词	3478	351	农民	名词	3264
327	全国	名词	3477	352	参加	动词	3259
328	建设	动词	3470	353	十分	副词	3258
329	直接	形容词	3463	354	作品	名词	3258
330	反映	动词	3443	355	既	连词	3250
331	单位	名词	3440	356	正确	形容词	3244
332	带	动词	3436	357	表示	动词	3236
333	基础	名词	3430	358	相	副词	3236
334	创造	动词	3424	359	工人	名词	3223
335	此	代词	3415	360	心理	名词	3223

续表

序号	词语	词性	词频	序号	词语	词性	词频
361	老	形容词	3207	386	地	名词	3105
362	太	副词	3204	387	一	副词	3104
363	任务	名词	3204	388	不仅	连词	3099
364	为什么	代词	3204	389	其中	方位名词	3087
365	规律	名词	3203	390	您	代词	3065
366	觉得	动词	3192	391	关于	介词	3062
367	于是	连词	3187	392	跟	介词	3056
368	全	形容词	3186	393	开	动词	3054
369	一定	形容词	3184	394	心	名词	3047
370	不断	副词	3182	395	眼睛	名词	3036
371	环境	名词	3181	396	法律	名词	3034
372	经验	名词	3173	397	至	动词	3032
373	另	代词	3149	398	六	数词	3032
374	青年	名词	3148	399	目的	名词	3029
375	行为	名词	3145	400	先生	名词	3022
376	规定	动词	3140	401	越	副词	3018
377	那些	代词	3139	402	矛盾	名词	3015
378	当然	副词	3137	403	坐	动词	3010
379	制度	名词	3131	404	资本主义	名词	2987
380	干部	名词	3125	405	力量	名词	2955
381	政府	名词	3121	406	因素	名词	2950
382	象	动词	3120	407	受到	动词	2949
383	任何	代词	3113	408	领导	名词	2949
384	变	动词	3108	409	按	介词	2940
385	性质	名词	3108	410	整个	形容词	2935

序号	词语	词性	词频	序号	词语	词性	词频
411	实行	动词	2927	436	质量	名词	2794
412	学校	名词	2927	437	占	动词	2782
413	岁	时间名词	2925	438	经过	介词	2772
414	日本	地名	2923	439	连	介词	2771
415	少	形容词	2921	440	政策	名词	2766
416	只是	副词	2912	441	那个	代词	2765
417	法	名词	2907	442	分	动词	2765
418	怎样	代词	2896	443	文学	名词	2758
419	可	副词	2894	444	后来	时间名词	2756
420	原则	名词	2889	445	价格	名词	2751
421	快	形容词	2877	446	改变	动词	2746
422	极	副词	2869	447	然后	连词	2745
423	阶段	名词	2866	448	原因	名词	2744
424	之后	时间名词	2863	449	速度	名词	2743
425	有些	数词	2857	450	给	动词	2728
426	钱	名词	2852	451	不会	能愿动词	2722
427	在	副词	2847	452	并不	副词	2720
428	到了	动词	2844	453	以上	方位名词	2720
429	事物	名词	2840	454	价值	名词	2710
430	系统	名词	2835	455	半	数词	2704
431	才能	连词	2832	456	部门	名词	2703
432	请	动词	2823	457	地位	名词	2702
433	办法	名词	2818	458	实验	名词	2700
434	斗争	名词	2799	459	字	名词	2694
435	人物	名词	2797	460	完成	动词	2692

续表

序号	词语	词性	词频	序号	词语	词性	词频
461	达到	动词	2683	486	部	名词	2593
462	等	动词	2680	487	声音	名词	2590
463	实践	动词	2679	488	造成	动词	2589
464	一下	数量	2676	489	第	前接成分	2587
465	程度	名词	2670	490	然而	连词	2581
466	等等	助词	2664	491	改革	动词	2580
467	低	形容词	2662	492	看见	动词	2573
468	分子	名词	2657	493	时期	时间名词	2569
469	那样	代词	2649	494	动物	名词	2569
470	原来	副词	2649	495	正在	副词	2566
471	感到	动词	2645	496	书	名词	2561
472	不过	连词	2634	497	往往	副词	2543
473	条	名词	2633	498	因而	连词	2542
474	八	数词	2633	499	大量	形容词	2541
475	方式	名词	2633	500	这么	代词	2539
476	甚至	副词	2630	501	植物	名词	2535
477	资产阶级	名词	2627	502	老	前接成分	2527
478	范围	名词	2625	503	并且	连词	2524
479	像	动词	2617	504	细胞	名词	2524
480	指出	动词	2603	505	敌人	名词	2515
481	音乐	名词	2603	506	非常	副词	2507
482	叫做	动词	2602	507	获得	动词	2501
483	随着	介词	2599	508	几个	数量	2488
484	上	动词	2595	509	住	动词	2487
485	与	介词	2595	510	块	量词	2486

序号	词语	词性	词频	序号	词语	词性	词频
511	目前	时间名词	2483	536	控制	动词	2366
512	观察	动词	2482	537	死	动词	2364
513	完全	副词	2473	538	过去	时间名词	2361
514	中心	名词	2459	539	量	名词	2360
515	继续	动词	2458	540	本	代词	2351
516	利益	名词	2449	541	变成	动词	2348
517	心里	处所名词	2444	542	学	动词	2340
518	取得	动词	2439	543	告诉	动词	2336
519	对象	名词	2436	544	第三	数词	2328
520	组成	动词	2422	545	处理	动词	2322
521	有人	代词	2415	546	全部	名词	2314
522	了解	动词	2413	547	自由	形容词	2313
523	啊	叹词	2402	548	所谓	形容词	2311
524	自然	形容词	2400	549	温度	名词	2311
525	而是	联系动词	2400	550	状态	名词	2303
526	容易	形容词	2397	551	服务	动词	2298
527	拿	动词	2395	552	土地	名词	2292
528	经营	动词	2391	553	世纪	时间名词	2290
529	时代	时间名词	2391	554	城市	名词	2282
530	阶级	名词	2389	555	哪	代词	2279
531	处	名词	2387	556	词	名词	2275
532	元	量词	2384	557	思维	名词	2275
533	某	代词	2371	558	爱	动词	2265
534	加强	动词	2368	559	区	名词	2261
535	严重	形容词	2367	560	进入	动词	2259

续表

序号	词语	词性	词频	序号	词语	词性	词频
561	这时	代词	2258	586	或者	连词	2214
562	有时	副词	2256	587	回来	趋向动词	2211
563	七	数词	2256	588	张	量词	2207
564	强	形容词	2255	589	不到	动词	2204
565	望	动词	2255	590	国际	名词	2203
566	事实	名词	2254	591	积极	形容词	2195
567	材料	名词	2251	592	某些	代词	2194
568	些	量词	2248	593	战争	名词	2183
569	项	量词	2239	594	总	副词	2181
570	从而	连词	2239	595	往	介词	2178
571	不要	能愿动词	2239	596	家庭	名词	2174
572	采取	动词	2236	597	提供	动词	2172
573	事情	名词	2235	598	难	形容词	2171
574	总是	副词	2234	599	有关	动词	2170
575	充分	形容词	2233	600	准备	动词	2167
576	当	动词	2232	601	事业	名词	2165
577	特征	名词	2230	602	党	名词	2164
578	那里	代词	2229	603	儿童	名词	2158
579	如何	代词	2229	604	创作	动词	2157
580	反应	名词	2227	605	农村	名词	2156
581	仍	副词	2224	606	实际	形容词	2152
582	得	能愿动词	2221	607	保证	动词	2151
583	最后	名词	2217	608	进一步	动词	2149
584	培养	动词	2216	609	集中	动词	2147
585	来说	动词	2215	610	买	动词	2145

序号	词语	词性	词频	序号	词语	词性	词频
611	谈	动词	2143	636	过	趋向动词	2068
612	活动	名词	2141	637	所有	形容词	2065
613	空气	名词	2126	638	观点	名词	2062
614	动作	名词	2125	639	地球	名词	2062
615	万	数词	2119	640	相同	形容词	2062
616	体	名词	2119	641	资金	名词	2050
617	应当	能愿动词	2117	642	合理	形容词	2044
618	采用	动词	2116	643	一直	副词	2035
619	理解	动词	2113	644	适应	动词	2033
620	年代	时间名词	2110	645	反对	动词	2029
621	母亲	名词	2103	646	信息	名词	2028
622	站	动词	2099	647	互相	副词	2028
623	增长	动词	2094	648	运用	动词	2027
624	百	数词	2091	649	层	量词	2027
625	近	形容词	2090	650	感情	名词	2024
626	称为	动词	2087	651	段	量词	2023
627	内部	方位名词	2087	652	坚持	动词	2022
628	搞	动词	2085	653	属于	动词	2021
629	过	动词	2081	654	相互	副词	2018
630	构成	动词	2079	655	队	名词	2017
631	掌握	动词	2075	656	生	动词	2014
632	门	名词	2072	657	父亲	名词	2014
633	又是	联系动词	2071	658	不少	形容词	2011
634	复杂	形容词	2070	659	面	名词	2002
635	干	动词	2069	660	电子	名词	2001

续表

序号	词语	词性	词频	序号	词语	词性	词频
661	人员	名词	1999	686	米	量词	1933
662	只要	能愿动词	1998	687	北京	地名	1931
663	发挥	动词	1996	688	逐渐	副词	1931
664	形象	名词	1994	689	无产阶级	名词	1929
665	分布	动词	1991	690	新闻	名词	1929
666	身体	名词	1990	691	人口	名词	1925
667	生命	名词	1984	692	似乎	副词	1923
668	生长	动词	1972	693	概念	名词	1921
669	名	名词	1970	694	分之	助词	1920
670	选择	动词	1970	695	代表	名词	1917
671	路	名词	1970	696	现代	时间名词	1916
672	物	名词	1966	697	只能	能愿动词	1916
673	舞蹈	名词	1964	698	统一	动词	1914
674	旧	形容词	1964	699	未	副词	1912
675	促进	动词	1964	700	间	名词	1911
676	功能	名词	1958	701	太阳	名词	1903
677	妈妈	名词	1958	702	帮助	动词	1896
678	跑	动词	1954	703	组织	动词	1894
679	早	形容词	1954	704	迅速	形容词	1891
680	物体	名词	1954	705	红	形容词	1887
681	很多	形容词	1952	706	光	名词	1886
682	常常	副词	1944	707	一部分	名词	1884
683	力	名词	1942	708	人家	代词	1883
684	怕	动词	1939	709	特殊	形容词	1881
685	首先	副词	1937	710	广大	形容词	1879

序号	词语	词性	词频	序号	词语	词性	词频
711	数	名词	1876	736	离开	动词	1805
712	步	名词	1870	737	标准	名词	1802
713	式	后接成分	1865	738	表现	名词	1801
714	线	名词	1864	739	意见	名词	1799
715	解释	动词	1864	740	保持	动词	1799
716	效果	名词	1859	741	苏联	地名	1798
717	刚	副词	1857	742	正是	联系动词	1797
718	件	量词	1855	743	别	副词	1795
719	完全	形容词	1850	744	教师	名词	1795
720	咱们	代词	1850	745	如此	代词	1791
721	简单	形容词	1848	746	远	形容词	1786
722	身上	处所名词	1847	747	常	副词	1784
723	扩大	动词	1839	748	丰富	形容词	1781
724	姑娘	名词	1834	749	道德	名词	1779
725	会议	名词	1834	750	原子	名词	1778
726	小	前接成分	1829	751	职工	名词	1778
727	传统	名词	1823	752	啊	助词	1774
728	非	副词	1819	753	按照	介词	1773
729	亦	副词	1814	754	减少	动词	1773
730	句	名词	1813	755	过去	趋向动词	1772
731	行	动词	1812	756	除了	介词	1772
732	现实	名词	1811	757	靠	动词	1771
733	证明	动词	1810	758	生物	名词	1771
734	保护	动词	1810	759	吸收	动词	1771
735	别人	代词	1807	760	努力	动词	1763

序号	词语	词性	词频	序号	词语	词性	词频
761	意识	名词	1754	786	动	动词	1706
762	资源	名词	1752	787	高兴	形容词	1703
763	仍然	副词	1752	788	帝国主义	名词	1703
764	明显	形容词	1751	789	不可	能愿动词	1702
765	化学	名词	1749	790	该	代词	1702
766	座	量词	1748	791	厂	名词	1700
767	战士	名词	1745	792	可是	副词	1699
768	质	名词	1745	793	手段	名词	1697
769	目标	名词	1742	794	只有	副词	1695
770	几乎	副词	1742	795	得	动词	1692
771	客观	形容词	1742	796	跟	连词	1687
772	确定	动词	1739	797	各个	代词	1680
773	该	能愿动词	1738	798	天	名词	1680
774	平均	形容词	1735	799	态度	名词	1678
775	领导	动词	1734	800	不知	动词	1677
776	花	名词	1733	801	理想	名词	1675
777	脸	名词	1733	802	公司	名词	1673
778	英国	地名	1725	803	要求	名词	1673
779	困难	名词	1722	804	计算	动词	1670
780	虽	连词	1720	805	观念	名词	1669
781	本身	名词	1720	806	一天	时间名词	1667
782	接受	动词	1716	807	风	名词	1664
783	这次	代词	1710	808	设备	名词	1663
784	高度	名词	1708	809	下来	趋向动词	1661
785	突然	副词	1708	810	角	名词	1659

序号	词语	词性	词频	序号	词语	词性	词频
811	最大	形容词	1658	836	破坏	动词	1599
812	来	助词	1658	837	资料	名词	1598
813	美	形容词	1656	838	省	名词	1598
814	回答	动词	1656	839	统治	动词	1597
815	多	副词	1652	840	下	动词	1597
816	上面	方位名词	1652	841	道	动词	1592
817	要	动词	1650	842	措施	名词	1591
818	对	形容词	1648	843	分配	动词	1588
819	部队	名词	1647	844	同样	形容词	1586
820	穿	动词	1640	845	成立	动词	1586
821	约	副词	1640	846	训练	动词	1586
822	进	动词	1632	847	二十	数词	1581
823	应用	动词	1628	848	竟	副词	1580
824	指导	动词	1627	849	中央	名词	1578
825	妇女	名词	1625	850	重大	形容词	1576
826	考虑	动词	1625	851	气	名词	1575
827	以为	动词	1625	852	清楚	形容词	1571
828	加以	动词	1623	853	终于	副词	1570
829	办	动词	1621	854	数量	名词	1570
830	独立	动词	1620	855	商业	名词	1568
831	面前	方位名词	1620	856	副	前接成分	1562
832	就要	能愿动词	1614	857	今年	时间名词	1559
833	介绍	动词	1612	858	过来	趋向动词	1554
834	家里	处所名词	1603	859	加	动词	1551
835	说话	动词	1603	860	胜利	动词	1551

序号	词语	词性	词频	序号	词语	词性	词频
861	普遍	形容词	1550	886	之中	方位名词	1500
862	重视	动词	1549	887	场	量词	1499
863	先进	形容词	1543	888	左右	名词	1499
864	发	动词	1540	889	一起	副词	1498
865	若	连词	1537	890	喜欢	动词	1496
866	想到	动词	1535	891	真	形容词	1496
867	改造	动词	1533	892	巨大	形容词	1496
868	仅	副词	1528	893	作出	动词	1495
869	平衡	形容词	1528	894	根	名词	1493
870	讨论	动词	1526	895	长期	时间名词	1491
871	位置	名词	1526	896	号	名词	1490
872	革命	名词	1524	897	发出	动词	1487
873	希望	动词	1522	898	达	动词	1484
874	军事	名词	1522	899	体系	名词	1483
875	及其	连词	1522	900	还要	动词	1482
876	上述	动词	1520	901	爸爸	名词	1479
877	权利	名词	1520	902	宗教	名词	1477
878	自	介词	1518	903	在于	动词	1475
879	老师	名词	1517	904	鱼	名词	1471
880	口	名词	1515	905	拉	动词	1470
881	儿子	名词	1514	906	根本	副词	1470
882	算	动词	1505	907	县	名词	1469
883	集体	名词	1505	908	错误	名词	1469
884	经过	动词	1502	909	调节	动词	1469
885	黑	形容词	1500	910	忽然	副词	1468

序号	词语	词性	词频	序号	词语	词性	词频
911	必要	形容词	1468	937	面积	名词	1422
912	自然	名词	1467	938	逐步	副词	1421
913	比较	动词	1465	939	道路	名词	1417
914	机关	名词	1465	940	祖国	名词	1415
915	每个	代词	1464	941	随	介词	1415
916	稳定	形容词	1463	942	转化	动词	1414
917	本质	名词	1463	943	溶液	名词	1413
918	执行	动词	1461	944	接着	动词	1412
919	据	介词	1459	945	送	动词	1412
920	以前	时间名词	1454	946	其他	代词	1411
921	大小	名词	1451	947	团	名词	1411
922	共同	形容词	1448	948	经	动词	1411
923	市	名词	1448	949	句	量词	1411
924	工具	名词	1448	950	安排	动词	1410
925	下来	动词	1446	951	更加	副词	1409
926	船	名词	1443	952	正常	形容词	1406
927	电流	名词	1440	953	除	介词	1405
928	来到	动词	1438	954	教学	动词	1403
929	行动	名词	1437	955	前面	方位名词	1396
930	同时	名词	1436	956	检查	动词	1395
931	山	名词	1434	957	也许	副词	1394
932	广泛	形容词	1431	958	不好	形容词	1394
933	倍	名词	1430	959	深	形容词	1392
934	她们	代词	1426	960	哲学	名词	1392
935	在	动词	1424	961	强调	动词	1392
936	间	方位名词	1424	962	国	名词	1390

序号	词语	词性	词频	序号	词语	词性	词频
963	超过	动词	1388	982	朋友	名词	1365
964	金属	名词	1387	983	认真	形容词	1363
965	是否	副词	1385	984	唱	动词	1362
966	性格	名词	1385	985	法国	地名	1361
967	不但	连词	1385	986	基础上	处所名词	1361
968	观众	名词	1385	987	之	代词	1360
969	文艺	名词	1384	988	海洋	名词	1360
970	化	后接成分	1382	989	意思	名词	1358
971	九	数词	1380	990	必然	形容词	1357
972	状况	名词	1377	991	著名	形容词	1356
973	提	动词	1375	992	人类	名词	1355
974	生产力	名词	1375	993	能量	名词	1354
975	土壤	名词	1373	994	支持	动词	1352
976	伟大	形容词	1371	995	现代化	动词	1351
977	称	动词	1369	996	入	动词	1350
978	听到	动词	1368	997	无论	连词	1349
979	热	形容词	1367	998	转	动词	1349
980	倒	动词	1367	999	下	趋向动词	1349
981	中间	方位名词	1366	1000	之一	数词	1347

附录三　对外商务汉语语料库最常用 1000 词词表

（按照词频的顺序进行排列）

序号	词语	词频	序号	词语	词频	序号	词语	词频
1	的	11061	2	是	3485	3	了	2814

续表

序号	词语	词频	序号	词语	词频	序号	词语	词频
4	在	2242	29	会	659	54	最	410
5	我	2046	30	都	640	55	时间	398
6	一	1927	31	对	626	56	价格	394
7	公司	1843	32	企业	625	57	说	381
8	我们	1810	33	多	612	58	经理	374
9	有	1739	34	上	609	59	呢	370
10	不	1602	35	大	595	60	两	363
11	和	1301	36	看	595	61	新	359
12	您	1148	37	还	586	62	与	358
13	个	1123	38	吧	576	63	家	352
14	你	1045	39	请	572	64	合同	347
15	就	994	40	为	570	65	将	347
16	好	933	41	来	542	66	没有	345
17	到	928	42	年	532	67	得	343
18	这	916	43	市场	527	68	后	339
19	中国	883	44	给	525	69	如果	339
20	也	869	45	去	510	70	一下	335
21	要	864	46	等	506	71	把	332
22	吗	816	47	什么	492	72	次	332
23	人	800	48	工作	485	73	从	329
24	很	755	49	问题	451	74	天	321
25	能	724	50	中	441	75	做	321
26	可以	709	51	贵	429	76	销售	318
27	产品	701	52	想	421	77	可	311
28	元	685	53	你们	414	78	高	304

序号	词语	词频	序号	词语	词频	序号	词语	词频
79	再	304	104	电话	250	129	而	205
80	但	298	105	或	248	130	方式	205
81	太	291	106	需要	247	131	没	205
82	先生	289	107	广告	245	132	向	205
83	号	287	108	一些	243	133	希望	202
84	客户	285	109	只	243	134	前	201
85	下	285	110	三	240	135	主要	200
86	用	283	111	月	235	136	国际	199
87	发展	281	112	几	233	137	保险	198
88	内	277	113	他们	228	138	由	198
89	现在	275	114	种	226	139	一个	197
90	更	273	115	要求	225	140	先	196
91	已经	271	116	管理	224	141	一定	196
92	买	269	117	经济	224	142	怎么	195
93	情况	267	118	这样	223	143	张	195
94	以	265	119	消费者	221	144	及	194
95	这个	265	120	合作	220	145	交货	193
96	并	263	121	员工	219	146	时候	193
97	时	263	122	商品	218	147	件	192
98	啊	262	123	自己	217	148	那	192
99	本	254	124	过	212	149	上海	192
100	位	254	125	打	209	150	北京	190
101	他	253	126	让	209	151	车	190
102	银行	253	127	投资	206	152	小	188
103	服务	252	128	质量	206	153	业务	187

续表

序号	词语	词频	序号	词语	词频	序号	词语	词频
154	比较	183	179	于	161	204	条	148
155	非常	182	180	考虑	160	205	其他	147
156	又	182	181	钱	160	206	国家	146
157	地	179	182	重要	160	207	下午	146
158	提供	179	183	部	159	208	这些	146
159	汽车	178	184	使用	159	209	货物	145
160	出	174	185	知道	159	210	如	145
161	应该	172	186	培训	157	211	才	144
162	应	171	187	安排	156	212	觉得	143
163	不过	170	188	优惠	156	213	多少	142
164	方面	168	189	怎么样	156	214	比	141
165	今天	168	190	乙方	154	215	可能	141
166	开始	168	191	以上	154	216	了解	141
167	一般	168	192	着	154	217	这种	141
168	总	168	193	地区	152	218	部门	140
169	第一	166	194	点	152	219	活动	139
170	品牌	166	195	费用	152	220	经营	138
171	生产	165	196	每	152	221	方	137
172	双方	165	197	美元	152	222	跟	137
173	因为	164	198	已	152	223	送	137
174	所以	163	199	很多	150	224	大家	136
175	谈	163	200	贸易	150	225	包装	135
176	技术	162	201	今年	149	226	甲方	135
177	进行	162	202	里	149	227	介绍	135
178	以后	162	203	目前	148	228	份	133

序号	词语	词频	序号	词语	词频	序号	词语	词频
229	起	133	254	行业	123	279	调查	110
230	电脑	132	255	成本	122	280	付款	110
231	接受	132	256	至	122	281	快	110
232	有限公司	132	257	认为	121	282	四	110
233	参加	131	258	长	120	283	选择	110
234	货	130	259	发	120	284	必须	109
235	小时	130	260	联系	120	285	风险	109
236	规定	129	261	人员	120	286	另外	109
237	欢迎	129	262	谢谢	120	287	明天	109
238	它	129	263	款	119	288	人民币	109
239	按	128	264	批	119	289	喜欢	109
240	台	128	265	增长	119	290	半	108
241	消费	128	266	通过	118	291	报价	108
242	增加	128	267	贵方	117	292	成	108
243	找	128	268	低	116	293	负责	108
244	走	128	269	这儿	116	294	较	108
245	开	127	270	事	115	295	经验	108
246	者	127	271	代理	114	296	不错	107
247	不同	126	272	单位	114	297	请问	107
248	所	126	273	影响	114	298	商务	107
249	但是	125	274	真	114	299	该	106
250	手机	125	275	收到	113	300	支付	106
251	小姐	125	276	能力	112	301	办理	105
252	各	124	277	会议	111	302	成为	105
253	行	123	278	通知	111	303	其	105

序号	词语	词频	序号	词语	词频	序号	词语	词频
304	购买	104	329	带	95	354	这么	89
305	还是	104	330	二	95	355	办公室	88
306	解决	104	331	关系	95	356	成功	88
307	因此	104	332	或者	95	357	计划	88
308	交	103	333	订	94	358	楼	88
309	设计	103	334	竞争	94	359	美国	88
310	标准	102	335	地方	93	360	专业	88
311	超过	102	336	受	93	361	就是	87
312	价	102	337	单	92	362	岁	87
313	卡	102	338	而且	92	363	不能	86
314	坐	102	339	李	92	364	出口	86
315	的话	101	340	生意	92	365	机会	86
316	还有	101	341	第二	91	366	决定	86
317	占	101	342	提高	91	367	马上	86
318	叫	100	343	同时	91	368	项目	86
319	表示	99	344	意见	91	369	最近	86
320	国内	99	345	被	90	370	保证	85
321	为了	99	346	世界	90	371	达到	85
322	块	98	347	准备	90	372	店	85
323	周	98	348	电子	89	373	方便	85
324	此	97	349	酒店	89	374	运输	85
325	信息	97	350	类	89	375	吃	84
326	中心	97	351	拿	89	376	订购	84
327	包括	96	352	哪儿	89	377	套	84
328	去年	96	353	王	89	378	信用证	84

序号	词语	词频	序号	词语	词频	序号	词语	词频
379	费	83	404	五	78	429	以前	74
380	朋友	83	405	达	77	430	自	74
381	数量	83	406	发现	77	431	组织	74
382	有关	83	407	间	77	432	代表	73
383	折	83	408	哪	77	433	建议	73
384	作为	83	409	报告	76	434	金融	73
385	上午	82	410	层	76	435	完	73
386	少	82	411	打算	76	436	以下	73
387	一直	82	412	订单	76	437	总经理	73
388	资金	82	413	旅游	76	438	出现	72
389	基本	81	414	内容	76	439	接	72
390	相关	81	415	条件	76	440	路	72
391	原因	81	416	咱们	76	441	那么	72
392	之	81	417	根据	75	442	强	72
393	卖	80	418	免费	75	443	软件	72
394	正	80	419	使	75	444	需	72
395	按照	79	420	资料	75	445	一点	72
396	写	79	421	贷款	74	446	越来越	72
397	需求	79	422	集团	74	447	部分	71
398	以及	79	423	她	74	448	利润	71
399	由于	79	424	进口	74	449	卖方	71
400	帮	78	425	具体	74	450	商业	71
401	设备	78	426	名	74	451	所有	71
402	虽然	78	427	十	74	452	特别	71
403	问	78	428	收入	74	453	咨询	71

续表

序号	词语	词频	序号	词语	词频	序号	词语	词频
454	左右	71	479	感谢	65	504	告诉	62
455	发生	70	480	购物	65	505	即	62
456	环境	70	481	交易	65	506	老	62
457	其中	70	482	开发	65	507	期	62
458	申请	70	483	政策	65	508	人才	62
459	说明	69	484	之间	65	509	日	62
460	房间	68	485	住	65	510	我方	62
461	票	68	486	办法	64	511	饭店	61
462	提出	68	487	各种	64	512	来说	61
463	同意	68	488	加	64	513	满	61
464	型	68	489	书	64	514	盘	61
465	传真	67	490	网络	64	515	日期	61
466	错	67	491	网上	64	516	一样	61
467	儿	67	492	直接	64	517	招聘	61
468	可是	67	493	办	63	518	调整	60
469	水平	67	494	厂	63	519	广州	60
470	个人	66	495	促销	63	520	换	60
471	功能	66	496	放	63	521	季度	60
472	见	66	497	付	63	522	进入	60
473	客气	66	498	人们	63	523	具有	60
474	全国	66	499	谈判	63	524	起来	60
475	采用	65	500	听	63	525	生活	60
476	承担	65	501	往	63	526	外国	60
477	得到	65	502	不少	62	527	办公	59
478	对于	65	503	分	62	528	城市	59

序号	词语	词频	序号	词语	词频	序号	词语	词频
529	家庭	59	554	收	56	579	兴趣	54
530	辆	59	555	损失	56	580	呀	54
531	一起	59	556	营销	56	581	优势	54
532	这里	59	557	比如	55	582	正在	54
533	帮助	58	558	别	55	583	支持	54
534	对方	58	559	参观	55	584	总部	54
535	方案	58	560	感	55	585	报	53
536	尽快	58	561	忙	55	586	带来	53
537	买方	58	562	签订	55	587	定	53
538	难	58	563	全球	55	588	房	53
539	早	58	564	却	55	589	金额	53
540	正式	58	565	提前	55	590	均	53
541	资源	58	566	晚	55	591	客人	53
542	材料	57	567	责任	55	592	量	53
543	工资	57	568	仲裁	55	593	平方米	53
544	规模	57	569	主任	55	594	期间	53
545	您好	57	570	注意	55	595	期限	53
546	像	57	571	超市	54	596	索赔	53
547	因	57	572	顾客	54	597	销量	53
548	菜	56	573	建立	54	598	信	53
549	常常	56	574	每个	54	599	用品	53
550	分析	56	575	确认	54	600	有效	53
551	寄	56	576	完成	54	601	笔	52
552	加盟	56	577	晚上	54	602	财务	52
553	米	56	578	网站	54	603	良好	52

序号	词语	词频	序号	词语	词频	序号	词语	词频
604	们	52	629	政府	51	654	佣金	49
605	女士	52	630	白	50	655	则	49
606	赔偿	52	631	别人	50	656	职工	49
607	然后	52	632	大学	50	657	装运	49
608	任何	52	633	当然	50	658	厂家	48
609	完全	52	634	点儿	50	659	处理	48
610	享受	52	635	符合	50	660	独家	48
611	项	52	636	过程	50	661	法律	48
612	协议	52	637	机构	50	662	服装	48
613	知识	52	638	近	50	663	干	48
614	变化	51	639	秘书	50	664	工厂	48
615	地址	51	640	目标	50	665	理财	48
616	第三	51	641	能够	50	666	上市	48
617	刚	51	642	手续	50	667	售后服务	48
618	货款	51	643	因素	50	668	推出	48
619	基金	51	644	不断	49	669	显示	48
620	价值	51	645	当	49	670	比例	47
621	空调	51	646	电视	49	671	记者	47
622	老板	51	647	东西	49	672	继续	47
623	满意	51	648	高兴	49	673	降低	47
624	每天	51	649	喝	49	674	结果	47
625	面试	51	650	及时	49	675	进	47
626	容易	51	651	另	49	676	美	47
627	谁	51	652	适合	49	677	首先	47
628	外	51	653	文化	49	678	为什么	47

续表

序号	词语	词频	序号	词语	词频	序号	词语	词频
679	现金	47	704	六	45	729	随着	43
680	样品	47	705	社会	45	730	稳定	43
681	用户	47	706	双	45	731	系统	43
682	预订	47	707	下面	45	732	许多	43
683	造成	47	708	些	45	733	折扣	43
684	只要	47	709	协商	45	734	指	43
685	长期	46	710	制度	45	735	注册	43
686	穿	46	711	你好	44	736	便宜	42
687	股票	46	712	商场	44	737	冰箱	42
688	签字	46	713	是否	44	738	分钟	42
689	日本	46	714	投入	44	739	副	42
690	上涨	46	715	未	44	740	号码	42
691	甚至	46	716	相比	44	741	回	42
692	试	46	717	薪	44	742	机票	42
693	吸引	46	718	涨	44	743	简单	42
694	下降	46	719	转	44	744	开会	42
695	险	46	720	保持	43	745	开业	42
696	形式	46	721	不要	43	746	每月	42
697	学习	46	722	持	43	747	那儿	42
698	采购	45	723	关注	43	748	事情	42
699	存在	45	724	结构	43	749	速度	42
700	底	45	725	经	43	750	网	42
701	改	45	726	看到	43	751	未来	42
702	共同	45	727	每年	43	752	宣传	42
703	竞争力	45	728	商	43	753	一点儿	42

续表

序号	词语	词频	序号	词语	词频	序号	词语	词频
754	越	42	779	机	40	804	扩大	39
755	执行	42	780	家电	40	805	麻烦	39
756	租	42	781	降价	40	806	名片	39
757	保护	41	782	刘	40	807	哪里	39
758	报名	41	783	签	40	808	那个	39
759	各位	41	784	区	40	809	全部	39
760	股市	41	785	全	40	810	统一	39
761	关于	41	786	如何	40	811	文件	39
762	媒体	41	787	上班	40	812	箱	39
763	名称	41	788	食品	40	813	须	39
764	目的	41	789	首	40	814	医疗	39
765	普通	41	790	讨论	40	815	再见	39
766	入	41	791	投诉	40	816	不用	38
767	提升	41	792	往往	40	817	大型	38
768	听说	41	793	信用卡	40	818	等等	38
769	退	41	794	性	40	819	对不起	38
770	玩具	41	795	应聘	40	820	翻译	38
771	习惯	41	796	之前	40	821	合适	38
772	修改	41	797	昨天	40	822	话	38
773	愿意	41	798	包	39	823	会议室	38
774	运费	41	799	吃饭	39	824	结算	38
775	出差	40	800	过去	39	825	举行	38
776	传统	40	801	回来	39	826	面积	38
777	从事	40	802	获得	39	827	努力	38
778	方法	40	803	就业	39	828	凭	38

续表

序号	词语	词频	序号	词语	词频	序号	词语	词频
829	实际	38	854	地点	36	879	高级	35
830	实现	38	855	短	36	880	股	35
831	挺	38	856	法	36	881	今后	35
832	投资者	38	857	范围	36	882	利用	35
833	先进	38	858	放心	36	883	某	35
834	现	38	859	福利	36	884	签证	35
835	学历	38	860	岗位	36	885	如下	35
836	一切	38	861	沟通	36	886	上升	35
837	衣服	38	862	见面	36	887	稍	35
838	最后	38	863	仅	36	888	实施	35
839	持续	37	864	据	36	889	顺利	35
840	除了	37	865	领导	36	890	送货	35
841	吨	37	866	嘛	36	891	同类	35
842	给予	37	867	漂亮	36	892	下来	35
843	国	37	868	权	36	893	相信	35
844	国外	37	869	休假	36	894	销售额	35
845	基础	37	870	压力	36	895	信用	35
846	经常	37	871	研发	36	896	有效期	35
847	满足	37	872	有些	36	897	之一	35
848	清楚	37	873	原来	36	898	制定	35
849	收益	37	874	约	36	899	座	35
850	条款	37	875	争议	36	900	别的	34
851	无	37	876	专家	36	901	并且	34
852	英语	37	877	厂商	35	902	产权	34
853	作	37	878	对手	35	903	工程	34

续表

序号	词语	词频	序号	词语	词频	序号	词语	词频
904	国有	34	929	订货	33	954	酬	32
905	加班	34	930	而是	33	955	处	32
906	经过	34	931	发票	33	956	到达	32
907	面临	34	932	法规	33	957	儿童	32
908	明显	34	933	房子	33	958	附近	32
909	拍卖	34	934	供货	33	959	航班	32
910	洽谈	34	935	含	33	960	健康	32
911	认识	34	936	航空	33	961	教育	32
912	商量	34	937	合理	33	962	空间	32
913	收费	34	938	降	33	963	利率	32
914	水	34	939	精神	33	964	麦	32
915	特点	34	940	肯定	33	965	派	32
916	效果	34	941	快速	33	966	品质	32
917	拥有	34	942	排	33	967	平均	32
918	尤其	34	943	仍	33	968	七	32
919	运	34	944	同事	33	969	深圳	32
920	早上	34	945	统计	33	970	受到	32
921	账户	34	946	违约	33	971	填写	32
922	重视	34	947	中文	33	972	外资	32
923	专门	34	948	逐渐	33	973	意外	32
924	装	34	949	主管	33	974	正常	32
925	租金	34	950	保障	32	975	职位	32
926	八	33	951	抱歉	32	976	安装	31
927	不得	33	952	查	32	977	杯	31
928	车间	33	953	成立	32	978	毕业	31

续表

序号	词语	词频	序号	词语	词频	序号	词语	词频
979	表现	31	987	同	31	995	证明	31
980	东方	31	988	团队	31	996	职业	31
981	房地产	31	989	销售量	31	997	最终	31
982	机场	31	990	休息	31	998	不好	30
983	记	31	991	业绩	31	999	大概	30
984	简历	31	992	应当	31	1000	大厦	30
985	欧洲	31	993	英国	31			
986	取	31	994	原	31			

附录四　真实商务汉语语料库最常用 1000 词词表
（按照词频的顺序进行排列）

序号	词语	序号	词语	序号	词语
1	的	12	一	23	及
2	和	13	有	24	投资
3	在	14	等	25	中
4	公司	15	增长	26	管理
5	行业	16	部门	27	以
6	企业	17	与	28	或
7	是	18	不	29	于
8	对	19	我们	30	条
9	将（副词）	20	为（介词）	31	并
10	市场	21	产品	32	了
11	年	22	元	33	大

序号	词语	序号	词语	序号	词语
34	个	59	从	84	可
35	发展	60	技术	85	为（动词）
36	上	61	安全	86	有关
37	由	62	但	87	能
38	价格	63	下	88	板块
39	高	64	质量	89	来
40	生产	65	各	90	进行
41	较	66	工作	91	申请
42	月	67	增速	92	日
43	规定	68	应当	93	政策
44	中国	69	其	94	二
45	食品	70	季度	95	经营
46	销售	71	业务	96	业
47	本	72	电子	97	文件
48	后	73	而	98	我
49	三	74	同比	99	信息
50	应	75	品牌	100	方
51	新	76	内	101	合同
52	到	77	产业	102	业绩
53	要	78	以上	103	或者
54	向	79	情况	104	之
55	也	80	服装	105	单位
56	会	81	已	106	家
57	人	82	建筑	107	认为
58	需求	83	经济	108	所

序号	词语	序号	词语	序号	词语
109	股	134	下降	159	奶
110	时	135	值	160	规模
111	前	136	其他	161	类
112	证券	137	未来	162	仍
113	收	138	预期	163	未
114	号	139	更	164	持续
115	人员	140	以及	165	工程
116	主要	141	方式	166	交易
117	比	142	如	167	资金
118	建设	143	半导体	168	处理
119	者	144	出	169	水平
120	软件	145	四	170	信托
121	服务	146	风险	171	份
122	监督	147	饲料	172	该
123	行政	148	目前	173	性
124	影响	149	这	174	可以
125	消费	150	主管	175	提供
126	多	151	都	176	建议
127	要求	152	收入	177	可能
128	部	153	两	178	至
129	广告	154	商标	179	乳制品
130	国家	155	设备	180	指数
131	好	156	相关	181	股份
132	最	157	贵	182	商品
133	关注	158	国内	183	上市

序号	词语	序号	词语	序号	词语
184	按	209	建立	234	客户
185	标准	210	期	235	订单
186	达	211	提高	236	实施
187	加强	212	已经	237	使用
188	全球	213	章	238	网络
189	重点	214	根据	239	将（介词）
190	还	215	整体	240	方面
191	时间	216	均	241	国务院
192	注册	217	实现	242	机会
193	预计	218	看	243	就
194	今年	219	能力	244	美元
195	条件	220	受	245	地
196	经	221	代表	246	分析
197	提出	222	调整	247	竞争
198	此	223	库存	248	策略
199	机构	224	项目	249	成本
200	请	225	一个	250	出现
201	符合	226	点	251	检验
202	评级	227	你	252	支持
203	上涨	228	同时	253	合约
204	市	229	低	254	生鲜
205	估	230	目标	255	双方
206	乳	231	增	256	表示
207	纺织	232	表现	257	科技
208	继续	233	国际	258	下跌

续表

序号	词语	序号	词语	序号	词语
259	计划	284	具有	309	房地产
260	其中	285	以下	310	计算机
261	制度	286	仲裁	311	室
262	总	287	给	312	推荐
263	需要	288	货	313	用
264	智能	289	量	314	报告
265	被	290	趋势	315	处
266	措施	291	数量	316	电
267	达到	292	消费者	317	日期
268	联	293	优势	318	责任
269	政府	294	由于	319	环
270	倍	295	做	320	零售
271	厂商	296	基本	321	商
272	设计	297	数据	322	引导
273	次	298	推动	323	快速
274	手机	299	我国	324	添加剂
275	则	300	地区	325	价
276	执行	301	开始	326	条例
277	交货	302	审批	327	通过
278	强	303	提升	328	占
279	外	304	景气	329	部分
280	下滑	305	领域	330	检查
281	包括	306	问题	331	厂
282	规划	307	喜	332	龙头
283	交易所	308	法	333	内容

序号	词语	序号	词语	序号	词语
334	去年	359	给予	384	发布
335	融资	360	工商	385	您
336	超	361	自	386	外贸
337	发	362	按照	387	依照
338	名称	363	不得	388	以来
339	及时	364	大幅	389	因素
340	保持	365	分别	390	增加
341	报	366	通知	391	必须
342	基金	367	五	392	产能
343	即	368	小	393	明显
344	协议	369	子	394	上升
345	制造	370	第一	395	文
346	重要	371	纺	396	项
347	周	372	出口	397	照明
348	明确	373	社会	398	指
349	十二五	374	费用	399	总经理
350	因	375	合作	400	采取
351	作为	376	很	401	使
352	单	377	依	402	文化
353	事项	378	长期	403	无
354	需	379	地方	404	显示
355	亿	380	公布	405	扶持
356	进一步	381	金额	406	负责
357	应用	382	区	407	期货
358	超过	383	中心	408	期间

序号	词语	序号	词语	序号	词语
409	企	434	每	459	调
410	申请人	435	幕墙	460	监测
411	收购	436	平均	461	进入
412	书	437	乳品	462	入口
413	意见	438	万	463	信
414	文书	439	网	464	有所
415	制定	440	维持	465	正
416	成长	441	有望	466	资产
417	法律	442	再	467	创
418	渠道	443	成为	468	存在
419	推进	444	对于	469	第二
420	涨幅	445	环保	470	规范
421	带来	446	货物	471	快
422	范围	447	交	472	上半年
423	改革	448	来看	473	集团
424	积极	449	面	474	空调
425	利润	450	营业	475	宽带
426	没有	451	反弹	476	历史
427	违法	452	机	477	起
428	促进	453	设立	478	特
429	定位	454	送	479	卫生
430	工业	455	移动	480	系统
431	环境	456	因此	481	督促
432	基础	457	组织	482	加大
433	卖方	458	登记	483	健康

序号	词语	序号	词语	序号	词语
484	率	509	保证	534	一定
485	确定	510	复	535	短期
486	人民政府	511	关系	536	支付
487	委员会	512	过程	537	创业
488	形象	513	金融	538	发生
489	营	514	经理	539	国
490	办理	515	扩大	540	回
491	开发	516	信息化	541	计算
492	省	517	许可证	542	仅
493	完成	518	增值税	543	考虑
494	盈利	519	资本	544	良好
495	直接	520	财产	545	签订
496	转	521	城市	546	天
497	左右	522	大盘	547	稳定
498	过	523	改	548	相对
499	压力	524	净利润	549	选择
500	月份	525	取得	550	银行
501	资料	526	确认	551	底
502	得	527	如果	552	个人
503	落实	528	是否	553	且
504	全	529	收到	554	全国
505	上海	530	特别	555	式
506	升级	531	通信	556	台
507	推广	532	先生	557	位
508	研究	533	行	558	百分点

续表

序号	词语	序号	词语	序号	词语
559	办法	584	印信	609	成
560	处于	585	办	610	持
561	电脑	586	吨	611	跌幅
562	化	587	减少	612	放缓
563	活动	588	近期	613	工
564	买方	589	款	614	机关
565	随着	590	农业	615	加快
566	同	591	期限	616	近
567	同期	592	任何	617	决定
568	依然	593	上述	618	空间
569	原则	594	深	619	完善
570	约	595	事业	620	下游
571	证明	596	态势	621	现
572	程度	597	下列	622	保全
573	环节	598	资	623	材料
574	获得	599	呈	624	承担
575	接受	600	带动	625	低于
576	节能	601	地产	626	第三
577	结构	602	鼓励	627	房
578	具备	603	件	628	名
579	具体	604	签	629	仍然
580	累计	605	去	630	行销
581	商业	606	受益	631	造成
582	水利	607	依法	632	战略
583	烟草	608	保存	633	代

序号	词语	序号	词语	序号	词语
634	合理	659	数	684	产业链
635	几	660	行为	685	大型
636	监管	661	行文	686	股权
637	检测	662	印	687	关于
638	虽然	663	指定	688	核
639	他	664	种	689	回升
640	不断	665	半	690	经验
641	电话	666	呈现	691	体系
642	局	667	担保	692	通
643	据	668	度	693	先
644	履行	669	回落	694	又
645	七	670	阶段	695	装饰
646	区域	671	库	696	资源
647	收发	672	商务	697	保障
648	说明	673	实际	698	采购
649	希望	674	所有	699	仓库
650	终端	675	同意	700	产
651	专卖	676	委托人	701	函
652	长	677	芯片	702	机械
653	发现	678	原料	703	级
654	方法	679	指导	704	寄
655	光	680	周期	705	交割
656	会议	681	主任	706	美国
657	平板	682	表	707	面板
658	人民币	683	财政	708	设施

序号	词语	序号	词语	序号	词语
709	申请书	734	看好	759	但是
710	诉	735	十	760	公
711	所得	736	委托	761	购买
712	运营	737	我方	762	股票
713	之一	738	专利	763	海外
714	转让	739	出版	764	沪
715	蛋卷	740	导致	765	记录
716	当前	741	第	766	经办
717	定	742	第四	767	扩张
718	机制	743	服饰	768	时报
719	加工	744	国家标准	769	世界
720	解决	745	开展	770	物
721	金	746	力度	771	县级
722	控制	747	路	772	形成
723	礼盒	748	略	773	走
724	贸易	749	美	774	比较
725	明年	750	如下	775	变化
726	统一	751	视	776	代理人
727	投资者	752	收益	777	档
728	依据	753	首	778	跌
729	原因	754	损失	779	方案
730	只	755	予以	780	房价
731	宝	756	原	781	钢
732	称	757	除	782	合格
733	集中	758	创新	783	甲方

序号	词语	序号	词语	序号	词语
784	卷	809	逐步	834	作
785	入	810	着	835	案
786	相	811	安排	836	板
787	型	812	地点	837	财务
788	行情	813	功能	838	采用
789	行政部门	814	进口	839	店
790	姓名	815	利用	840	法规
791	一般	816	履约	841	改善
792	乙方	817	买	842	贵方
793	营业税	818	买卖	843	机密
794	之间	819	你们	844	进出口
795	作用	820	判断	845	拟
796	不同	821	批	846	牌
797	当	822	平	847	确保
798	端	823	台湾	848	确定性
799	付款	824	投入	849	为主
800	公开	825	系列	850	线
801	结算	826	细分	851	中华人民共和国
802	经办人	827	拥有	852	重大
803	具	828	用户	853	成都
804	模式	829	预测	854	春节
805	权	830	指出	855	从而
806	全部	831	自己	856	得到
807	所以	832	字	857	调控
808	推出	833	走势	858	对外

序号	词语	序号	词语	序号	词语
859	费	884	贷款	909	季
860	供应	885	档案	910	见
861	海	886	非	911	领导
862	货款	887	分类	912	楼市
863	加	888	幅度	913	签字
864	价值	889	公告	914	套
865	降低	890	股价	915	王
866	交易日	891	合伙	916	相应
867	结合	892	加速	917	严重
868	开	893	较为	918	亦
869	明	894	谨	919	优化
870	求	895	六	920	有限公司
871	让	896	受到	921	重
872	如何	897	斯	922	总额
873	税	898	效果	923	案件
874	速度	899	协调	924	背景
875	随	900	招标	925	成立
876	条款	901	承包	926	发文
877	投	902	充分	927	反映
878	药品	903	出台	928	附
879	有效	904	传媒	929	链
880	元器件	905	富	930	另
881	原材料	906	感	931	面积
882	制	907	共同	932	跑
883	差	908	归档	933	平台

序号	词语	序号	词语	序号	词语
934	属于	957	连续	980	负
935	思	958	媒体	981	高速
936	填写	959	密	982	管
937	统计	960	难	983	核准
938	险	961	年度	984	何
939	新型	962	年均	985	家电
940	责令	963	盘	986	金属
941	这些	964	商场	987	类别
942	证	965	施工	988	联系
943	之前	966	司	989	了解
944	转移	967	维护	990	年初
945	把	968	下半年	991	启动
946	百	969	运	992	请求
947	保管	970	制作	993	融
948	北京	971	包装	994	事件
949	编号	972	报价	995	水
950	待	973	促销	996	销
951	而且	974	代理	997	信心
952	非常	975	地址	998	须
953	构成	976	订购	999	许可
954	光电	977	罚款	1000	养殖
955	建	978	法定		
956	结果	979	分		

附录五　对外商务汉语语料库商务正核心词词表
（按照词频顺序排列）

序号	词语	词性	序号	词语	词性	序号	词语	词性
1	公司	名词	23	合作	动词	45	货物	名词
2	产品	名词	24	员工	名词	46	多少	代词
3	请	动词	25	国际	名词	47	竞争	动词
4	方	名词	26	保险	名词	48	包装	名词
5	贵	形容词	27	件	量词	49	甲	名词
6	经理	名词	28	北京	名词	50	介绍	动词
7	货	名词	29	车	名词	51	份	量词
8	价格	名词	30	业务	名词	52	电脑	名词
9	销售	动词	31	汽车	名词	53	有限	形容词
10	消费	动词	32	付	动词	54	部	量词
11	合同	名词	33	品牌	名词	55	小时	时间名词
12	服务	动词	34	双方	名词	56	欢迎	动词
13	交	动词	35	考虑	动词	57	台	量词
14	号	量词	36	培训	动词	58	网络	名词
15	客户	名词	37	安排	动词	59	订	动词
16	款	名词	38	优惠	动词	60	手机	名词
17	本	代词	39	怎么样	代词	61	小姐	名词
18	银行	名词	40	乙	名词	62	行业	名词
19	电话	名词	41	费用	名词	63	成本	名词
20	广告	名词	42	美元	名词	64	联系	动词
21	投资	动词	43	贸易	名词	65	谢谢	动词
22	总	名词	44	下午	时间名词	66	批	量词

序号	词语	词性	序号	词语	词性	序号	词语	词性
67	增长	动词	92	周	名词	117	卖	动词
68	费	名词	93	去年	时间名词	118	按照	动词
69	这儿	代词	94	单	名词	119	需求	名词
70	代理	名词	95	生意	名词	120	帮	动词
71	收到	动词	96	收	动词	121	达	动词
72	的话	助词	97	酒店	名词	122	报告	名词
73	通知	动词	98	办公室	名词	123	打算	动词
74	调查	动词	99	成功	动词	124	订单	名词
75	风险	名词	100	楼	名词	125	旅游	动词
76	另外	连词	101	专业	名词	126	免费	动词
77	明天	时间名词	102	出口	动词	127	贷款	动词
78	人民币	名词	103	机会	名词	128	集团	名词
79	报价	动词	104	马上	副词	129	进口	动词
80	负责	动词	105	项目	名词	130	收入	名词
81	不错	形容词	106	最近	名词	131	代表	名词
82	商务	名词	107	保证	动词	132	建议	动词
83	网	名词	108	店	名词	133	金融	名词
84	支付	动词	109	方便	形容词	134	完	动词
85	办理	动词	110	运输	动词	135	以下	方位名词
86	购买	动词	111	订购	动词	136	接	动词
87	设计	动词	112	套	量词	137	软件	名词
88	超过	动词	113	信用证	名词	138	需	动词
89	价	名词	114	折	量词	139	越来越	副词
90	卡	名词	115	上午	时间名词	140	利润	名词
91	国内	名词	116	相关	动词	141	卖方	名词

续表

序号	词语	词性	序号	词语	词性	序号	词语	词性
142	咨询	动词	167	季度	名词	192	超市	名词
143	申请	动词	168	外国	名词	193	顾客	名词
144	房间	名词	169	办公	动词	194	确认	动词
145	票	名词	170	辆	量词	195	晚上	时间名词
146	同意	动词	171	对方	名词	196	网站	名词
147	型	名词	172	方案	名词	197	兴趣	名词
148	传真	名词	173	尽快	副词	198	优势	名词
149	错	形容词	174	买方	名词	199	总部	名词
150	个人	名词	175	工资	名词	200	报（盘）	动词
151	客气	形容词	176	菜	名词	201	定	动词
152	承担	动词	177	寄	动词	202	金额	名词
153	感谢	动词	178	加盟	动词	203	均	副词
154	购物	动词	179	损失	名词	204	客人	名词
155	交易	动词	180	营销	动词	205	平方米	量词
156	开发	动词	181	比如	动词	206	期间	名词
157	办	动词	182	参观	动词	207	期限	名词
158	促销	动词	183	感	动词	208	索赔	动词
159	谈判	动词	184	忙	形容词	209	销量	名词
160	期	名词	185	签订	动词	210	信	名词
161	人才	名词	186	全球	名词	211	用品	名词
162	饭店	名词	187	提前	副词	212	有效	形容词
163	日期	名词	188	晚	形容词	213	笔	量词
164	招聘	动词	189	责任	名词	214	财务	名词
165	调整	动词	190	仲裁	名词	215	良好	形容词
166	换	动词	191	主任	名词	216	女士	名词

序号	词语	词性	序号	词语	词性	序号	词语	词性
217	赔偿	动词	242	理财	动词	267	商场	名词
218	享受	动词	243	上市	动词	268	投入	动词
219	协议	名词	244	售后	动词	269	相比	动词
220	地址	名词	245	推出	动词	270	薪酬	名词
221	基金	名词	246	显示	动词	271	涨	动词
222	空调	名词	247	比例	名词	272	持	动词
223	老板	名词	248	记者	名词	273	关注	动词
224	满意	形容词	249	降低	动词	274	看到	动词
225	面试	动词	250	现金	名词	275	商	名词
226	大学	名词	251	样品	名词	276	折扣	名词
227	一点儿	量词	252	用户	名词	277	注册	动词
228	符合	动词	253	预订	动词	278	便宜	形容词
229	机构	名词	254	股票	名词	279	冰箱	名词
230	秘书	名词	255	签字	动词	280	分钟	量词
231	手续	名词	256	上涨	动词	281	号码	名词
232	电视	名词	257	试	动词	282	回	动词
233	喝	动词	258	吸引	动词	283	机票	名词
234	及时	形容词	259	下降	动词	284	开会	动词
235	适合	动词	260	险	名词	285	开业	动词
236	佣金	名词	261	采购	动词	286	那儿	代词
237	装运	动词	262	底	方位名词	287	未来	名词
238	厂家	名词	263	改	动词	288	宣传	动词
239	独家	名词	264	双	量词	289	租	动词
240	服装	名词	265	下面	方位名词	290	报名	动词
241	工厂	名词	266	协商	动词	291	各位	代词

续表

序号	词语	词性	序号	词语	词性	序号	词语	词性
292	股市	名词	317	吃饭	动词	342	国外	名词
293	媒体	名词	318	就业	动词	343	经常	副词
294	名称	名词	319	麻烦	形容词	344	满足	动词
295	普通	形容词	320	名片	名词	345	收益	名词
296	提升	动词	321	文件	名词	346	条款	名词
297	听说	动词	322	箱	量词	347	英语	名词
298	退	动词	323	须	副词	348	地点	名词
299	习惯	名词	324	医疗	名词	349	短	形容词
300	修改	动词	325	再见	动词	350	放心	动词
301	愿意	动词	326	大型	区别词	351	福利	名词
302	运费	名词	327	对不起	动词	352	岗位	名词
303	出差	动词	328	翻译	动词	353	沟通	动词
304	从事	动词	329	合适	形容词	354	见面	动词
305	机	名词	330	会议室	名词	355	嘛	助词
306	家电	名词	331	结算	动词	356	漂亮	形容词
307	降价	动词	332	举行	动词	357	权	名词
308	签	动词	333	凭	动词	358	休假	动词
309	上班	动词	334	挺	副词	359	压力	名词
310	食品	名词	335	现	时间名词	360	研发	动词
311	首	数词	336	学历	名词	361	争议	名词
312	投诉	动词	337	衣服	名词	362	专家	名词
313	信用卡	名词	338	正式	形容词	363	厂商	名词
314	应聘	动词	339	持续	副词	364	对手	名词
315	之前	方位名词	340	吨	量词	365	额	名词
316	昨天	时间名词	341	给予	动词	366	高级	形容词

序号	词语	词性	序号	词语	词性	序号	词语	词性
367	股	名词	392	早上	时间名词	417	查	动词
368	今后	时间名词	393	账户	名词	418	到达	动词
369	签证	动词	394	专门	副词	419	附近	方位名词
370	如下	动词	395	装	动词	420	航班	名词
371	上升	动词	396	租金	名词	421	健康	名词
372	稍	动词	397	不得	动词	422	空间	名词
373	实施	动词	398	车间	名词	423	利率	名词
374	顺利	形容词	399	发票	名词	424	派	动词
375	同类	形容词	400	法规	名词	425	品质	名词
376	相信	动词	401	房子	名词	426	填写	动词
377	信用	名词	402	供	动词	427	外资	名词
378	有效期	名词	403	含	动词	428	意外	形容词
379	制定	动词	404	航空	名词	429	职位	名词
380	别的	代词	405	降	动词	430	安装	动词
381	产权	名词	406	肯定	副词	431	杯	量词
382	工程	名词	407	快速	副词	432	房地产	名词
383	国有	动词	408	满	形容词	433	机场	名词
384	加班	动词	409	排	量词	434	记	动词
385	面临	动词	410	同事	名词	435	简历	名词
386	拍卖	动词	411	统计	动词	436	欧洲	名词
387	洽谈	动词	412	违约	动词	437	取	动词
388	商量	动词	413	中文	名词	438	团队	名词
389	拥有	动词	414	主管	名词	439	休息	动词
390	尤其	副词	415	保障	名词	440	业绩	名词
391	运	动词	416	抱歉	形容词	441	原	区别词

续表

序号	词语	词性	序号	词语	词性	序号	词语	词性
442	职业	名词	448	港	名词	454	挑战	动词
443	最终	副词	449	关心	动词	455	外商	名词
444	大概	副词	450	交易会	名词	456	星期	名词
445	大厦	名词	451	恐怕	副词	457	右	方位名词
446	登记	动词	452	履行	动词	458	战略	名词
447	东	方位名词	453	聘	动词	459	证券	名词

附录六 真实商务汉语语料库商务正核心词词表
（按照词频顺序排列）

序号	词语	词性	序号	词语	词性	序号	词语	词性
1	行业	名词	14	增速	名词	27	收	动词
2	投资	动词	15	季度	名词	28	号	名词
3	规定	名词	16	业务	名词	29	软件	名词
4	申请	动词	17	同比	名词	30	监督	动词
5	食品	名词	18	品牌	名词	31	行政	名词
6	销售	动词	19	建筑	名词	32	消费	动词
7	与	连词	20	板块	名词	33	广告	名词
8	交易	动词	21	文件	名词	34	关注	动词
9	方	名词	22	合同	名词	35	下降	动词
10	产业	名词	23	业绩	名词	36	值	动词
11	需求	名词	24	股	名词	37	预期	动词
12	与	介词	25	证券	名词	38	未来	名词
13	安全	形容词	26	贵	形容词	39	风险	名词

序号	词语	词性	序号	词语	词性	序号	词语	词性
40	目前	时间名词	65	均	副词	90	规划	名词
41	主管	名词	66	调整	动词	91	仲裁	名词
42	收入	名词	67	库存	名词	92	货	名词
43	相关	动词	68	项目	名词	93	趋势	名词
44	商标	名词	69	客户	名词	94	消费者	名词
45	国内	名词	70	订单	名词	95	优势	名词
46	规模	名词	71	网络	名词	96	推动	动词
47	持续	动词	72	机会	名词	97	数据	名词
48	工程	名词	73	竞争	名词	98	审批	动词
49	信托	名词	74	策略	名词	99	提升	动词
50	份	量词	75	成本	名词	100	景气	名词
51	建议	动词	76	检验	动词	101	领域	名词
52	指数	名词	77	合约	名词	102	推荐	动词
53	股份	名词	78	双方	名词	103	房地产	名词
54	上市	动词	79	下跌	动词	104	计算机	名词
55	全球	名词	80	科技	名词	105	报告	名词
56	重点	名词	81	总	名词	106	日期	名词
57	注册	动词	82	智能	名词	107	责任	名词
58	预计	动词	83	联	名词	108	引导	动词
59	机构	名词	84	设计	动词	109	环比	名词
60	符合	动词	85	厂商	名词	110	零售	名词
61	上涨	动词	86	手机	名词	111	商	名词
62	章	名词	87	交货	动词	112	快速	形容词
63	期	名词	88	下滑	动词	113	价	名词
64	整体	名词	89	以下	方位名词	114	条例	名词

序号	词语	词性	序号	词语	词性	序号	词语	词性
115	融资	动词	140	依	动词	165	利润	名词
116	龙头	名词	141	费用	名词	166	维持	动词
117	去年	时间名词	142	公布	动词	167	有望	动词
118	超	动词	143	金额	名词	168	定位	名词
119	名称	名词	144	发布	动词	169	卖方	名词
120	及时	副词	145	依照	动词	170	网	名词
121	报	动词	146	以来	方位名词	171	交	动词
122	制造	动词	147	外贸	名词	172	营业	动词
123	基金	名词	148	上升	动词	173	环保	名词
124	协议	名词	149	产能	名词	174	货物	名词
125	周	名词	150	总经理	名词	175	反弹	动词
126	明确	动词	151	显示	动词	176	设立	动词
127	需	动词	152	扶持	动词	177	登记	动词
128	亿	量词	153	负责	动词	178	监测	动词
129	单	名词	154	收购	动词	179	入口	名词
130	事项	名词	155	期货	名词	180	信	名词
131	给予	动词	156	期间	名词	181	资产	名词
132	工商	名词	157	制定	动词	182	规范	名词
133	通知	动词	158	文书	名词	183	上半年	名词
134	不得	动词	159	成长	动词	184	特	副词
135	大幅	副词	160	推进	动词	185	集团	名词
136	分别	副词	161	渠道	名词	186	空调	名词
137	子	前缀	162	涨幅	名词	187	宽带	名词
138	出口	动词	163	带来	动词	188	督促	动词
139	合作	动词	164	违法	动词	189	加大	动词

序号	词语	词性	序号	词语	词性	序号	词语	词性
190	率	名词	215	短期	名词	240	态势	名词
191	委员会	名词	216	创业	动词	241	下列	区别词
192	健康	形容词	217	回	动词	242	呈	动词
193	办理	动词	218	签订	动词	243	带动	动词
194	开发	动词	219	相对	副词	244	鼓励	动词
195	盈利	名词	220	银行	名词	245	签	动词
196	压力	名词	221	良好	形容词	246	受益	动词
197	月份	名词	222	底下	方位名词	247	依法	动词
198	落实	动词	223	且	连词	248	保存	动词
199	升级	动词	224	台	量词	249	持	动词
200	推广	动词	225	个人	名词	250	放缓	动词
201	复	动词	226	处于	动词	251	加快	动词
202	金融	名词	227	依然	副词	252	完善	动词
203	经理	名词	228	百分点	名词	253	跌幅	名词
204	信息化	名词	229	电脑	名词	254	空间	名词
205	许可证	名词	230	买方	名词	255	下游	名词
206	增值税	名词	231	同期	名词	256	现	时间名词
207	资本	名词	232	节能	动词	257	保全	动词
208	确认	动词	233	具备	动词	258	承担	动词
209	收到	动词	234	累计	动词	259	低于	动词
210	财产	名词	235	环节	名词	260	行销	动词
211	大盘	名词	236	吨	量词	261	战略	名词
212	净利润	名词	237	款	量词	262	监管	动词
213	通信	名词	238	近期	名词	263	检测	动词
214	支付	动词	239	期限	名词	264	履行	动词

序号	词语	词性	序号	词语	词性	序号	词语	词性
265	收发	动词	290	股权	名词	315	开展	动词
266	专卖	动词	291	装饰	名词	316	如下	动词
267	据	介词	292	大型	区别词	317	予以	动词
268	电话	名词	293	保障	动词	318	略	副词
269	区域	名词	294	寄	动词	319	首	量词
270	终端	名词	295	运营	动词	320	力度	名词
271	行文	动词	296	转让	动词	321	收益	名词
272	指定	动词	297	仓库	名词	322	损失	名词
273	平板	名词	298	函	名词	323	原	区别词
274	人民币	名词	299	机械	名词	324	创新	动词
275	呈现	动词	300	设施	名词	325	购买	动词
276	担保	动词	301	加工	动词	326	记录	动词
277	回落	动词	302	依据	介词	327	股票	名词
278	同意	动词	303	当前	名词	328	海外	名词
279	度	后缀	304	机制	名词	329	跌	动词
280	商务	名词	305	礼盒	名词	330	合格	动词
281	委托人	名词	306	贸易	名词	331	代理人	名词
282	芯片	名词	307	明年	名词	332	房价	名词
283	原料	名词	308	投资者	名词	333	甲	名词
284	周期	名词	309	看好	动词	334	行情	名词
285	主任	名词	310	委托	动词	335	型	名词
286	回升	动词	311	我方	名词	336	姓名	名词
287	表	名词	312	专利	名词	337	乙	名词
288	财政	名词	313	出版	动词	338	营业税	名词
289	链	名词	314	导致	动词	339	付款	动词

序号	词语	词性	序号	词语	词性	序号	词语	词性
340	结算	动词	365	确定性	名词	390	承包	动词
341	推出	动词	366	调控	动词	391	出台	动词
342	模式	名词	367	供应	动词	392	感	动词
343	权	名词	368	降低	动词	393	签字	动词
344	进口	动词	369	制	动词	394	相应	动词
345	履约	动词	370	费	名词	395	优化	动词
346	买卖	动词	371	货款	名词	396	季	量词
347	判断	动词	372	税	名词	397	套	量词
348	投入	动词	373	条款	名词	398	传媒	名词
349	拥有	动词	374	药品	名词	399	楼市	名词
350	预测	动词	375	明	形容词	400	总额	名词
351	批	量词	376	有效	形容词	401	重	形容词
352	地点	名词	377	贷款	动词	402	附	动词
353	用户	名词	378	分类	动词	403	填写	动词
354	走势	名词	379	合伙	动词	404	统计	动词
355	改善	动词	380	加速	动词	405	责令	动词
356	进出口	动词	381	协调	动词	406	转移	动词
357	拟	动词	382	招标	动词	407	之前	方位名词
358	确保	动词	383	较为	副词	408	案件	名词
359	为主	动词	384	谨	副词	409	背景	名词
360	财务	名词	385	档案	名词	410	链	名词
361	店	名词	386	幅度	名词	411	平台	名词
362	法规	名词	387	公告	名词	412	证	名词
363	机密	名词	388	股价	名词	413	新型	区别词
364	牌	名词	389	差	形容词	414	保管	动词

序号	词语	词性	序号	词语	词性	序号	词语	词性
415	待	动词	424	报价	动词	433	许可	动词
416	维护	动词	425	促销	动词	434	运作	动词
417	运	动词	426	代理	动词	435	须	副词
418	制作	动词	427	订购	动词	436	包装	名词
419	编号	名词	428	罚款	动词	437	地址	名词
420	年度	名词	429	负	动词	438	年初	名词
421	下半年	时间名词	430	联系	动词	439	信心	名词
422	连续	形容词	431	启动	动词	440	事件	名词
423	年均	形容词	432	请求	动词	441	高速	区别词

附录七　对外商务汉语语料库与真实商务汉语语料库中重合词词表

（仅统计前 1000 词，按照音序排列）

序号	词语	词性	序号	词语	词性	序号	词语	词性
1	安排	动词	10	报（盘）	动词	19	比	介词
2	按照	动词	11	报告	名词	20	比较	副词
3	办	动词	12	报价	动词	21	比较	动词
4	办公	动词	13	报名	动词	22	必须	副词
5	办理	动词	14	抱歉	形容词	23	变化	动词
6	包装	名词	15	杯	量词	24	标准	名词
7	保持	动词	16	北京	地名	25	表示	动词
8	保障	动词	17	被	介词	26	表现	动词
9	保证	动词	18	本	代词	27	表现	名词

续表

序号	词语	词性	序号	词语	词性	序号	词语	词性
28	并	连词	53	持续	副词	78	得到	动词
29	并不	副词	54	出口	动词	79	的	助词
30	并且	连词	55	出现	动词	80	等	助词
31	不	副词	56	处	名词	81	低	形容词
32	不得	副词	57	处理	动词	82	底	方位名词
33	不得	动词	58	此	代词	83	地	助词
34	不断	副词	59	次	量词	84	地点	名词
35	不同	形容词	60	从	介词	85	地方	名词
36	部	量词	61	促销	动词	86	地区	名词
37	部分	名词	62	达	动词	87	地址	名词
38	部门	名词	63	达到	动词	88	第二	数词
39	材料	名词	64	大	形容词	89	第三	数词
40	财务	名词	65	大型	区别词	90	第一	数词
41	采购	动词	66	代表	名词	91	点	名词
42	采用	动词	67	代理	名词	92	电话	名词
43	长	形容词	68	带来	动词	93	电脑	名词
44	长期	时间名词	69	贷款	动词	94	电子	名词
45	厂	名词	70	单	名词	95	店	名词
46	超过	动词	71	单位	名词	96	调整	动词
47	成	动词	72	但	连词	97	订单	名词
48	成本	名词	73	但是	连词	98	订购	动词
49	成立	动词	74	当	介词	99	定	动词
50	成为	动词	75	当然	副词	100	都	副词
51	城市	名词	76	到	动词	101	对	介词
52	持	动词	77	得	助词	102	对于	介词

序号	词语	词性	序号	词语	词性	序号	词语	词性
103	吨	量词	128	分析	动词	153	股	名词
104	多	形容词	129	份	量词	154	股票	名词
105	多	数词	130	风险	名词	155	关系	名词
106	多	副词	131	服务	动词	156	关于	介词
107	而	连词	132	服装	名词	157	关注	动词
108	而且	连词	133	符合	动词	158	管理	动词
109	二	数词	134	负责	动词	159	广告	名词
110	发	动词	135	该	代词	160	规定	动词
111	发生	动词	136	改	动词	161	规模	名词
112	发现	动词	137	改变	动词	162	贵	形容词
113	发展	动词	138	感	动词	163	国际	名词
114	法	名词	139	高	形容词	164	国家	名词
115	法律	名词	140	个	量词	165	国内	名词
116	范围	名词	141	个人	名词	166	过	趋向动词
117	方	名词	142	各	代词	167	过程	名词
118	方案	名词	143	给	动词	168	好	形容词
119	方法	名词	144	给予	动词	169	号	名词
120	方面	名词	145	根据	介词	170	合理	形容词
121	方式	名词	146	更	副词	171	合同	名词
122	房地产	名词	147	工程	名词	172	合约	名词
123	非	副词	148	工作	名词	173	合作	动词
124	非常	副词	149	公司	名词	174	和	介词
125	费	名词	150	功能	名词	175	很	副词
126	费用	名词	151	共同	形容词	176	后	方位名词
127	分	动词	152	购买	动词	177	还	副词

序号	词语	词性	序号	词语	词性	序号	词语	词性
178	环境	名词	203	寄	动词	228	今年	时间名词
179	回	动词	204	加	动词	229	金额	名词
180	会	能愿动词	205	家	名词	230	金融	名词
181	会议	名词	206	家电	名词	231	仅	副词
182	活动	名词	207	甲方	名词	232	近	形容词
183	或	连词	208	价	名词	233	进口	动词
184	或者	连词	209	价格	名词	234	进入	动词
185	货	名词	210	价值	名词	235	进行	动词
186	货物	名词	211	见	动词	236	经	动词
187	获得	动词	212	件	量词	237	经常	副词
188	机	名词	213	建立	动词	238	经过	介词
189	机构	名词	214	建议	动词	239	经济	名词
190	机会	名词	215	健康	名词	240	经理	名词
191	基本	形容词	216	将	副词	241	经验	名词
192	基础	名词	217	将	介词	242	经营	动词
193	基金	名词	218	降低	动词	243	精神	名词
194	及	连词	219	交	动词	244	竞争	动词
195	及时	形容词	220	交易	动词	245	酒店	名词
196	即	副词	221	较	副词	246	就	副词
197	集团	名词	222	接受	动词	247	就是	副词
198	几	数词	223	结构	名词	248	就是	联系动词
199	计划	名词	224	结果	名词	249	就业	动词
200	技术	名词	225	结合	动词	250	举行	动词
201	季度	名词	226	结算	动词	251	具体	形容词
202	继续	动词	227	解决	动词	252	具有	动词

续表

序号	词语	词性	序号	词语	词性	序号	词语	词性
253	据	介词	278	量	名词	303	内容	名词
254	决定	动词	279	了	助词	304	那儿	代词
255	均	副词	280	了解	动词	305	那个	代词
256	开	动词	281	领导	动词	306	难	形容词
257	开发	动词	282	另	代词	307	能	能愿动词
258	开始	动词	283	六	数词	308	能力	名词
259	看	动词	284	路	名词	309	你	代词
260	考虑	动词	285	履行	动词	310	你们	代词
261	可	副词	286	买	动词	311	年	时间名词
262	可能	能愿动词	287	买方	名词	312	您	代词
263	可以	能愿动词	288	卖方	名词	313	盘	量词
264	客户	名词	289	贸易	名词	314	批	量词
265	空调	名词	290	没有	副词	315	品牌	名词
266	空间	名词	291	媒体	名词	316	平均	形容词
267	快	形容词	292	每	代词	317	七	数词
268	快速	副词	293	美	形容词	318	期	名词
269	款	名词	294	美国	地名	319	期间	名词
270	扩大	动词	295	美元	名词	320	期限	名词
271	来	助词	296	面积	名词	321	其	代词
272	类	名词	297	名	名词	322	其他	代词
273	利润	名词	298	名称	名词	323	其中	方位名词
274	利用	动词	299	明显	形容词	324	企业	名词
275	联系	动词	300	目标	名词	325	起	动词
276	良好	形容词	301	目前	时间名词	326	签	动词
277	两	数词	302	内	方位名词	327	签订	动词

序号	词语	词性	序号	词语	词性	序号	词语	词性
328	签字	动词	353	如何	代词	378	实施	动词
329	前	方位名词	354	如下	动词	379	实现	动词
330	强	形容词	355	入	动词	380	食品	名词
331	情况	名词	356	软件	名词	381	使	动词
332	请	动词	357	三	数词	382	使用	动词
333	区	名词	358	商	名词	383	世界	名词
334	去	动词	359	商场	名词	384	市场	名词
335	去年	时间名词	360	商品	名词	385	式	后接成分
336	全	形容词	361	商务	名词	386	是	联系动词
337	全部	名词	362	商业	名词	387	是否	副词
338	全国	名词	363	上	方位名词	388	收	动词
339	全球	名词	364	上海	方位名词	389	收到	动词
340	权	名词	365	上升	动词	390	收入	名词
341	确认	动词	366	上市	动词	391	收益	名词
342	让	介词	367	上涨	动词	392	手机	名词
343	人	名词	368	设备	名词	393	首	数词
344	人民币	名词	369	设计	动词	394	受	动词
345	人员	名词	370	社会	名词	395	受到	动词
346	认为	动词	371	申请	动词	396	书	名词
347	任何	代词	372	生产	动词	397	数量	名词
348	仍	副词	373	十	数词	398	双方	名词
349	日	时间名词	374	时	时间名词	399	水	名词
350	日期	名词	375	时候	名词	400	水平	名词
351	如	动词	376	时间	名词	401	说明	动词
352	如果	连词	377	实际	形容词	402	四	数词

续表

序号	词语	词性	序号	词语	词性	序号	词语	词性
403	送	动词	428	同意	动词	453	下	方位名词
404	速度	名词	429	统计	动词	454	下降	动词
405	虽然	连词	430	统一	动词	455	先	副词
406	随着	介词	431	投入	动词	456	先生	名词
407	损失	名词	432	投资	动词	457	显示	动词
408	所	助词	433	推出	动词	458	险	名词
409	所以	连词	434	外	方位名词	459	现	时间名词
410	所有	形容词	435	完成	动词	460	相关	动词
411	他	代词	436	王	名词	461	向	介词
412	台	量词	437	网	名词	462	项	量词
413	套	量词	438	网络	名词	463	项目	名词
414	特别	副词	439	为	介词	464	消费	动词
415	提出	动词	440	未	副词	465	销售	动词
416	提高	动词	441	未来	名词	466	小	形容词
417	提供	动词	442	位	量词	467	效果	名词
418	提升	动词	443	文化	名词	468	协议	名词
419	天	时间名词	444	文件	名词	469	新	形容词
420	填写	动词	445	稳定	形容词	470	信	名词
421	条	量词	446	问题	名词	471	信息	名词
422	条件	名词	447	我	代词	472	行	动词
423	条款	名词	448	我们	代词	473	行业	名词
424	通过	介词	449	无	动词	474	型	名词
425	通知	动词	450	五	数词	475	性	后接成分
426	同	介词	451	希望	动词	476	须	副词
427	同时	连词	452	系统	名词	477	需	动词

续表

序号	词语	词性	序号	词语	词性	序号	词语	词性
478	需求	名词	503	应	能愿动词	528	在	介词
479	需要	动词	504	应当	能愿动词	529	造成	动词
480	选择	动词	505	影响	动词	530	则	连词
481	压力	名词	506	拥有	动词	531	责任	名词
482	要	能愿动词	507	用	介词	532	增长	动词
483	要求	动词	508	用户	名词	533	增加	动词
484	也	副词	509	优势	名词	534	占	动词
485	业绩	名词	510	由	介词	535	战略	名词
486	业务	名词	511	由于	连词	536	者	后接成分
487	一	数词	512	有	动词	537	这	代词
488	一般	形容词	513	有关	动词	538	这些	代词
489	一定	副词	514	有限	形容词	539	正	副词
490	一个	数量	515	有效	形容词	540	证明	动词
491	乙方	名词	516	又	副词	541	证券	名词
492	已	副词	517	于	介词	542	政策	名词
493	已经	副词	518	与	连词	543	政府	名词
494	以	介词	519	元	量词	544	之	助词
495	以及	连词	520	原	区别词	545	之间	方位名词
496	以上	方位名词	521	原因	名词	546	之前	方位名词
497	以下	方位名词	522	约	副词	547	之一	数词
498	意见	名词	523	月	时间名词	548	支持	动词
499	因	连词	524	运	动词	549	支付	动词
500	因此	连词	525	运费	名词	550	执行	动词
501	因素	名词	526	运输	动词	551	直接	形容词
502	银行	名词	527	再	副词	552	只	副词

基于语料库的商务汉语文体特征研究

续表

序号	词语	词性	序号	词语	词性	序号	词语	词性
553	指	动词	564	周	名词	575	自己	代词
554	至	动词	565	主管	名词	576	总	名词
555	制定	动词	566	主任	名词	577	走	动词
556	制度	名词	567	主要	形容词	578	组织	名词
557	质量	名词	568	注册	动词	579	最	副词
558	中	方位名词	569	转	动词	580	左右	名词
559	中国	方位名词	570	着	助词	581	作	动词
560	中心	名词	571	资金	名词	582	作为	动词
561	种	量词	572	资料	名词	583	做	动词
562	仲裁	名词	573	资源	名词			
563	重要	形容词	574	自	介词			

附录八 "市场"搭配词分析结果

（搭配频次在 5 次以上的词语）

序号	搭配词	总次数	Z 分值	序号	搭配词	总次数	Z 分值
1	的	592	0.78	9	市场	65	4.09
2	在	172	5.64	10	了	61	−4.00
3	中国	112	11.79	11	上	60	5.09
4	和	83	−0.34	12	有	59	−1.86
5	是	75	−5.15	13	我们	57	−2.05
6	产品	72	5.28	14	企业	52	0.38
7	大	71	7.02	15	对	51	1.23
8	将	67	4.80	16	国际	49	12.39

234

序号	搭配词	总次数	Z分值	序号	搭配词	总次数	Z分值
17	公司	47	-4.71	42	国内	28	7.04
18	竞争	46	15.44	43	要	28	-1.4
19	很	43	3.30	44	就	27	-1.31
20	需求	43	9.44	45	目标	27	9.41
21	一	43	-4.25	46	预期	27	8.50
22	价格	42	3.67	47	最	27	1.98
23	与	41	2.16	48	高	26	1.12
24	为	40	-0.60	49	会	26	-0.68
25	中	37	1.68	50	等	25	-1.69
26	发展	36	3.17	51	调查	25	9.81
27	份额	36	29.16	52	全球	25	7.79
28	目前	36	8.36	53	较	24	2.48
29	不	35	-4.03	54	增长	24	0.27
30	规模	33	10.21	55	定位	23	11.78
31	品牌	32	5.31	56	分析	23	7.63
32	也	32	-0.74	57	我	23	-5.69
33	部	31	6.17	58	从	22	0.69
34	能	31	0.25	59	及	22	0.17
35	进入	30	12.93	60	空调	22	9.53
36	但	29	2.67	61	新	22	0.26
37	到	29	-1.54	62	影响	22	4.09
38	年	29	-1.42	63	而	21	1.80
39	下	29	2.80	64	更	21	1.85
40	销售	29	1.89	65	情况	21	1.33
41	行业	29	-1.06	66	个	20	-4.05

序号	搭配词	总次数	Z 分值	序号	搭配词	总次数	Z 分值
67	现在	20	3.52	92	于	15	-0.82
68	这	20	-2.38	93	LED	14	4.96
69	方面	19	3.38	94	工程	14	3.35
70	房地产	19	7.45	95	还	14	-1.80
71	广告	19	1.51	96	环境	14	4.54
72	开拓	19	21.07	97	交易	14	2.73
73	看	19	-0.74	98	今年	14	1.75
74	消费	19	2.92	99	巨大	14	10.34
75	资本	19	9.72	100	汽车	14	3.24
76	变化	18	8.92	101	行情	14	8.95
77	都	18	-1.42	102	已经	14	0.43
78	股	18	3.91	103	以及	14	2.12
79	可能	17	2.71	104	关注	13	2.28
80	以	17	-1.14	105	好	13	-3.71
81	照明	17	7.62	106	家	13	-1.06
82	主要	17	1.35	107	看好	13	8.6
83	多	16	-1.79	108	没有	13	-0.02
84	表现	15	4.76	109	认为	13	0.89
85	并	15	-1.38	110	三	13	-1.11
86	开发	15	5.42	111	手机	13	2.15
87	空间	15	7.57	112	所	13	0.86
88	美国	15	5.28	113	提高	13	2.35
89	未来	15	3.10	114	细分	13	10.67
90	向	15	-0.17	115	信息	13	1.06
91	研究	15	7.32	116	已	13	0.26

序号	搭配词	总次数	Z分值	序号	搭配词	总次数	Z分值
117	因此	13	3.24	142	进行	11	-0.28
118	元	13	-4.00	143	扩大	11	4.41
119	整体	13	3.95	144	来	11	-2.64
120	做	13	-0.07	145	其	11	-0.11
121	北京	12	1.90	146	潜力	11	8.72
122	成为	12	2.77	147	趋势	11	3.47
123	对于	12	3.76	148	仍	11	2.09
124	根据	12	2.26	149	如	11	0.30
125	激烈	12	9.76	150	投放	11	11.56
126	季度	12	0.66	151	小	11	0.86
127	经济	12	-0.60	152	逐渐	11	6.36
128	可以	12	-2.87	153	资金	11	1.35
129	前景	12	8.93	154	北美	10	10.43
130	一个	12	0.63	155	本	10	-1.93
131	营销	12	5.89	156	出	10	-0.25
132	有关	12	0.73	157	出口	10	2.07
133	预测	12	7.65	158	低	10	0.96
134	最近	12	5.10	159	俄罗斯	10	8.67
135	PC	11	9.47	160	风险	10	0.45
136	持续	11	2.06	161	供应	10	5.79
137	端	11	6.09	162	海外	10	6.23
138	反弹	11	5.89	163	继续	10	1.94
139	服务	11	-0.74	164	监管	10	6.31
140	服装	11	0.72	165	进一步	10	3.47
141	基本	11	2.21	166	能力	10	0.96

序号	搭配词	总次数	Z分值	序号	搭配词	总次数	Z分值
167	全国	10	3.11	192	建筑	9	0.28
168	如果	10	-0.71	193	金融	9	2.33
169	随着	10	3.89	194	近期	9	4.83
170	投资	10	-2.48	195	开始	9	0.20
171	新兴	10	7.95	196	考虑	9	0.82
172	移动	10	4.41	197	快速	9	2.50
173	因为	10	1.58	198	零售	9	2.97
174	优势	10	2.30	199	您	9	-4.75
175	这种	10	2.01	200	商品	9	-0.64
176	之	10	0.31	201	上海	9	0.36
177	智能	10	3.44	202	设备	9	0.56
178	重视	10	6.16	203	受	9	0.85
179	报告	9	1.54	204	为了	9	2.71
180	比	9	-0.43	205	相对	9	4.30
181	策略	9	2.45	206	由	9	-2.14
182	厂商	9	2.16	207	由于	9	1.39
183	但是	9	1.65	208	预计	9	1.97
184	电子	9	-0.50	209	约	9	3.57
185	非常	9	0.88	210	增加	9	0.99
186	各	9	-0.92	211	变频	8	7.79
187	工作	9	-3.00	212	产业	8	-0.16
188	国家	9	-0.41	213	长期	8	2.05
189	或	9	-2.68	214	处于	8	3.88
190	技术	9	-1.24	215	得	8	-1.32
191	监测	9	4.60	216	地区	8	0.03

续表

序号	搭配词	总次数	Z 分值	序号	搭配词	总次数	Z 分值
217	第一	8	0.08	242	外围	8	13.05
218	调控	8	5.74	243	消费者	8	-0.67
219	反映	8	4.66	244	行销	8	4.93
220	份	8	-0.3	245	需求量	8	12.45
221	共同	8	3.48	246	占	8	0.77
222	股票	8	3.16	247	正	8	1.55
223	贵	8	-2.43	248	重要	8	0.08
224	后	8	-2.82	249	作	8	3.65
225	及时	8	1.75	250	安全	7	-0.74
226	加强	8	1.49	251	背景	7	3.91
227	建立	8	0.97	252	超过	7	0.48
228	经理	8	-1.53	253	成功	7	1.95
229	经营	8	-0.94	254	呈现	7	3.97
230	具有	8	1.27	255	出现	7	0.49
231	两	8	-2.07	256	次	7	-1.81
232	满足	8	4.59	257	带动	7	4.03
233	面临	8	4.19	258	导致	7	3.74
234	呢	8	-1.11	259	低迷	7	6.70
235	农村	8	7.00	260	地	7	-0.72
236	欧洲	8	5.93	261	二	7	-0.89
237	企	8	3.39	262	管理	7	-3.09
238	启动	8	6.03	263	国外	7	3.63
239	前	8	-1.27	264	机会	7	0.26
240	区域	8	4.03	265	基金	7	1.25
241	态势	8	4.35	266	集中度	7	9.54

序号	搭配词	总次数	Z 分值	序号	搭配词	总次数	Z 分值
267	竞争力	7	3.30	292	本土	6	6.23
268	可	7	-2.41	293	比较	6	-0.38
269	另外	7	1.31	294	必须	6	0.06
270	卖方	7	1.20	295	部门	6	-3.50
271	面对	7	7.61	296	车	6	-0.19
272	期货	7	2.73	297	除了	6	3.37
273	乳制品	7	1.20	298	处	6	0.98
274	上涨	7	0.64	299	达	6	-0.26
275	生产	7	-2.34	300	打开	6	5.90
276	它	7	1.23	301	打入	6	13.42
277	提供	7	-1.02	302	第二	6	0.46
278	同类	7	4.64	303	纺织	6	0.64
279	同时	7	0.14	304	该	6	-0.72
280	问题	7	-2.46	305	公	6	3.94
281	喜	7	2.16	306	广阔	6	7.77
282	型	7	1.95	307	很多	6	0.41
283	业务	7	-1.84	308	机械	6	2.83
284	一些	7	-0.49	309	集中	6	2.92
285	有望	7	3.08	310	价	6	-0.05
286	月	7	-2.68	311	节能	6	2.42
287	战略	7	2.77	312	客户	6	-1.87
288	这个	7	-0.67	313	空白	6	13.42
289	这些	7	0.58	314	美洲	6	14.78
290	证券	7	-0.05	315	幕墙	6	2.50
291	被	6	-0.08	316	内	6	-2.56

序号	搭配词	总次数	Z分值	序号	搭配词	总次数	Z分值
317	批发	6	4.25	342	整个	6	3.49
318	其他	6	−1.31	343	政策	6	−0.97
319	强劲	6	5.48	344	指数	6	0.45
320	去	6	−2.77	345	至	6	−0.80
321	仍然	6	2.50	346	终端	6	3.26
322	软件	6	−0.76	347	着	6	−0.03
323	上升	6	1.31	348	走	6	0.30
324	上周	6	4.89	349	走势	6	3.74
325	数据	6	1.06	350	按照	5	−0.04
326	说	6	−1.90	351	半导体	5	−0.19
327	太	6	−1.14	352	保障	5	1.64
328	提升	6	0.74	353	爆发	5	5.91
329	推广	6	2.35	354	波动	5	4.09
330	推荐	6	1.02	355	才	5	−0.12
331	退出	6	7.01	356	产生	5	2.65
332	网络	6	0.13	357	成本	5	−0.88
333	稳定	6	1.57	358	城镇	5	5.20
334	系统	6	1.38	359	充分	5	2.55
335	性	6	0.02	360	触摸屏	5	7.94
336	需要	6	−1.54	361	传统	5	1.97
337	因素	6	0.98	362	从而	5	2.55
338	拥有	6	2.46	363	代理	5	0.20
339	用	6	−1.71	364	当	5	1.33
340	这样	6	−0.51	365	东芝	5	9.50
341	针对	6	3.94	366	而且	5	0.55

续表

序号	搭配词	总次数	Z 分值	序号	搭配词	总次数	Z 分值
367	二级	5	8.38	392	水平	5	-0.71
368	改造	5	4.00	393	所以	5	-0.54
369	各种	5	1.23	394	特别	5	0.43
370	更加	5	3.28	395	体系	5	2.28
371	供求	5	9.50	396	体育	5	5.36
372	广大	5	4.52	397	通过	5	-0.63
373	国内外	5	4.30	398	图书	5	4.09
374	欢迎	5	0.16	399	外资	5	2.91
375	建议	5	-0.72	400	维护	5	2.91
376	降低	5	1.46	401	未	5	-0.49
377	较为	5	3.35	402	下游	5	2.60
378	尽管	5	3.09	403	显示	5	0.55
379	经	5	-0.20	404	现货	5	5.53
380	经验	5	0.07	405	相关	5	-0.93
381	景气	5	1.01	406	销路	5	7.20
382	量	5	0.05	407	形成	5	2.01
383	了解	5	-0.18	408	形象	5	1.33
384	领导者	5	6.36	409	选择	5	-0.12
385	流入	5	11.11	410	以来	5	0.88
386	六	5	1.55	411	以上	5	-2.11
387	龙头	5	1.20	412	印象	5	4.41
388	能够	5	1.58	413	迎来	5	4.41
389	普及	5	5.53	414	赢得	5	5.72
390	巧克力	5	5.53	415	有利于	5	4.09
391	上市	5	-0.34	416	又	5	-0.81

序号	搭配词	总次数	Z 分值	序号	搭配词	总次数	Z 分值
417	则	5	0.07	421	种	5	-1.23
418	正在	5	1.73	422	装	5	2.08
419	制度	5	0.07	423	作为	5	-0.15
420	质量	5	-2.56				

附录九　"增长"搭配词分析结果

（搭配次数在 5 次以上的词语）

序号	搭配词	总次数	Z 分值	序号	搭配词	总次数	Z 分值
1	的	256	-4.20	16	了	35	-3.06
2	同比	160	69.78	17	持续	33	15.93
3	元	64	9.14	18	是	33	-5.08
4	行业	59	8.57	19	公司	31	-3.04
5	将	55	7.17	20	增长	31	4.95
6	快速	51	32.05	21	较	29	7.12
7	收入	50	22.12	22	中国	28	1.20
8	和	49	-0.09	23	快	27	13.28
9	业绩	48	20.84	24	企业	27	-0.27
10	保持	46	28.28	25	稳定	27	18.55
11	在	44	-2.60	26	消费	27	8.95
12	年	42	4.35	27	需求	27	8.03
13	高	38	7.48	28	净利润	26	23.33
14	比	37	12.68	29	环	25	17.18
15	经济	35	9.34	30	而	24	5.52

续表

序号	搭配词	总次数	Z分值	序号	搭配词	总次数	Z分值
31	市场	24	0.27	56	也	16	-1.09
32	未来	24	10.06	57	有	16	-4.16
33	季度	23	7.23	58	大	15	-0.75
34	利润	23	12.66	59	去年	15	6.31
35	但	22	3.68	60	月	15	1.32
36	服装	22	7.48	61	总额	15	15.02
37	仍	22	10.07	62	到	14	-1.75
38	投资	22	2.73	63	对	14	-2.17
39	高速	21	25.26	64	负	14	15.63
40	零售	21	13.43	65	中	14	-0.55
41	增速	21	7.31	66	大幅	13	7.97
42	其中	20	9.30	67	确定	13	8.93
43	为	20	-1.06	68	速度	12	8.86
44	继续	19	8.92	69	出口	11	4.58
45	我们	19	-3.68	70	从	11	0.01
46	规模	18	7.23	71	达到	11	4.03
47	美元	18	5.99	72	个	11	-3.17
48	年均	18	22.56	73	国内	11	2.96
49	确定性	18	20.92	74	会	11	-1.48
50	与	18	0.26	75	今年	11	2.62
51	量	17	8.46	76	上	11	-1.68
52	实现	17	8.17	77	上半年	11	7.89
53	以上	17	3.67	78	态势	11	9.35
54	亿	17	11.91	79	同期	11	8.44
55	下	16	1.89	80	推动	11	6.32

序号	搭配词	总次数	Z分值	序号	搭配词	总次数	Z分值
81	产业	10	2.31	106	提升	9	4.02
82	能	10	−1.72	107	我国	9	4.88
83	上市	10	3.63	108	销量	9	6.46
84	式	10	6.68	109	一	9	−5.54
85	随着	10	6.10	110	预期	9	2.94
86	网络	10	3.71	111	智能	9	4.88
87	相比	10	8.00	112	最	9	−0.51
88	以	10	−0.81	113	不	8	−5.01
89	盈利	10	7.07	114	呈现	8	6.96
90	用户	10	6.79	115	出	8	0.70
91	预计	10	4.41	116	幅度	8	6.65
92	整体	10	4.54	117	根据	8	2.28
93	主要	10	1.10	118	明显	8	4.21
94	爆发	9	15.23	119	能力	8	1.82
95	长期	9	4.46	120	品牌	8	0.20
96	多	9	−1.42	121	趋势	8	3.72
97	纺织	9	3.88	122	软件	8	1.52
98	更	9	0.31	123	三	8	−0.69
99	工程	9	3.05	124	社会	8	3.77
100	估	9	4.38	125	同时	8	2.14
101	关注	9	2.48	126	销售	8	−1.11
102	可	9	−0.24	127	销售额	8	6.44
103	强	9	3.25	128	性	8	2.47
104	手机	9	2.37	129	业务	8	0
105	数量	9	3.08	130	营业	8	4.84

序号	搭配词	总次数	Z 分值	序号	搭配词	总次数	Z 分值
131	由于	8	2.60	156	LED	6	2.41
132	于	8	-0.82	157	表现	6	2.00
133	值	8	2.17	158	超过	6	1.43
134	左右	8	3.54	159	带来	6	2.47
135	产量	7	6.87	160	地区	6	0.67
136	产品	7	-3.28	161	对外	6	4.90
137	出现	7	1.99	162	发展	6	-1.80
138	但是	7	2.30	163	服务	6	-0.69
139	第一	7	1.18	164	很	6	-2.34
140	动力	7	8.46	165	后	6	-1.74
141	建筑	7	1.05	166	基本	6	1.49
142	进程	7	8.78	167	家	6	-1.28
143	进入	7	3.06	168	考虑	6	1.03
144	就	7	-2.91	169	空间	6	3.61
145	居民	7	5.96	170	零售额	6	13.7
146	类	7	1.23	171	龙头	6	3.31
147	目前	7	0.56	172	每年	6	4.41
148	内	7	-0.79	173	平稳	6	9.96
149	期	7	1.93	174	强劲	6	7.73
150	情况	7	-0.69	175	全国	6	2.52
151	全球	7	1.92	176	人民币	6	1.87
152	收	7	1.14	177	台	6	1.44
153	虽然	7	3.06	178	推荐	6	2.45
154	销售量	7	7.75	179	稳健	6	12.43
155	依然	7	5.38	180	下半年	6	5.60

序号	搭配词	总次数	Z分值	序号	搭配词	总次数	Z分值
181	至	6	0.55	200	近	5	2.31
182	装饰	6	5.30	201	具备	5	2.93
183	PC	5	5.50	202	具有	5	1.19
184	半导体	5	1.05	203	且	5	3.14
185	承包	5	5.40	204	取得	5	2.65
186	城市化	5	12.78	205	认为	5	-0.36
187	促进	5	2.59	206	仍然	5	3.25
188	达	5	0.59	207	势头	5	6.62
189	等	5	-3.38	208	受到	5	3.41
190	订单	5	0.80	209	水平	5	0.53
191	方式	5	-0.71	210	推进	5	3.14
192	放缓	5	3.97	211	维持	5	2.96
193	分别	5	2.08	212	相对	5	3.10
194	过	5	0.01	213	新	5	-2.02
195	及	5	-2.07	214	应	5	-1.3
196	几	5	-0.05	215	应用	5	2.43
197	价格	5	-2.38	216	再	5	-0.68
198	结构	5	2.41	217	则	5	1.32
199	仅	5	2.51				

附录十 "贵"搭配词分析结果

（搭配次数在5次以上的词语）

序号	搭配词	总次数	Z分值	序号	搭配词	总次数	Z分值
1	公司	530	74.44	2	的	302	2.10

续表

序号	搭配词	总次数	Z分值	序号	搭配词	总次数	Z分值
3	我们	119	14.27	28	并	16	1.90
4	我	66	5.74	29	一下	16	4.97
5	了	64	2.44	30	要求	16	4.07
6	能	51	9.98	31	司	16	21.64
7	是	49	-1.76	32	很	16	1.08
8	希望	47	22.56	33	做	15	3.53
9	在	44	-1.19	34	了解	15	7.84
10	对	40	4.44	35	厂	15	8.46
11	产品	34	3.68	36	如果	15	3.78
12	与	34	5.48	37	本	14	1.87
13	有	34	-0.19	38	给	14	1.59
14	想	30	9.39	39	来	14	0.84
15	和	29	-1.78	40	会	14	0.03
16	向	29	8.01	41	好	14	-0.57
17	不	28	-0.69	42	可以	14	0.41
18	一	24	-2.27	43	收到	14	7.18
19	合作	22	8.39	44	情况	13	2.08
20	为	22	0.32	45	代理	13	7.43
21	将	21	0.82	46	新	13	1.05
22	订购	19	13.28	47	这	13	-0.71
23	感谢	19	14.85	48	考虑	13	5.47
24	请	19	2.72	49	接受	13	6.18
25	太	18	6.43	50	价格	12	0.23
26	到	17	-0.25	51	来函	12	18.11
27	也	16	-0.25	52	此	12	4.74

序号	搭配词	总次数	Z分值	序号	搭配词	总次数	Z分值
53	多	12	0.10	78	大	8	-1.77
54	已	11	2.24	79	支持	8	3.56
55	从	11	0.71	80	以	8	-0.77
56	由	11	0.87	81	批	8	3.74
57	报价	11	6.26	82	订货	8	8.02
58	知道	11	5.45	83	生产	8	0.10
59	问题	11	1.04	84	损失	8	5.44
60	非常	11	4.43	85	索赔	8	7.16
61	尽快	11	9.23	86	提供	8	1.46
62	次	10	1.42	87	市场	8	-2.43
63	中	10	-0.87	88	怎么	8	3.05
64	独家	10	9.28	89	通知	8	3.05
65	个	10	-2.63	90	后	8	-0.57
66	还	10	-0.17	91	合同	8	-0.06
67	订单	10	4.25	92	两	8	0.12
68	但	10	0.59	93	联系	8	3.87
69	感	10	7.57	94	建立	8	3.27
70	得知	9	16.10	95	寄	8	5.33
71	所	9	1.92	96	您好	7	6.61
72	于	9	0.12	97	如	7	1.06
73	地	9	2.27	98	传真	7	5.69
74	按照	9	4.28	99	什么	7	-0.17
75	销售	9	-0.18	100	美元	7	1.56
76	需要	9	1.66	101	时间	7	-0.29
77	您	8	-2.35	102	吗	7	-1.46

序号	搭配词	总次数	Z分值	序号	搭配词	总次数	Z分值
103	比	7	0.97	128	没有	6	-0.05
104	天	7	0.61	129	高兴	6	5.41
105	把	7	0.72	130	那	6	1.73
106	未	7	2.40	131	内	6	-0.59
107	先生	7	0.83	132	发	6	1.66
108	谢谢	7	3.82	133	服务	6	-0.17
109	所以	7	2.34	134	能够	6	4.46
110	要	7	-2.44	135	你们	6	-0.24
111	机会	7	2.34	136	欢迎	6	2.59
112	这样	7	1.91	137	赔偿	6	5.29
113	双方	7	1.46	138	对于	6	2.84
114	能否	7	11.77	139	认为	6	0.57
115	贵	7	-0.55	140	商务	6	2.48
116	贷款	7	4.25	141	虽然	6	2.99
117	负责	7	2.63	142	险	6	4.46
118	打算	7	5.30	143	台	6	1.99
119	跟	7	3.29	144	同意	6	3.30
120	及时	6	2.78	145	推荐	6	3.04
121	件	6	1.27	146	我方	6	3.57
122	就	6	-2.54	147	悉	6	8.56
123	更	6	-0.23	148	下	6	-0.74
124	交货	6	0.79	149	业务	6	-0.19
125	关系	6	2.44	150	校	6	17.2
126	贸易	6	1.86	151	兴趣	6	4.64
127	满意	6	5.53	152	已经	6	0.07

序号	搭配词	总次数	Z分值	序号	搭配词	总次数	Z分值
153	表示	5	1.10	177	付款	5	1.89
154	参加	5	1.83	178	这么	5	3.18
155	安排	5	1.27	179	听说	5	5.59
156	旅馆	5	7.85	180	条件	5	1.11
157	成为	5	1.51	181	解决	5	1.91
158	最	5	−1.24	182	今后	5	4.80
159	名称	5	2.21	183	去	5	−1.13
160	工作	5	−1.81	184	去年	5	1.36
161	他们	5	0.74	185	节能	5	3.77
162	收	5	0.68	186	愿意	5	5.27
163	获悉	5	9.85	187	以上	5	−0.34
164	货	5	0.86	188	等	5	−2.81
165	盼	5	9.53	189	方式	5	−0.24
166	仲裁	5	1.75	190	样品	5	3.77
167	经理	5	−0.55	191	号	5	−0.78
168	其他	5	0.11	192	而且	5	2.35
169	地址	5	3.44	193	需	5	1.75
170	一些	5	0.54	194	广告	5	−0.52
171	只	5	0.38	195	销量	5	3.65
172	该	5	0.64	196	相信	5	4.86
173	有点儿	5	8.70	197	应该	5	1.28
174	前	5	−0.35	198	老	5	3.89
175	请问	5	2.75	199	王	5	2.37
176	支付	5	1.65				

参考文献

[1] 安娜，史中琦. 商务汉语教材选词率及核心词表研究［J］. 语言文字应用，2012（3）.

[2] 蔡丽. 海外华语教材词汇分析研究［D］. 暨南大学硕士学位论文，2002.

[3] 曹深艳. 高职商务英语专业合作育人模式研究与实践［M］. 北京：北京理工大学出版社，2013.

[4] 曾利沙. 商务翻译研究新探［M］. 北京：外语教学与研究出版社，2017.

[5] 曾学慧. 对外商务汉语与基础性对外汉语衔接问题探讨［J］. 边疆经济与文化，2006（6）.

[6] 曾毅平. 语言材料语体分化论析［J］. 福建师范大学学报，2008（2）.

[7] 陈芳，郭鹏. 商务汉语教学需求分析的内涵和框架［J］. 沈阳师范大学学报（社会科学版），2008（4）.

[8] 陈玥. 试论商务英语的文体风格［J］. 黑龙江对外经贸，2009（5）.

[9] 陈章太. 叫卖语言初探［J］. 语言教学与研究，1985（3）.

[10] 程大荣，潘水根. 商务写作［M］. 杭州：浙江大学出版社，1998.

[11] 程雨民. 英语语体学［M］. 上海：上海外语教育出版社，2004.

[12] 戴桂玉，等. 商务英语文体研究范式建构（商务英语研究丛书）［M］. 北京：外语教学与研究出版社，2019.

[13] 戴珊. 基于DCC三年经济日报语料的面向国际大企业商务领域词语统计方法研究［D］. 北京语言大学硕士论文，2007.

［14］戴玉洁. 中高级商贸汉语精读教材生词及其练习编写研究［D］. 暨南大学硕士学位论文，2010.

［15］单曦. 商务汉语教材中的谈判会话分析［D］. 北京语言大学硕士学位论文，2008.

［16］单韵鸣，安然. 专门用途汉语课程设置探析——以《科技汉语》课程为例［J］. 西南民族大学学报（人文社科版），2009（8）.

［17］单韵鸣. 专门用途汉语教材的编写问题——以科技汉语阅读教程系列教材为例［J］. 暨南大学华文学院学报，2008（2）.

［18］邓海. 国外 ESP 教学［J］. 外语教学与研究，1992（1）.

［19］邓静子，朱文忠，翁凤祥. 商务英语课程体系研究［M］. 上海：上海交通大学出版社，2016.

［20］丁安琪. 商务汉语写作课教学行动研究报告［J］. 云南师范大学学报（对外汉语教学与研究版），2004（5）.

［21］丁金国. 对外汉语教学中的语体意识［J］. 烟台大学学报（哲学社会科学版），1997（01）.

［22］丁金国. 基于语料库的语体风格研究——兼论量化与质化的关系［J］. 烟台大学学报，2009（4）.

［23］丁金国. 类型意识与语体类型学［J］. 修辞学习，2008（4）.

［24］丁金国. 言语行为与语用类型［J］. 语文研究，2004（4）.

［25］丁金国. 语言行为的发生学研究［J］. 烟台大学学报，2003（1）.

［26］丁金国. 再论对外汉语教学中的语体意识［J］. 语言文字应用，1999（2）.

［27］丁俊玲. 商务汉语信息库建设刍议［J］. 教育评论，2009（5）.

［28］丁俊玲. 发散思维与商务汉语会话教学［J］. 当代教育论坛（下半月刊），2009（4）.

［29］丁丽军，夏迎庆. 商务英语语体特征简析［J］. 咸宁学院院报，2010（7）.

［30］董捷. 商务英语的研究方法论［J］. 吉林省教育学院学报（科学版），2009（2）.

［31］杜厚文. 汉语科技文体的语言特点［J］. 语言教学与研究，1981（2）.

［32］杜昭玫. 商务汉语教材之内容分析与建议［J］. 华语文教学与研究，2011（2）.

［33］段玲琍. 商务英语研究［M］. 厦门：厦门大学出版社，2021.

［34］顿官刚. 经贸英语词汇的特点及翻译［J］. 山东外语教学，2002（3）.

［35］范谊. ESP 存在的理据［J］. 外语教学与研究，1995（3）.

［36］冯胜利. 论汉语书面正式语体的特征与教学［J］. 世界汉语教学，2006（4）.

［37］冯志伟. 中国语料库研究的历史与现状［J］. 汉语语言与计算学报，2002（12）.

［38］高嘉勇. 商务函电英语的语法特点［J］. 天津外国语学院学报，2001（3）.

［39］高建宁，施友成. 国际商务理论与实务［M］. 哈尔滨：黑龙江人民出版社，2001.

［40］葛利友，陆文静. 试论语域分析与体裁分析［J］. 齐齐哈尔大学学报（哲学社会科学版），2001（3）.

［41］葛诗利. 商务英语写作自动评分研究［M］. 北京：科学出版社，2021.

［42］宫国华. 国际商务信函的语域分析［D］. 南昌航空大学外国语学院硕士学位论文，2010.

［43］顾兴义. 应用语体学［M］. 广州：华南理工大学出版社，2000.

［44］顾伟列，方颖. 商务汉语任务型语言教学法初探［J］. 云南师范大学学报（对外汉语教学与研究版），2009（2）.

［45］关道雄. 商务汉语课程教学中的任务类型及设计［J］. 第九届国际汉语教学研讨会论文选，2008.

［46］关勇. 国际商务概论［M］. 北京：高等教育出版社，2002.

［47］桂诗春. 基于语料库的英语语言学语体分析［M］. 北京：外语教学与研究出版社，2009.

［48］桂诗春. 应用语言学［M］. 长沙：湖南教育出版社，1998.

［49］国家对外汉语教学领导小组办公室汉语水平考试部. 汉语水平等级标准与语法等级大纲［M］. 北京：高等教育出版社，1996.

［50］国家汉办/孔子学院总部. 新汉语水平考试大纲［M］. 北京：商务印书

馆，2009.

[51] 国家汉语国际推广领导小组办公室，北京大学商务汉语考试研发办公室. 商务汉语考试大纲［M］. 北京：北京大学出版社，2006.

[52] 国家汉语水平考试委员会办公室考试中心. 汉语水平词汇与汉字等级大纲（修订本）［M］. 北京：经济科学出版社，2001.

[53] 韩金龙. ESP 最新发展述评［J］. 国外外语教学，2003（4）.

[54] 韩金龙. 英语写作教学：过程体裁教学法［J］. 外语界，2001（4）.

[55] 何静，尹梅，李海霞. 商务英语翻译理论研究［M］. 延吉：延边大学出版社，2010.

[56] 何兆熊. 新编语用学概要［M］. 上海：上海外语教育出版社，2000.

[57] 洪玮. 试谈多媒体在商业汉语教学中的应用［J］. 世界汉语教学，2001（4）.

[58] 胡春雨，陈丽丹，何安平. 语料库辅助的商务英语短语教学研究［M］. 北京：外语教学与研究出版社，2019.

[59] 胡富茂. 面向机器翻译的英汉商务信函对应语块研究［M］. 北京：科学出版社，2018.

[60] 胡明扬. 语体与语法［J］. 汉语学习，1993（2）.

[61] 胡正明. 经贸谈判学［M］. 济南：山东人民出版社，1995.

[62] 胡壮麟，朱永生，张德禄，李战子. 系统功能语言学概论［M］. 北京：北京大学出版社，2005.

[63] 胡壮麟，刘世生. 西方文体学辞典［M］. 北京：清华大学出版社，2004.

[64] 胡壮麟，朱永生，张德录. 系统功能语法概论［M］. 长沙：湖南教育出版社，1989.

[65] 胡壮麟. 语篇的衔接与连贯［M］. 上海：上海外语教育出版社，1994.

[66] 胡梓华. 中级商务汉语教材词汇分析研究［D］. 暨南大学华文学院硕士学位论文，2011.

[67] 黄伯荣，廖序东. 现代汉语［M］. 北京：高等教育出版社，2007.

[68] 黄昌宁，李涓子. 语料库语言学［M］. 北京：商务印书馆，2002.

[69] 黄昌宁. 关于处理大规模真实文本的谈话［J］. 语言文字应用，1993（2）.

[70] 黄国文. 语篇分析的理论与实践——广告语篇研究［M］. 上海：上海外语教育出版社，2001.

[71] 黄国文. 语篇分析概要［J］. 长沙：湖南教育出版社，1988.

[72] 黄华. 商务语篇中的概念隐喻研究［J］. 广东商学院学报，2001（3）.

[73] 黄洁云. 初级商务汉语教材词汇分析研究［D］. 暨南大学硕士学位论文，2009.

[74] 黄锦章. 关于案例教学的若干理论思考［J］. 汉语学习，2011（2）.

[75] 黄伟，刘海涛. 汉语语体的计量特征在文本聚类中的应用［J］. 计算机工程与应用，2009（4）.

[76] 黄艺. 以言语行为分类模式重构英文商务信函的分类［J］. 南京航空航天大学学报（社会科学版），2002（4）.

[77] 黄振英. 科技汉语中的长句试析［J］. 语言教学与研究，1986（2）.

[78] 纪宝成. 市场营销学教程［M］. 北京：中国人民大学出版社，2005.

[79] 季瑾. 基于语料库的商务汉语学习词典的编写设想［J］. 语言教学与研究，2007（5）.

[80] 季蓉. 现代汉语商务语料库的建设及其词汇计量研究［D］. 南京师范大学硕士学位论文，2007.

[81] 贾蕃，周小兵，郭曙纶. 基于语料库的商务汉语教材词汇考察［J］. 对外汉语研究，2019（2）.

[82] 贾元月. 对韩初级商务汉语教材分析及教学设计［J］. 兰州大学硕士学位论文，2020.

[83] 贾珍妮. 商务汉语短期班教学初探［J］. 鸡西大学学报，2009（3）.

[84] 姜德梧. 关于《汉语水平词汇与汉字等级大纲》的思考［J］. 世界汉语教学，2004（1）.

[85] 姜国权. 大数据时代商务汉语教材出版的困境与策略［J］. 出版发行研究，2016（6）.

[86] 姜国权. 论商务汉语阅读课的教学策略［J］. 时代文学（下半月），2009（12）.

[87] 姜伟杰. 商务英语教学理论研究 [M]. 长春：吉林大学出版社，2016.

[88] 蒋大山，张宗宁. 教育转型发展与高校商务英语的创新教学研究 [M]. 长春：东北师范大学出版社，2018.

[89] 蒋景楠，等. 经济管理基础 [M]. 上海：华东理工大学出版社，2002.

[90] 金利. 商务职场英语口语 900 句 [M]. 北京：化学工业出版社，2018.

[91] 金路. 对外汉语教学中的语体问题 [J]. 当代修辞学，1988（1）.

[92] 金路. 怎样对外国学生讲授汉语口语语体知识 [J]. 当代修辞学，1989（1）.

[93] 金薇. 广告语言的语体特征及语用功能 [J]. 文学教育，2008（7）.

[94] 鞠玉梅. 英语报刊体育新闻语体量化研究 [J]. 外语研究，2004（2）.

[95] 柯惠新，沈浩. 调查研究中的统计分析法 [M]. 北京：中国传媒大学出版社，2005.

[96] 黎运汉. 汉语风格探索 [M]. 北京：商务印书馆，1990.

[97] 黎运汉. 商务语言教程 [M]. 广州：暨南大学出版社，2005.

[98] 李柏令，赵卡红. 论增强对外汉语教学工作者的语体教学意识 [J]. 中国修辞学会第 13 届年会暨 2006 年国际学术研讨会论文，2006.

[99] 李柏令. 从商务汉语的本质看零起点商务汉语教学 [J]. 商场现代化，2008（8）.

[100] 李葆嘉. 论言语的语层性、语域性和语体性 [J]. 语文研究，2003（1）.

[101] 李葆嘉. 论语言科学与语言技术的新思维 [J]. 南京师范大学文学院学报，2002（1）.

[102] 李葆嘉. 语义语法学理论和元语言系统研究 [J]. 深圳大学学报，2003（2）.

[103] 李莞婷. 跨文化交际视阈下的商务英语翻译探究 [M]. 长春：吉林出版社，2021.

[104] 李华东，栾述文. ESP 语言分析的三种方法 [J]. 山东师大外国语学院学报（基础英语教育），2000（4）.

[105] 李辉. 语用原则在商务信函中的体现 [J]. 宿州学院学报，2007（2）.

[106] 李嘉耀. 关于划分语体类型的几点想法 [J]. 当代修辞学, 1986 (4).

[107] 李建芳. 试析语体的习得过程 [J]. 当代修辞学, 1998 (1).

[108] 李丽娟. 英汉商务信函的语言特点比较分析 [J]. 莆田高等专科学校学报, 1999 (6).

[109] 李明. 将商务汉语引入基础汉语教学阶段的初步尝试——《经理人汉语：生活篇》[J]. 国际汉语教学动态与研究, 2006 (2).

[110] 李泉. 基于语体的对外汉语教学语法体系构建 [J]. 汉语学习, 2003 (3).

[111] 李泉. 加强基于对外汉语教学的语体研究的必要性 [J]. 语言研究 (增刊), 2001.

[112] 李泉. 论专门用途汉语教学 [J]. 语言文字应用, 2011 (3).

[113] 李泉. 面向对外汉语教学的语体研究的范围和内容 [J]. 汉语学习, 2004 (1).

[114] 李熙宗. 关于语体的定义问题 [J]. 复旦学报 (社会科学版), 2005 (3).

[115] 李熙宗. 关于语体的定义问题 [J]. 烟台大学学报 (哲学社会科学版), 2004 (4).

[116] 李晓坤. 商务英语语言及其教学研究 [M]. 北京：中国纺织出版社, 2017.

[117] 李晓琪. 对外汉语综合课教学研究 [M]. 北京：商务印书馆, 2006.

[118] 李晓琪. 系列商务汉语教材编写探索 [J]. 对外汉语教学与研究, 2009 (1).

[119] 李晓琪. 现代汉语虚词讲义 [M]. 北京：北京大学出版社, 2005.

[120] 李晓琪. 新丝路初级速成商务汉语Ⅰ、Ⅱ [M]. 北京：北京大学出版社, 2009.

[121] 李晓琪. 新丝路中级速成商务汉语Ⅰ、Ⅱ [M]. 北京：北京大学出版社, 2009.

[122] 李晓琪. 新丝路高级速成商务汉语Ⅰ、Ⅱ [M]. 北京：北京大学出版社, 2009.

[123] 李晓琪. 新丝路商务汉语听力教程 [M]. 北京：北京大学出版社, 2009。

[124] 李晓琪. 新丝路商务汉语写作教程 [M]. 北京：北京大学出版社, 2009。

[125] 李欣欣. 体验式教学法於初级商务华语教学中的应用 [J]. 台湾华语

教学研究，2016（12）.

[126] 李亚才，陆华. 商务汉语供求分析与因应策略［J］. 继续教育研究，2009（6）.

[127] 李忆民. 国际商务汉语［M］. 北京：北京语言文化大学出版社，1997.

[128] 李忆民. 视听说对外汉语教材编制初探——《国际商务汉语》的总体构想与编制原则［J］. 汉语学习，1999（1）.

[129] 李盈莹. 基于框架语义学的商务汉语词汇研究［D］. 南京：南京大学硕士学位论文，2018.

[130] 李宇明，周建民. "领域语言研究" 开栏引言［J］. 江汉大学学报（人文科学版），2004（2）.

[131] 梁镛，钱敏汝. 专用语研究中的几个主要理论问题［J］. 国外语言学，1991（1）.

[132] 廖陈林. 在华商务人士汉语使用情况的个案调查［D］. 北京语言大学汉语学院硕士学位论文，2007.

[133] 廖益清. 系统功能语言学在特殊用途英语教学中的应用［J］. 山东外语教学，2000（1）.

[134] 刘白玉，窦钰婷. 商务英语翻译研究［D］. 武汉：华中师范大学出版社，2012.

[135] 刘超英. 商务汉语考试（BCT）机考测试结果检验［J］. 华文教学与研究，2010（2）.

[136] 刘法公. 中国从无到有的商务英语学科［J］. 外语界，2009（6）.

[137] 刘福祥. 英文国际经贸合同语言特色概览［J］. 西安外国语学院学报，1999（4）.

[138] 刘海瑛. 商贸英语研究的新方向［J］. 渝西学院学报（社会科学版），2003（3）.

[139] 刘华. 基于文本分类中特征提取的领域词语类聚［J］. 语言文字应用，2007（1）.

[140] 刘华. 商务汉语常用词语表的重构与等级划分［J］. 华文教学与研究，

2018（1）.

[141] 刘丽瑛. 经贸汉语教学初探［J］. 世界汉语教学, 1999（1）.

[142] 沈庶英. 经贸汉语综合课的定位［J］. 语言数学与研究, 2006（5）.

[143] 刘乃华. 商贸汉语中洽谈语言的特性及其教学［J］. 南京大学学报（哲学·人文·社会科学）, 1998（3）.

[144] 刘沛. 商务英语教学理论与实践［M］. 武汉：武汉大学出版社, 2015.

[145] 刘荣. 商务英语翻译理论及其应用研究［M］. 北京：中国纺织出版社, 2018.

[146] 刘素君. 商务英语专业本科教学效果提升研究［M］. 北京：中国社会出版社, 2016.

[147] 刘巍. 商务汉语. 课程教学评价研究［J］. 学理论, 2010（7）.

[148] 刘巍. ESP 理论与商务汉语课程定位［J］. 湖北经济学院学报（人文社会科学版）, 2010（7）.

[149] 刘巍. 商务汉语教学与跨文化交际能力培养［J］. 高教研究, 2010（4）.

[150] 刘晓岚.《经贸洽谈 ABC》与《商务汉语》比较研究［D］. 四川大学硕士学位论文, 2007.

[151] 刘珣. 对外汉语教育学引论［M］. 北京：北京语言大学出版社, 2006.

[152] 刘永厚. 商务英语教学研究［M］. 北京：中国人民大学出版社, 2016.

[153] 楼益龄. 汉语主体意识与对外商务汉语教学［J］. 云南师范大学学报, 2004（1）.

[154] 芦薇. 商务汉语教材内容评估及编排探讨［D］. 华南师范大学硕士学位论文, 2009.

[155] 鹿士义. 商务汉语考试（BCT）与欧洲语言共同参考框架（CEFR）的等级标准关系研究［J］. 华文教学与研究, 2011（2）.

[156] 路志英. 商贸类汉语教材编写和研究的基本情况述评［J］. 云南师范大学学报（外对汉语教学与研究版）, 2006（5）.

[157] 罗丽. 语体意识与对外汉语教学［J］. 中国高教研究, 2001（9）.

[158] 罗燕玲. 商务汉语词汇教学重点浅析［J］. 华文教学与研究, 2003（4）.

［159］罗燕玲. 短期商贸汉语教学的总体设计及其教材的编写设计［J］. 海外华文教育，2002（2）.

［160］吕叔湘. 中国文法要略［M］. 北京：商务印书馆，1951.

［161］苗欣. 案例教学法在商务汉语教学中的应用［J］. 大庆社会科学，2011（7）.

［162］莫再树. 基于语言经济学的商务英语教育研究［M］. 长沙：湖南大学出版社，2014.

［163］莫再树. 中国商务英语教学发展史研究（1840—1911）［M］. 北京：外语教学与研究出版社，2018.

［164］莫再树，张小勇，张云. 基于语言经济学的商务英语研究［J］. 湖南大学学报（社会科学版），2006（4）.

［165］欧阳文萍. 高职商务英语人才培养探索与研究［M］. 西安：西安交通大学出版社，2017.

［166］钱敏汝. 篇章语用学概论［M］. 北京：外语教学与研究出版社，2001.

［167］钱敏汝，梁镛. 专用语研究的发展和现状［J］. 国外语言学，1990（3）.

［168］钱敏汝，梁镛. 专用语研究中的几个主要理论问题［J］. 国外语言学，1991（1）.

［169］钱敏汝，经济交际学纵横观［J］. 国外语言学，1997（4）.

［170］钱敏汝. 跨文化经济交际及其对外语教学的意义［J］. 外语教学与研究，1997（4）.

［171］曲歌. 基于语料库的商务英语实践教学研究［M］. 哈尔滨：黑龙江大学出版社，2020.

［172］沈庶英. 来华留学生商务汉语实践教学探索［J］. 语言教学与研究，2014（1）.

［173］沈庶英. 经贸汉语本科教学词汇大纲［M］. 北京：北京语言大学出版社，2010.

［174］沈庶英. 经贸汉语综合课的定位［J］. 语言教学与研究，2006（5）.

［175］盛光希. 论经贸汉语的语体特征［J］. 当代经理人，2006（6）.

[176] 盛炎. 跨文化交际中的语体学问题 [J]. 语言教学与研究，1994（2）.

[177] 盛永生. 电信语体及其特征 [J]. 暨南学报（哲学社会科学），2000（3）.

[178] 苏新春. 关于《现代汉语词典》词汇计量研究的思考 [J]. 世界汉语教学，2001（4）.

[179] 苏新春. 汉语词汇定量研究的运用及其特点——兼谈《语言学方法论》的定量研究观 [J]. 厦门大学学报（哲学社会科学版），2001（4）.

[180] 孙湘生，龚艳霞. 论国际商务英语学科的定位 [J]. 湖南师范大学社会科学学报，2001（2）.

[181] 唐兴全. 商务汉语教材词汇处理分析 [J]. 语文学刊，2015（2）.

[182] 唐雄英. ESP 能力测试问题再探索 [J]. 外语与外语教学，2004（6）.

[183] 陶红印. 试论语体分类的语法学意义 [J]. 当代语言学，1993（3）.

[184] 田卉. 任务型商务英语教学研究 [M]. 北京：国防工业出版社，2011.

[185] 田兰. 商务函电英语的语体特征概述 [J]. 湘潭师范学院学报（社会科学版），2005（3）.

[186] 吴海红，田兴斌. 商务信函文体分析 [J]. 贵州工业大学学报（社会科学版），2006（6）.

[187] 万谊娜. 对外商务汉语与基础性对外汉语的教学比较 [J]. 云南师范大学学报，2004（6）.

[188] 王惠玲，卢惠惠. 语言学理论与商务汉语教学研究 [M]. 上海：学林出版社，2009.

[189] 王建勤. 汉语国际推广的语言标准建设与竞争策略 [J]. 语言教学与研究，2008（3）.

[190] 王立非. 商务英语论要 [M]. 北京：清华大学出版社，2020.

[191] 王立非，徐珺. 商务英语跨学科研究新进展 [M]. 北京：对外经济贸易大学出版社，2012.

[192] 王艳艳. 商务英语课程中的发展性学业评价实证研究 [M]. 上海：上

海交通大学出版社，2018.

[193] 王志胜，等. 实用合同文书 ［M］. 海南：南海出版社，2003.

[194] 魏永红. 任务型外语教学研究（认知心理学视角）［M］. 上海：华东师范大学出版社，2004.

[195] 温建平. 商务英语教学与研究 ［M］. 上海：上海外语教育出版社，2021.

[196] 文军. 专门用途英语教学与研究领域论 ［J］. 外语与外语教学，2001（12）.

[197] 翁凤翔. 商务英语研究 ［M］. 上海：上海交通大学出版社，2009.

[198] 吴汉江，曹炜. 商标语言 ［M］. 上海：汉语大词典出版社，2005.

[199] 吴继光. 关于商业用语的几个问题 ［J］. 徐州师范大学学报，1998（4）.

[200] 吴朋. 高校商务英语教师专业知识发展研究 ［M］. 上海：上海交通大学出版社，2021.

[201] 吴淑姣. 留学生经贸汉语课程中的术语教学 ［J］. 暨南大学华文学院学报（华文教学与研究），2006（4）.

[202] 肖路. 以任务为本的商务汉语教学与测试 ［J］. 第八届国际汉语教学讨论会论文选，2005.

[203] 肖曼君. 商务语言词汇中简略词的构词分析比较 ［J］. 中国科技翻译，1997（4）.

[204] 肖曼君. 英语商务文书的语体特征及汉译的规范性 ［J］. 中国科教翻译，1998（3）.

[205] 肖沛雄. 商业交际语言学的独立性、综合性和应用性 ［J］. 中山大学学报（社会科学片），1997（3）.

[206] 辛承姬，彭静. 韩国专门用途汉语教材研究现状分析 ［J］. 现代语文，2019（7）.

[207] 辛承姬. 韩国商务汉语教学的市场需求调研 ［J］. 福建师范大学学报

（哲学社会科学版），2009（1）.

[208] 辛平. 面向商务汉语教材的商务领域词语等级参数研究 ［J］. 语言文字应用，2007（3）.

[209] 徐媛媛. 任务型教学在中级《商务汉语口语》课程中的运用 ［J］. 乌鲁木齐成人教育学报，2009（4）.

[210] 严明. 商务英语语料库开发与应用研究 ［M］. 北京：中国商务出版社，2011.

[211] 严明. 大学专门用途英语（ESP）教学理论与实践研究 ［M］. 哈尔滨：黑龙江大学出版社，2009.

[212] 杨彩梅，陈利文. 商务英语中文体的信息结构 ［J］.《常德师范学院学报》（社会科学片），2000（4）.

[213] 杨东升，陈子骄. 商务汉语课程总体设计 ［J］. 大庆社会科学，2009（4）.

[214] 杨东升，陈子骄. 有关商务汉语几个理论问题的探讨 ［J］. 辽宁工业大学学报（社会科学版），2008（3）.

[215] 杨东升. 商务汉语教材编写初探 ［J］. 辽宁工业大学院学报（社会科学版），2003（5）.

[216] 杨宏. BCT 对留学生汉语语用技能的考察论析 ［J］. 云南师范大学学报，2009（5）.

[217] 杨洪林. 谈商务信函的写作 ［J］. 山西经济管理干部学院学报，2000（1）.

[218] 卫乃兴，杨惠中. 语料库语言学导论 ［J］. 上海：上海外语教育出版社，2002.

[219] 杨慧娟. 浅析汉语商业广告语中的语用现象 ［J］. 科学之友，2010（2）.

[220] 于根元. 广告语言学教程 ［J］. 西安：陕西人民教育出版社，1998.

[221] 于灵子. 论汉语教学中的语体习得 ［J］. 社会科学家，2005（5）.

[222] 于洋. 商务英语理论与应用研究 ［M］. 北京：北京理工大学出版社，2013（10）.

［223］袁晖，李熙宗. 汉语语体概论［J］. 北京：商务印书馆，2005.

［224］袁晖. 语体的通用成分、专用成分和跨体成分［J］. 烟台大学学报（哲学社会科学版），2005（1）.

［225］袁建民. 关于"商务汉语"课程、教学和教材的设想［J］. 云南师范大学学报（对外汉语教学与研究版），2004（2）.

［226］袁珂. 商务韩语口语教学中任务型教学模式初探［J］. 内蒙古师范大学学报（哲学社会科学版），2008（6）.

［227］袁林. 商务英语课程体系研究——全球化高端人才培养视域［M］. 杭州：浙江工商大学出版社，2012.

［228］袁毓林. 计算语言学的理论方法和研究取向［J］. 中国社会科学，2001（4）.

［229］张伯江. 语体差异和语法规律［J］. 修辞学习，2007（2）.

［230］张丹华. 任务型教学法在商务汉语教学中的应用研究［D］. 沈阳师范大学硕士学位论文，2011.

［231］张红，岳薇. 体验汉语：商务篇［M］. 北京：高等教育出版社，2003.

［232］张婧. 过程体裁法在汉语商务信函写作教学中的应用［J］. 语言教学与研究，2009（10）.

［233］张靖，赵博颖，孟杨. 商务英语专业发展研究［M］. 哈尔滨：哈尔滨工程大学出版社，2018.

［234］张黎，丛永清. 企业介绍的话语特征初探［J］. 当代中国话语研究，2008（1）.

［235］张黎.《国民经济和社会发展统计公报》的语篇分析［J］. 语言文字应用，2006（1）.

［236］张黎. 经贸汉语课程研究［M］. 北京：商务印书馆，2007.

［237］张黎. 商务汉语教学需求分析［J］. 语言教学与研究，2006（3）.

［238］张黎. 商业汉语口语研究——现场促销语言调查与分析［M］. 北京：中国传媒大学出版社，2007.

[239] 张黎. 现场促销言语行为的社会交际功能 [J]. 修辞学习, 2007 (1).

[240] 张黎. 现场促销员的会话策略分析 [J]. 语言文字应用, 2007 (3).

[241] 张美兰. 从明清海外商务汉语教材的编撰看商务汉语教材的历史 [J]. 海外华文教育, 2011 (5).

[242] 张美伦, 张清. 汉语电子商务语篇中的概念隐喻 [J]. 牡丹江教育学院学报, 2010 (3).

[243] 张宁志. 口语教材的语域风格问题 [J]. 语言教学与研究, 1985 (3).

[244] 张武保. 商务英语专业与学科研究 [M]. 北京: 外语教学与研究出版社, 2014.

[245] 张晓莉. 跨文化语境下的商务英语翻译研究 [M]. 北京: 水利水电出版社, 2017.

[246] 张馨月. 中级商务汉语综合课词汇教学设计 [D]. 广东外语外贸大学硕士学位论文, 2014.

[247] 张业松. 试论外经贸应用文书的语体特征 [J]. 国际经贸探索, 1993 (3).

[248] 张莹. 基于语体的对外汉语中高级听力教学模式初构 [D]. 上海华东师范大学硕士学位论文, 2005.

[249] 张永昱. 新一代商务汉语教材建设的初步构想 [J]. 东北财经大学学报, 2004 (4).

[250] 张佐成. 商务英语的理论与实践研究 [M]. 北京: 对外经济贸易大学出版社, 2008.

[251] 赵宏艳. 外籍商务人士汉语口语个案研究 [D]. 北京语言大学硕士学位论文, 2010.

[252] 赵建群. 过程体裁法在高中英语写作教学中的应用 [J]. 山东师范大学外国语学院学报 (基础英语教育), 2005 (5).

[253] 赵金铭. 对外汉语教学概论 [M]. 北京: 商务印书馆, 2007.

[254] 赵金铭. 对外汉语教学语法与语法教学 [J]. 语言文字应用, 2002 (1).

[255] 赵金铭. 商务汉语论文标题的内容与词语分析 [J]. 国际汉语教育,

2009（2）.

[256] 赵珂. 知识创新理论框架下的商务英语学习研究 ［M］. 上海：复旦大学出版社，2015.

[257] 赵燕华. 初级商务汉语教材交际功能统计及分析 ［J］. 现代语文，2010（4）.

[258] 赵菁晶. 当代商务英语语言与翻译研究 ［M］. 北京：中国水利水电出版社，2016.

[259] 郑静. 商务英语写作研究：理论与实践 ［M］. 北京：化学工业出版社，2012.

[260] 郑远汉. 句式与语体 ［J］. 语文研究，1987（2）.

[261] 周健. 对外汉语语感教学探索 ［M］. 杭州：浙江大学出版社，2005.

[262] 周利芳. 对外汉语精读课教学中的语体观和语境观 ［J］. 天津外国语学院学报，2002（3）.

[263] 周锰珍. 论商务话语系统中的跨文化经济交际 ［J］. 广西民族学院学报（哲学社会科学版），2004（2）.

[264] 周小兵，干红梅. 商务汉语教材选词考察与商务词汇大纲编写 ［J］. 世界汉语教学，2008（1）.

[265] 周小兵，李新. 中级汉语精读教材的现状与新型教材的编写 ［J］. 汉语学习，1999（1）.

[266] 周小曼，佘咏梅. 试析公文语体的特殊风格 ［J］. 成都教育学院学报，2005（3）.

[267] 周正钟，商务英语信函写作语块教学与研究 ［M］. 成都：西南交通大学出版社，2010.

[268] 朱黎航. 商务汉语的特点及其教学 ［J］. 暨南大学文学院学报，2003（3）.

[269] 朱务诚. 商务英语对汉语的影响 ［J］. 国际商务研究，2003（1）.

[270] 庄玉兰. 商务英语人才培养与教学改革研究 ［M］. 北京：北京理工大学出版社，2019.

[271] 宗廷虎，邓明以，李熙宗，李金苓. 修辞新论 [M]. 上海：上海教育出版社，1988.

[272] Kejellmer, G. （1990）A Mint of Pharases. In K. Aijmer & B. Atenberg （Ed.），English Corpus Linguistics：Studies in Honor of Jan Svartvik. London：Longman.